ENZYKLOPÄDIE DER RECHTS- UND STAATSWISSENSCHAFT

HERAUSGEGEBEN VON

E. KOHLRAUSCH · W. KASKEL · A. SPIETHOFF

ABTEILUNG RECHTSWISSENSCHAFT

HERAUSGEGEBEN VON

DR. EDUARD KOHLRAUSCH
PROFESSOR AN DER UNIVERSITÄT
BERLIN

DR. WALTER KASKEL
PROFESSOR AN DER UNIVERSITÄT
BERLIN

IX

BÜRGERLICHES RECHT
SACHENRECHT

VON

DR. JULIUS V. GIERKE
PROFESSOR AN DER UNIVERSITÄT
HALLE

VERLAG VON JULIUS SPRINGER · BERLIN 1925

BÜRGERLICHES RECHT
SACHENRECHT

VON

DR. JULIUS v. GIERKE
PROFESSOR AN DER UNIVERSITÄT
HALLE

VERLAG VON JULIUS SPRINGER · BERLIN 1925

ISBN-13: 978-3-642-93801-6 e-ISBN-13: 978-3-642-94201-3
DOI: 10.1007/978-3-642-94201-3

Meinem Onkel

dem Rittergutsbesitzer

Walter von Gierke

zum 70. Geburtstage

am 9. Dezember 1924

Inhaltsverzeichnis

Einleitung.

§ 1.

I. Sachenrecht und Sachenrechte.

Unter Sachenrecht versteht man den Teil der Privatsrechtsordnung, der sich mit den Sachenrechten befaßt. Sachenrechte sind Herrschaftsrechte über Sachen. Als Objekt der Herrschaft wird die Sache selbst (das „Ding") vorgestellt. Sie heißen daher auch dingliche Rechte. Die Sachenrechte sind geregelt im dritten Buch des BGB., durch landesrechtliche Rechtsnormen und durch neuere Reichsgesetze; den Grundstock bildet das BGB. (siehe unten II). — Von der größten Bedeutung für das gesamte Sachenrecht ist der Begriff der „Sache". Das BGB. behandelt ihn nicht im Sachenrecht, sondern in seinem Allgemeinen Teil (§§90ff.). Auch wir verweisen für ihn auf die allgemeinen Lehren des bürgerlichen Rechts, bemerken jedoch, daß er vom allgemeinen dogmatischen Standpunkt aus vom BGB. zu Unrecht auf körperliche Gegenstände beschränkt wird.

Allen Sachenrechten des geltenden deutschen Rechts gemeinsam ist außer ihrer Herrschaftsmacht über Sachen, daß sie zu den absoluten Rechten gehören, indem wir unter den letzteren solche Rechte verstehen, die ihre Richtung nicht bloß gegen einen bestimmten Verpflichteten oder einen fest begrenzten Kreis von Verpflichteten haben. Im übrigen sind die Sachenrechte begrifflich und inhaltlich von verschiedener Art. Eine Übersicht verschafft eine Gruppierung nach folgenden Gesichtspunkten.

1. Die Sachenrechte zerfallen zunächst in zwei Gruppen: Auf der einen Seite stehen die Vollrechte, die sogenannten materiellen dinglichen Rechte (Eigentum, Pfandrecht usw.), auf der anderen Seite steht der Besitz. Der Unterschied beruht darauf, daß der Besitz in seiner reinsten Gestalt auf eine tatsächliche Herrschaft abgestellt ist, welche sich mit dem wahren materiellen Recht nicht zu decken braucht, und um deswillen nur einen vorläufigen Schutz genießt. Die Vollrechte des Sachenrechts dagegen haben einen echten materiellen Grundgehalt und werden um deswillen endgültig geschützt (endgültige Rechte). Das BGB. beginnt mit dem Besitz und behandelt dann die Vollrechte. Es begreift aber unter dem Ausdruck „Rechte an der Sache" im technischen Sinn nur die Vollrechte.

2. Zu den Vollrechten des Sachenrechts gehören das Eigentum und die beschränkten dinglichen Rechte. Das Eigentum ist das umfassendste Herrschaftsrecht, das möglich ist, es erstreckt sich auf die Sache im ganzen (Totalherrschaft). Es steht entweder einem Alleineigentümer oder einer Mehrheit von Eigentümern zu. Die beschränkten dinglichen Rechte geben nur eine Teilherrschaft über die Sache, d. h. eine Herrschaft in bestimmten Beziehungen (z. B. ein Nutzungsrecht), sie werden deshalb auch als „Belastungen" der Sache bezeichnet. Zu den beschränkten dinglichen Rechten des Sachenrechts rechnen aber nur diejenigen Rechte, welche aus rein sachenrechtlicher Wurzel stammen. Teilherrschaftsrechte an Sachen, die Ausflüsse einer familienrechtlichen oder sonstigen personenrechtlichen Stellung sind (z. B. Nutznießung des Ehemanns am eingebrachten Gut der Frau oder das Pfründenrecht — ein mit einem kirchlichen Amt verbundenes Nutzungsrecht vgl. Art 80 II EG.), scheiden völlig aus.

3. Von den **beschränkten dinglichen Rechten** hat das BGB. eine bestimmte Anzahl hinter dem Eigentum in besonderen Abschnitten geregelt: Das Erbbaurecht, die Dienstbarkeiten, das Vorkaufsrecht, die Reallasten, die Grundstückspfandrechte (Hypotheken, Grundschulden, Rentenschulden) und das „Pfandrecht" an beweglichen Sachen und Rechten. Doch sind hiermit die beschränkten dinglichen Rechte des BGB. nicht erschöpft, und es kommen außerdem solche des Landesrechts und des neusten Reichsrechts hinzu. — Man pflegt in der Wissenschaft die beschränkten dinglichen Rechte zu gruppieren, indem man auf ihren **Inhalt**, oder ihr **Objekt** oder ihr **Subjekt** sieht.

a) Bei der Einteilung nach dem **Inhalt** ist man zu einer allgemein angenommenen Gruppierung und Benennung noch nicht gekommen. Der Grund liegt einmal in der Vielseitigkeit mancher dinglicher Rechte und sodann darin, daß streitige Fragen der juristischen Konstruktion hineinspielen. Wir unterscheiden:

α) *Nutzungsrechte.* Sie verschaffen einen unmittelbaren Sachgenuß: die Dienstbarkeiten, das Erbbaurecht, die Erbpacht und andere vererbliche und veräußerliche Nutzungsrechte des Landesrechts. Dagegen ist die Miete trotz der jüngsten Verstärkung der Mieterrechte kein dingliches Recht.

β) *Erwerbsrechte.* Sie geben dem Berechtigten das dingliche Recht, Eigentümer einer Sache zu werden. Sie sind Erwerbsrechte mittels Aneignung oder mittels Übereignung. Die ersteren nennt man ausschließliche Aneignungsrechte. Sie spielen ihre Hauptrolle auf den landesrechtlichen Gebieten des Jagd-, Fischerei- und Bergrechts. Das BGB. kennt unter anderen das ausschließliche Aneignungsrecht des Fiskus am herrenlosen Grundstück (§ 928). Zu den Erwerbsrechten mittels Übereignung gehören die dinglichen Vorkaufsrechte und dinglichen Wiederkaufsrechte. Das BGB. freilich weist nur ein vertragsmäßiges dingliches Vorkaufsrecht an Grundstücken auf; allein im Landesrecht und im neusten Reichsrecht (Reichssiedlungsrecht) finden sich auch gesetzliche Vorkaufsrechte und dingliche Wiederkaufsrechte.

γ) *Dingliche Haftungsrechte.* Sie geben dem Berechtigten um einer ihm geschuldeten Leistung willen ein Zugriffsrecht auf die belastete Sache zwecks Zwangsveräußerung oder Zwangsverwaltung. Hierher gehören die Reallasten, die Grundstückspfandrechte und das Pfandrecht an beweglichen Sachen (letzteres kann als Nutzungspfandrecht gleichzeitig auch zu den Nutzungsrechten gehören). Von vielen werden diese Rechte als „Verwertungsrechte" bezeichnet, indem das Vorhandensein einer „geschuldeten" Leistung bei einigen von ihnen geleugnet wird. Die Verwertungsrechte werden dabei als Rechte charakterisiert, bei denen dem Berechtigten das Recht zustehe, dem belasteten Gegenstande durch Veräußerung oder Verwaltung Geldbeträge abzugewinnen (Näheres bei den Reallasten und Pfandrechten).

δ) *Verfügungshoheitsrechte.* Es sind dingliche Rechte, welche dem Berechtigten eine Verfügungshoheit geben, so daß seine Genehmigung zu tatsächlichen und rechtlichen Verfügungen des Eigentümers über den belasteten Gegenstand mehr oder weniger notwendig ist. Sie finden sich bei den Rentengütern des Landesrechts. In besonders deutlich ausgeprägter Gestalt zeigt sich das dingliche Verfügungshoheitsrecht an fremder Sache in dem Recht des Ausgebers einer Heimstätte nach dem neuen Reichsheimstättengesetz. Diese Rechte weisen zwar eine starke Ähnlichkeit mit dem mittelalterlichen Obereigentum auf, können aber bei ihrer heutigen Struktur nur als beschränkte dingliche Rechte rechtlich bewertet werden (Näheres beim Heimstättenrecht).

b) Bei einer Gruppierung nach dem **Objekt** kann man entweder auf die Art oder auf die Zugehörigkeit des Objekts sehen.

Legt man die Art der Objekte zugrunde, so erhalten wir beschränkte dingliche Rechte an beweglichen Sachen (Fahrnis), an Grundstücken und an Rechten. Als

Rechte an beweglichen Sachen kennt das BGB. außer einigen Erwerbsrechten nur den Fahrnisnießbrauch und das Fahrnispfandrecht. Rechte an Grundstücken sind nach dem BGB.: das Erbbaurecht, der Nießbrauch am Grundstück, die sonstigen Dienstbarkeiten, das vertragliche Vorkaufsrecht, die Reallasten, die Grundstückspfandrechte; nach Landesrecht insbesondere die Erbpacht, nach Landesrecht und neustem Reichsrecht auch gesetzliche Vorkaufs- und Wiederkaufsrechte, sowie die Verfügungshoheitsrechte an Grundstücken. Beschränkte dingliche Rechte an Rechten sind nach dem BGB. vor allem der Nießbrauch und das Pfandrecht an Rechten, sowie die Rechte, welche an einem Erbbaurecht oder einem sonstigen den Grundstücken gleichgestellten Recht bestellt werden können. — An einem Vermögen als Einheit sind beschränkte dingliche Rechte denkbar und finden sich z. B. nach Landesrecht beim Fideikommißvermögen (Rechte der Anwärter); doch steht das BGB. dem ablehnend gegenüber und hat so den „Nießbrauch an einem Vermögen" grundsätzlich nur als einen Nießbrauch an den einzelnen Gegenständen anerkannt (§§ 1085ff.).

Sieht man auf die Zugehörigkeit des Objekts, so bestehen die beschränkten dinglichen Rechte an fremden, an herrenlosen und an eigenen Sachen. Regelmäßig handelt es sich um fremde Sachen (jura in re aliena), doch beseitigt der Eintritt der Herrenlosigkeit nicht die vorhandenen Belastungen. Manche dinglichen Rechte (wie die Aneignungsrechte des Jagdrechts) setzen herrenlose Sachen sogar begrifflich voraus. Beschränkte Rechte an eigener Sache sind vor allem im Recht der Grundstücke anerkannt und spielen namentlich beim Grundstückspfandrecht eine hochbedeutsame Rolle.

c) Bei einer Einteilung nach dem Subjekt sind zu unterscheiden:

α) *Personalrechte*: Sie stehen einer individuell bestimmten Person zu. Dies ist die Regel. Nur die Grunddienstbarkeiten sind nie Personalrechte.

Die Personalrechte sind regelmäßig übertragbar (und vererblich). Doch sind einige stets höchstpersönlich, so z. B. nach BGB. der Nießbrauch und die beschränkten persönlichen Dienstbarkeiten. Manche sind nicht selbständig, sondern nur als Teile eines umfassenden Herrschaftsrechts und nur an gewisse Personen übertragbar, so das Vorkaufsrecht, das Wiederkaufsrecht und das Verfügungshoheitsrecht bei den Heimstätten.

β) ***Realrechte.*** Sie stehen dem jeweiligen Eigentümer eines Grundstücks zu (§ 96 BGB.). Notwendiges Realrecht ist die Grunddienstbarkeit. Als Realrechte können bestellt werden die Reallastberechtigung und das Vorkaufsrecht des BGB.

II. Reichsrecht und Landesrecht.

1. **Das BGB. und das EG. zum BGB.** Das BGB. hatte auf dem Gebiet des Sachenrechts einen großen Teil Landesrecht aufrechterhalten. Hierher gehörten alle mit dem öffentlichen Recht in Zusammenhang stehenden Vorschriften, z. B. über die Enteignung; ferner bestimmte größere Vorbehaltsmaterien wie z. B. das Wasserrecht (Art. 65, 66), das Bergrecht (Art. 67, 68), das Jagd- und Fischereirecht (Art. 69), das Agrarrecht (Art. 113ff.), die Regalien (Art. 73), das Recht der Familienfideikommisse und der Lehn (Art. 59), das Recht der Rentengüter (Art. 62), das Erbpachtrecht (Art. 63). Außerdem wurde das BGB. durch verschiedene landesrechtliche Vorschriften ergänzt, namentlich beim Nachbarrecht, bei den Grunddienstbarkeiten, den Reallasten. Dieses Landesrecht besteht auch heute noch fort, insoweit nicht besondere Eingriffe durch die neuste Entwicklung wie beim Fideikommißrecht erfolgt sind; auch ist zu beachten, daß seit dem Erlaß des BGB. die Landesgesetzgebung vielfach größere Vorbehaltsmaterien (wie z. B. das Wasserrecht, das Jagdrecht) neu geregelt hat.

Wir scheiden bei unserer Betrachtung das Landesrecht grundsätzlich aus.

2. **Ältere Nebengesetze.** In Betracht kommt vor allem die Reichsgrundbuchordnung vom 24. März 1897 (GBO.). Siehe über sie unten § 11 II.

Wichtig ist ferner das Zwangsversteigerungsgesetz vom 24. März 1897. Dieses bezieht sich ebenso wie die GBO. nur auf Grundstücke. Seine allgemeine Grundlage hat es in der Zivilprozeßordnung §§ 864ff. Diese regelt auch die sogenannte Zwangshypothek.

3. **Die Reichsverfassung vom 11. August 1919.** Die neue Reichsverfassung berührt das Sachenrecht durch Vorschriften über die Zuständigkeit der Reichsgesetzgebung (vgl. Art. 7 Ziffer 12, 16; Art. 10 Ziffer 4, dazu Art. 12). Aber die Reichsverfassung stellt auch selbst sachenrechtliche Grundsätze auf. So wird das Eigentum gewährleistet (Art. 153) und hiermit unter anderem auch das Rechtsinstitut des Eigentums als Grundlage unserer Privatrechtsordnung anerkannt. So wird ferner festgelegt, daß auch dem Eigentum Schranken und Pflichten innewohnen (Art. 153) und dies beim Grundeigentum noch besonders betont (Art. 155 III). Einem neuen „Bodenrecht" wird der Weg bereitet (Überwachung der Verteilung und Nutzung des Bodens von Staats wegen, Heimstättenrecht). Fideikommisse sind durch die Landesgesetzgebung aufzulösen (Art 155). Auch werden die Voraussetzungen der Enteignung normiert (Art. 153 II). Schließlich ist in Art 156 die sogenannte Sozialisierung programmatisch verkündet.

4. **Neuere Reichsgesetze.** a) Abänderungen des BGB. Das Sachenrecht des BGB. ist abgeändert worden durch die VO. über das Erbbaurecht vom 15. Januar 1919 und das Ges. vom 8. Juni 1915 (Neufassung der §§ 1123, 1124).

b) Von den Nebengesetzen ist die GBO. durch neuere Gesetze in einigen Punkten abgeändert worden: VO. über die Valutahypotheken vom 13. Februar 1920 und Ges. über wertbeständige Hypotheken vom 23. Juni 1923 (mit 5 Durchführungsverordnungen). Auch die ZPO. hat in einigen, das Sachenrecht besonders interessierenden Normen Änderungen erfahren durch die VO. über die Beschleunigung des Verfahrens vom 21. Dezember 1923 Art I und II und die VO. vom 10. Januar 1924 Art. II.

c) Reichsgesetze, welche ein neues Siedlungsrecht schaffen in Zusammenhang mit Art. 155 RV.: Das Reichssiedlungsgesetz vom 11. August 1919 und das Reichsheimstättengesetz vom 10. Mai 1920. Diese Gesetze lassen dem Landesrecht viel Spielraum.

d) Die Beschlagnahmegesetze, welche in die Kriegszeit zurückreichen und z. T. abgebaut sind, bedeuten einen empfindlichen Eingriff in das Eigentum (heute noch: Getreide, Wohnungen).

e) Reichsgesetze, welche sich mit der Sozialisierung befassen: Bergbau, Kohlen-, Kali-, Elektrizitätswirtschaft.

f) Verschiedene Reichsgesetze, welche mit dem sogenannten Friedensvertrag von Versailles in Zusammenhang stehen, berühren das Sachenrecht. Z. B. das Ausführungsgesetz zum Friedensvertrag vom 31. August 1919, das Gesetz über Enteignung und Entschädigung aus Anlaß des Friedensvertrages vom 31. August 1919.

Vgl. auch das Grunderwerbssteuergesetz vom 12. September 1919 (abgeändert durch § 460 Reichsabgabenordnung, §§ 30ff., § 70 Finanzausgleichsgesetz vom 23. Juni 1923 und Art. VIII der zweiten Steuernotverordnung vom 19. Dezember 1923).

III. Grundprinzipien des Reichssachenrechts.

1. **Prinzip der verschiedenen Behandlung von Grundstücken und beweglichen Sachen.** Die ungleiche Behandlung stammt aus dem deutschen Recht und ist auch im BGB. in vielen Beziehungen durchgeführt. Noch stärker tritt die Verschiedenheit in der Landesgesetzgebung und im neuen Bodenrecht zutage.

2. **Publizitätsprinzip.** Es besteht das Bedürfnis, die an einer Sache bestehenden Vollrechte (materiellen Rechte) nach außen offenkundig, erkennbar zu machen. In seiner Ausgestaltung steht dieses Prinzip in engem Zusammenhang mit dem erstgenannten Prinzip und ist gleichfalls eine wichtige Errungenschaft des deutschen Rechts. Bei Grundstücken ist der entscheidende Faktor für die Offenkundigkeit die Eintragung im Grundbuch, bei beweglichen Sachen ist es der Besitz. Das Publizitätsprinzip hat seine grundlegende, im einzelnen verschieden stark wirkende Bedeutung für die Begründung, die Übertragung, die Änderung und den Untergang von Vollrechten. Es führt ferner zu wichtigen Wirkungen des äußeren Anscheins eines Vollrechts.

3. **Prinzip der Ausschließlichkeit.** Die Anzahl der vom BGB. anerkannten, beschränkten dinglichen Rechte ist eine geschlossene. Das BGB. folgt hierin dem römischen Recht, doch ist die Zahl eine größere als im gemeinen Recht. Hierdurch ergibt sich eine grundlegende Verschiedenheit des Rechtes der Schuldverhältnisse und des Sachenrechts. Dort stellt das Gesetz gleichfalls bestimmte Typen auf, aber den Parteien ist es unbenommen, anders geartete Schuldverhältnisse zu schaffen, hier ist der Verkehr an die normierten Typen gebunden und kann sie nicht umgestalten. — Doch sind anders geartete Sachenrechte insoweit möglich, als das Landesrecht bestehen bleibt, und das neue Reichssiedlungsrecht hat neue begrenzte dingliche Rechte an Grundstücken hervorgebracht.

4. **Soziale Prinzipien.** Das Sachenrecht des BGB. ist im wesentlichen von individualistischen Grundgedanken beherrscht und hat — hierin dem römischen Recht folgend — von sozialen Prinzipien kaum einen Hauch verspürt. Insbesondere erscheint das Eigentum als ein grundsätzlich schrankenloses Recht, dem nur durch besondere Ausnahmebestimmungen Einschränkungen auferlegt sind. Am krassesten kommt dies in der absonderlichen Formulierung des Grundeigentuminhalts zum Ausdruck, nach welcher sich das Eigentum am Grundstück grundsätzlich in die fernsten Himmelsweiten und in die tiefste Unterwelt erstreckt (§ 905). —

Das Bedauerliche und Bedenkliche dieser Grundauffassung wurde zu einem kleinen Teil durch öffentlichrechtliche Einwirkungen von Reichsgesetzen, vielfach dagegen durch deutschrechtliches Landesrecht abgeschwächt. Denn die Landesrechte kannten und kennen mannigfache Gebundenheiten und Schwächungen des Eigentums sowohl von der öffentlichrechtlichen wie der privatrechtlichen Seite her im staatlichen, gemeinwirtschaftlichen, landwirtschaftlichen, nachbarlichen, kulturellen, ethischen, wissenschaftlichen, künstlerischen Interesse, — sowie auch die Anfänge eines Siedlungsrechts zur Schaffung lebensfähigen Kleinbesitzes (Rentengüter). Seit dem Weltkrieg und der Revolution hat auch das Reich sich die Durchführung solcher Einschränkungen und sozialen Bestrebungen in größerem Umfang zum Ziel gesetzt und nicht bloß durch die vorübergehende Kriegsgesetzgebung, sondern auch durch eine auf die Dauer berechnete Gesetzgebung nach dem Kriege zu einem Teil verwirklicht (Reichsverfassung, siehe oben II 3 — Sozialisierungsgesetze, Reichssiedlungsrecht). Die landesrechtliche Gebundenheit im Familieninteressen (Fideikommisse) ist dagegen abgeschafft (siehe oben II 3).

IV. Literatur.

Lehrbücher: COSACK, Lehrbuch II[6] (1913); CROME, System III (1905); DERNBURG, BR. III[4] (1908); ENDEMANN, Lehrbuch II 1[8] (1905): GOLDMANN-LILIENTHAL, BGB II (1905 ff.); KOHLER, Lehrbuch II 2 (1919); MARTIN WOLFF, Sachenrecht, 5. Bearb. (1923); HEDEMANN, in den Grundrissen der Rechtswissenschaft 1924.

Kommentare: BIERMANN [3] (1914); PLANCK-STRECKER-BRODMANN, [4] (1920), ROSENBERG, (— § 902) 1919; STAUDINGER-KOBER, [8] (1912).

Für die germanistische Grundlegung ist: O. v. GIERKE, Deutsches Privatrecht II (1935), für die romanistische: WINDSCHEID-KIPP, Pandekten I [9] (1906) unentbehrlich.

V. Plan der Darstellung.

Wir wählen bei der Darstellung des Reichssachenrechts — denn nur um diese handelt es sich — folgende Einteilung: I. Abschnitt: der Besitz. II. Abschnitt: das Liegenschaftsrecht im allgemeinen. III. Abschnitt: das Eigentum. IV. Abschnitt: die beschränkten dinglichen Rechte (Belastungen). — Die beiden ersten Abschnitte bilden die wichtigste Grundlegung für das gesamte Sachenrecht. Nur bei ihrer Kenntnis eröffnet sich das richtige Verständnis für die Ausgestaltung der Vollrechte des Sachenrechts. Ohne die Lehre vom Besitz läßt sich insbesondere das Fahrnisrecht, ohne die allgemeinen Grundlagen des Liegenschaftsrechts lassen sich die einzelnen Rechte an Grundstücken nicht richtig begreifen. Darum erscheint es auch vom pädagogischen Standpunkt aus nötig, sie in entscheidender Weise in den Vordergrund zu stellen.

Erster Abschnitt.

Der Besitz.

I. Begriff, Bedeutung, Arten des Besitzes.

§ 2. Begriff und Bedeutung. Die tatsächliche Sachherrschaft. Der Besitzdiener.

I. Begriff.

Besitz ist ein Herrschaftsrecht an einer Sache, welches mit der tatsächlichen Sachherrschaft oder einem vom Gesetz gleichgestellten Zustand verknüpft ist (vgl. §§ 854, 857). Für das Besitzrecht kommen also zwei Substrate in Betracht, entweder die tatsächliche Sachherrschaft oder ein gleichgestellter Zustand. Man bezeichnet sie auch als Besitztatbestände, verwendet sogar für sie selbst den Ausdruck „Besitz“. Dagegen ist es ganz ungenau, das „Besitzrecht“ mit dem Ausdruck „tatsächliche Herrschaft“ zu benennen. Vor allem muß der Jurist sich aber hüten, Besitz und Eigentum zu identifizieren und darf das Besitzrecht (den Besitz) nicht mit dem materiellen Recht zum Besitz verwechseln.

Die bisher im gemeinen Recht vorhandene Streitfrage, ob der Besitz ein Recht oder eine bloße Tatsache sei, ist daher in dem Sinn zu beantworten, daß der Besitz als ein Recht bewertet werden muß. Nur so erklärt sich insbesondere auch seine Übertragbarkeit und Vererblichkeit. Daß er nur ein vorläufig geschütztes Recht ist und hierdurch im Gegensatz zu den Vollrechten des Sachenrechts steht, ist schon früher dargelegt worden.

Der heutige Besitzesbegriff entspricht der deutschen „Gewere“, während im römischen Recht als „possessio“ nur eine Sachherrschaft anerkannt war, bei der eine bestimmt geartete Willensrichtung (animus rem sibi habendi) gegeben war.

II. Bedeutung.

Das Besitzrecht ist mit einer Reihe wichtiger Wirkungen ausgestattet. Zum Verständnis ist vorläufig zu bemerken, daß der Besitzer einen eigenen Besitzschutz genießt gegen verbotene Eigenmacht. Und zwar hat er ein erhöhtes Selbsthilferecht und Besitzklagen.

III. Tatsächliche Sachherrschaft.

Es gibt Besitz mit tatsächlicher Sachherrschaft und Besitz ohne tatsächliche Sachherrschaft.

1. Ersterer ergibt sich aus dem Begriff der tatsächlichen Sachherrschaft. Wann ist eine solche gegeben? Das Gesetz enthält eine allgemeine Vorschrift darüber nicht. Maßgebend ist die Verkehrsanschauung. Diese urteilt nach physischen, sozialen und rechtlichen Gesichtspunkten, nicht etwa bloß nach äußerer sinnlicher Wahrnehmung. Zweifellos erkennt sie als Sachherrschaft nur einen Zustand an, der auf eine gewisse Dauer angelegt ist (der vorübergehende Inhaber ist nicht Besitzer). Sie betrachtet ferner denjenigen, der in sozialer Abhängigkeit „besitzt“, nicht als den eigentlichen Sachherrn. Und gerade darum, weil sie nicht an rein

äußeren Merkmalen haftet, verlangt sie einen gewissen Herrschaftswillen (streitig), und es können die räumlichen Beziehungen stark zurücktreten.

2. Besitz ohne tatsächliche Sachherrschaft ist vom Gesetz in einer Reihe von Vorschriften anerkannt. Wir heben an dieser Stelle nur zwei wichtige Fälle hervor, anderes wird gelegentlich zur Sprache kommen.

a) das Gesetz läßt das Besitzrecht ohne weiteres auf den Erben übergehen (§ 857). Der Erbe erhält hierdurch kraft Erbrechtslage ein Besitzrecht (Herrschaftsrecht) ohne die tatsächliche Sachherrschaft (Erbenbesitz).

b) Das Gesetz erkennt unter gewissen Voraussetzungen auf Grund bestimmter Rechtslage an einen über einem Unterbesitz stehenden Oberbesitz, den mittelbaren Besitz (§ 868). Der mittelbare Besitzer hat ein Besitzrecht (Herrschaftsrecht) ohne die tatsächliche Sachherrschaft.

IV. Der Besitzdiener.

1. Das Gesetz sieht entsprechend der Verkehrsanschauung nicht als Besitzer denjenigen an, welcher die tatsächliche Gewalt über eine Sache für einen anderen in einem sozialen Abhängigkeitsverhältnis ausübt (§ 855). In der Literatur nennt man ihn Besitzdiener. Das soziale Abhängigkeitsverhältnis ist dadurch gekennzeichnet, daß der Besitzdiener den Weisungen des anderen (des Besitzherrn) in bezug auf die fremde Sache unbedingt kraft einer Gehorsamspflicht Folge leisten muß. Beispiele für ein solches Abhängigkeitsverhältnis ergeben sich aus einer Betätigung in einem fremden Haushalt (Dienstboten, Familienglieder) oder einem Erwerbsgeschäft (Gesellen, Lehrlinge, Handlungsgehilfen, Fabrikarbeiter, Landarbeiter usw.), ferner aus einer Eingliederung in einen anderen Betrieb oder eine Anstalt (Staatsbetrieb, Gemeindebetrieb, Strafanstalt, Besserungsanstalt) oder kraft Unterwerfung unter ein sonstiges Herrschaftsverhältnis.

2. Da der Besitzdiener nicht Besitzer ist, hat er nicht die Rechte und Pflichten des Besitzers, insbesondere hat er nicht das erhöhte Selbsthilferecht und die Besitzklagen. Doch gibt ihm das Gesetz in § 860 die Befugnis, das Selbsthilferecht des Besitzherrn (des Besitzers) für ihn gegen andere Angreifer auszuüben. Diese Vorschrift ist nicht bloß auf die Sachen zu beziehen, die in der unmittelbaren Fürsorge des Besitzdieners stehen, sondern auf alle Sachen, die zu dem Herrschaftsbereich gehören, in dem er tätig ist. Dagegen ist diese Vorschrift nicht auf den bloßen Augenblicksinhaber anwendbar.

§ 3. Arten des Besitzes.

I. Unmittelbarer und mittelbarer Besitz.

1. **Allgemeines.** Mittelbarer Besitzer ist derjenige, der durch einen Besitzmittler besitzt, unmittelbarer Besitzer ist derjenige, der ohne einen Besitzmittler besitzt. Der Besitzmittler hat selbst Besitz (er ist nicht Besitzdiener), aber gleichzeitig vermittelt er als Unterbesitzer einem anderen (dem Oberbesitzer) ein Besitzrecht höherer Ordnung. Der mittelbare Besitz ist ein Besitz ohne tatsächliche Sachherrschaft kraft bestimmter Rechtslage. Er entspricht der mehrfachen Gewere an Grundstücken im deutschen Recht.

2. **Voraussetzungen des mittelbaren Besitzes.** Der mittelbare Besitz setzt ein Besitzmittlerverhältnis voraus. Das Gesetz nennt in § 868 als Besitzmittler den Nießbraucher, den Pfandgläubiger, den Pächter, Mieter und Verwahrer, es fügt außerdem hinzu, daß ferner jeder Besitzmittler ist, welcher in einem ähnlichen Verhältnis besitzt, kraft dessen er einem anderen gegenüber auf Zeit zum Besitz berechtigt oder verpflichtet ist. Hieraus ergibt sich in Verbindung mit § 870 der richtigen Ansicht nach, daß das Besitzmittlerverhältnis durch einen Herausgabeanspruch gekennzeichnet wird, und daß (man beachte die Beispiele des § 868)

ein Besitzmittler nur bei dem Anschein eines abgeleiteten und inhaltlich beschränkten Besitzrechts denkbar ist. Im einzelnen ist hervorzuheben:

a) Nießbraucher und Pfandgläubiger sind Besitzmittler des Bestellers, Pächter, Mieter, Verwahrer sind Besitzmittler des Verpächters, Vermieters, Hinterlegers. Da die genannten Personen nur „als" Nießbraucher, Pfandgläubiger usw. besitzen sollen, ist Rechtsgültigkeit des Grundvertrages nicht erforderlich, doch muß ein gültiger Herausgabeanspruch aus ungerechtfertigter Bereicherung bestehen.

b) Auf Grund eines „ähnlichen Verhältnisses" sind Besitzmittler z. B. der Erbbauberechtigte (streitig), der Entleiher, der Unternehmer in bezug auf die Sachen des Bestellers, der Frachtführer, der Verkaufskommissionär, der Spediteur, der Lagerhalter, der Inhaber der elterlichen Gewalt, der Vormund, der Ehemann in bezug auf das eingebrachte Gut der Frau, der Testamentsvollstrecker. Auch hier genügt und ist erforderlich der Anschein des abgeleiteten und beschränkten Rechts.

c) Nicht Besitzmittler sind insbesondere der Hehler, dem der Dieb die Sache anvertraut hat (es fehlt jeder Herausgabeanspruch, ein Besitz kraft Rechtslage ist daher undenkbar) der Dieb im Verhältnis zum Bestohlenen (es ist kein abgeleitetes Besitzrecht vorhanden), der Finder im Verhältnis zum Verlierer (streitig, es fehlt ein abgeleitetes Besitzrecht), der Verkäufer, der eine Sache verkauft hat (er hat kein abgeleitetes und inhaltlich beschränktes Besitzrecht), jeder, der als gegenwärtiger Eigentümer besitzt (z. B. der Geschäftsführer, der in eigenem Namen Sachen erwirbt, der Einkaufskommissionär; wohl aber der Käufer, dem der Verkäufer die Sache unter Eigentumsvorbehalt [§ 455] übergeben hat [streitig]). Nicht Besitzmittler sind die Organe von Verbandspersonen, vielmehr besitzen die Verbandspersonen selbst unmittelbar durch die Organe.

3. **Abstufungen.** Der mittelbare Besitz kann mehrfach gestuft sein, es entsteht dann ein Staffelbesitz. Der mittelbare Besitzer nämlich kann selbst Besitzmittler eines anderen höheren Besitzers sein, dann ist, so sagt § 871, auch der andere (Dritte) mittelbarer Besitzer. Einfachstes Beispiel für einen Staffelbesitz: Vermieter, Mieter, Untermieter.

4. Der mittelbare Besitz ist **echter Besitz** (streitig, vgl. aber den Wortlaut des § 868); es besteht ein Besitzrecht ohne tatsächliche Sachherrschaft (streitig), welches das Gesetz anerkennt. Auf den mittelbaren Besitz sind daher alle Vorschriften für den unmittelbaren Besitz anzuwenden, insoweit sich nicht aus der Besonderheit einer Vorschrift das Gegenteil ergibt.

II. Eigenbesitz und Fremdbesitz.

1. **Eigenbesitzer** ist derjenige, der eine Sache „als ihm gehörend besitzt" (§ 872). Der Eigenbesitzer besitzt eine Sache in der Weise wie ein Eigentümer; nicht nötig ist, daß er Eigentümer ist, nicht erforderlich ist, daß er sich für den Eigentümer hält, auch der Dieb ist Eigenbesitzer. Der Eigenbesitzer kann unmittelbarer oder mittelbarer Besitzer sein. Regelmäßig wird der Eigenbesitz an der Willensrichtung erkannt (aber nicht allein an ihr), und zwar an dem Willen, eine dem Inhalt des Eigentums entsprechende Stellung zu haben (animus domini).

2. **Fremdbesitzer** ist derjenige, der eine Sache in Anerkennung fremden Eigentums besitzt. Die Arten des Fremdbesitzes sind sehr verschieden, je nach dem Recht, das im Besitz seinen Ausdruck findet. Jeder Besitzmittler ist Fremdbesitzer, aber es gibt Fremdbesitzer, die nicht Besitzmittler sind (z. B. der Finder).

III. Teilbesitz.

Teilbesitz ist der Sonderbesitz an Sachteilen. Das BGB. erkennt ihn in § 865 an. Der Sachteil muß für eine besondere Herrschaft geeignet sein, gleichgültig ist, ob es ein unwesentlicher oder wesentlicher Bestandteil ist (§ 93 bezieht sich nur auf

Vollrechte des Sachenrechts). Teilbesitz ist daher möglich an Grundstücksparzellen, an Wohnräumen oder anderen Räumen eines Hauses, an einem Gebäude als solchen, an Tunnels, Kloaken, an den Wandflächen eines Gebäudes (Reklameschilder, Schaukästen), an stehenden Bäumen (sehr zu Unrecht bestritten), an der Kabine eines Schiffes, an einem Schrankfach. — Nicht ist Teilbesitz möglich z. B. an einem Stuhlbein, an einem eingebauten Mauerstein. — Der Teilbesitzer kann unmittelbarer oder mittelbarer Besitzer sein. Regelmäßig ist er Fremdbesitzer (insbesondere Mieter) und nicht Eigenbesitzer.

IV. Mitbesitz.

Mitbesitzer sind vorhanden, wenn entweder mehrere unmittelbare Besitzer oder mehrere gleichstufige mittelbare Besitzer Besitz an ein und derselben Sache haben. Gegensatz ist der Alleinbesitzer. Der Mitbesitz erscheint in einer zwiefachen Gestalt:

1. Als vervielfältigender Mitbesitz. Jeder Mitbesitzer hat eine selbständige Herrschaft über die ganze Sache. Keiner ist Alleinbesitzer, weil mit seiner Herrschaft die des anderen konkurriert. Beispiele für solche unmittelbaren Mitbesitzer sind Miteigentümer eines Weinkellers, zu dem jeder ohne den andern Zutritt hat, die Mieter eines Hauses in bezug auf die gemeinschaftliche Waschküche, Wohnungsgenossen in bezug auf die gemeinschaftlichen Möbel. Ein Beispiel für solche mittelbaren Mitbesitzer bieten mehrere, denen als Gesamtgläubiger im Sinn des § 428 ein Herausgabeanspruch hinsichtlich einer Sache zusteht. — Bei solchem Mitbesitz ist nie die tatsächliche Herrschaft geteilt, so daß die Mitbesitzer quotenweise besäßen (dies ist nicht denkbar), aber sie besitzen auch nicht die ganze Sache als ihnen teilweise gehörig, sondern jeder besitzt die ganze Sache als ihm teilweise zukommend, es besteht eine vervielfältigte Sachherrschaft. Diese Erscheinungsform des Mitbesitzes wird daher ungenau „anteiliger Mitbesitz“ und nicht kennzeichnend „schlichter“ Mitbesitz genannt.

2. Als einheitlicher Mitbesitz. Kein Mitbesitzer hat eine selbständige Sachherrschaft, sondern nur alle Mitbesitzer zusammen haben sie: die Mitbesitzer sind „der Besitzer“ (M. Wolff). Beispiele für solche unmittelbaren Mitbesitzer sind die Mitbesitzer unter Mitverschluß (Kunde und Bank bei der Stahlkammer), Beispiele für solche mittelbaren Mitbesitzer sind Oberbesitzer, an welche der Besitzmittler die Sache nur zusammen herausgeben darf (§ 1206). Solche Mitbesitzer sind ferner grundsätzlich vorhanden bei allen Rechtsverhältnissen zur gesamten Hand (Gesellschaft, Miterben, Gütergemeinschaft).

Wie unsere Betrachtungen zeigen, können die Mitbesitzer unmittelbare oder mittelbare Besitzer sein, wie unsere Beispiele lehren, können sie alle Eigenbesitzer oder alle Fremdbesitzer oder alle Teilbesitzer sein, es kann aber auch der eine Eigenbesitzer, der andere Fremdbesitzer sein (vgl. § 1206).

V. Erbenbesitz.

Erbenbesitz ist der durch die Erbrechtslage als solche geschaffene Besitz des Erben (§ 857). Er ist das den Erblasser überdauernde Besitzrecht. Bei ihm fehlt die tatsächliche Sachherrschaft. Er weist als ein eigenartiger Besitz kraft Rechtslage ohne tatsächliche Sachherrschaft Besonderheiten auf. — Der Erbenbesitz erstarkt zum Besitz mit tatsächlicher Herrschaft durch Besitzergreifung des Erben (§§ 2025, 2027).

II. Erwerb und Verlust des Besitzes.

§ 4. Erwerb des Besitzes.

I. Begründung des unmittelbaren Besitzes (ursprünglicher Erwerb).

Der unmittelbare Besitz (das Besitzrecht) wird in ursprünglicher (originärer) Weise „durch Erlangung der tatsächlichen Gewalt über die Sache" erworben (§ 854 I). Der Besitz kann Eigenbesitz, Fremdbesitz, Teilbesitz, Mitbesitz sein.

1. Erforderlich ist hiernach die tatsächliche Gewalt über die Sache (corpus), d. h. die tatsächliche Sachherrschaft. Was tatsächliche Sachherrschaft ist, bestimmt sich nach der Verkehrsanschauung (oben § 2 III). Hiernach genügt nicht eine bloße Augenblicksinnehabung oder eine Besitzdienerschaft. Erreicht wird die tatsächliche Sachherrschaft durch Besitzergreifung bei besitzlosen Sachen (Fund, Jagdbeute), durch Besitzverdrängung bei im Besitz anderer befindlichen Sachen (Diebstahl), aber auch lediglich durch tatsächliche und rechtliche Lagen (z. B. Einwurf von Briefen in meinen Briefkasten, Ablagerung von Baumaterial auf dem Bauplatz des Bauherrn).

2. Sehr streitig ist, ob begrifflich ein Besitzbegründungswille (animus) erforderlich ist. Die Frage ist der richtigen Ansicht nach unbedingt zu bejahen. Aus dem Besitzwillen ergibt sich erst, ob nur vorübergehende Innehabung oder nur Besitzdienerschaft oder wirklicher Besitz vorliegt. Es besteht auch kein praktisches Bedürfnis, den Besitzschutz auf Sachen zu erstrecken, die jemandem heimlich zugesteckt werden. Schließlich ergeben sich deutliche Anhaltspunkte aus dem Gesetz, indem das bloße „Gelangen" einer Sache auf ein Grundstück keinen Besitz des Grundstücksbesitzers begründet (§ 867), und von einer „Erlangung" der tatsächlichen Gewalt (§ 854 I) nur bei einem auf sie gerichteten Streben gesprochen werden kann. In bezug auf den Besitzwillen ist aber zu merken:

a) Es genügt ein allgemeiner Wille des Erwerbers. Daher wird der Besitz auch ohne Wissen erworben an den für mich bestimmten Briefen, die in meinen Hausbriefkasten geworfen werden, an Tieren, die in die von mir aufgestellte Falle geraten, an dem mir gestohlenen Hund, der in mein Haus zurückkehrt.

b) Es genügt natürliche Willensfähigkeit, nicht erforderlich ist ein rechtsgeschäftlicher Wille. Die natürliche Willensfähigkeit ergibt sich aus der Fähigkeit, eine Dauerherrschaft begründen zu können. Daher kann ein Geschäftsunfähiger Besitz erwerben (z. B. ein sechsjähriges Kind an einem Schmetterling, nicht dagegen ein Tobsüchtiger, ein Fiebernder). Infolgedessen sind die Vorschriften über Willenserklärungen und Willensmängel unanwendbar.

c) Aus der Art des Besitzwillens ergibt sich die Art des Besitzes, ob Eigenbesitz, Fremdbesitz, Teilbesitz, Mitbesitz erworben wird.

d) Der Besitzwille allein reicht nicht aus, es muß das entsprechende äußere Herrschaftsverhältnis hinzukommen. Der Besitzdiener wird nicht durch bloßen Willensentschluß Besitzer, nötig ist außerdem eine äußere Verdrängung des Besitzherrn. Entsprechend erwirbt der Fremdbesitzer nicht durch bloßen Willensentschluß Eigenbesitz.

II. Übergang des unmittelbaren Besitzes (abgeleiteter Erwerb).

Der unmittelbare Besitz wird in abgeleiteter (derivativer) Weise erworben durch Einzelnachfolge und Gesamtnachfolge. Es findet ein Übergang des Besitzes statt, der sich der richtigen Ansicht nach als Rechtsnachfolge darstellt. Die Einzelnachfolge ist Nachfolge in den Besitz einer einzelnen Sache, die Gesamtnachfolge findet sich bei der Gesamtnachfolge in ein Vermögen. Von der Gesamtnachfolge in den Besitz soll erst später die Rede sein (unter IV). Bei der Einzelnachfolge sind zwei Arten zu unterscheiden:

1. **Die Übergabe.** Bei ihr überträgt der bisherige Besitzer den Besitz auf den Erwerber unter sichtbarer Veränderung der Herrschaftslage mit beiderseitigem Willen. Vorausgesetzt sind also zwei gleichgerichtete Willen, wobei natürliche Willensfähigkeit genügt (ein Kind kann dem anderen übergeben), und ein äußerer Vorgang, der in einem Geben und Nehmen oder in einem Nehmen des Erwerbers mit Zustimmung des bisherigen Besitzers besteht. Die Übergabe kann sich auch durch Aushändigung der Schlüssel vollziehen (streitig). — Die Übergabe ist kein Rechtsgeschäft, sondern ein Realakt (Tathandlung), es gibt keine Anfechtung wegen Willensmängel. Möglicherweise ist in einer unwirksamen Übergabe ein Besitzerwerb kraft ursprünglicher Begründung enthalten.

2. **Die schlichte Einigung.** Die Einigung des bisherigen Besitzers und des Erwerbers genügt, „wenn der Erwerber in der Lage ist, die Gewalt über die Sache auszuüben" (§ 854 II). Dies bedeutet der richtigen Ansicht nach, daß ohne sichtbare Veränderung der Herrschaftslage die bloße Einigung über den Besitzübergang dann ausreichend ist, wenn der Erwerber ohne weiteres in der Lage ist, sich die tatsächliche Herrschaft zu verschaffen. Alsdann erlangt der Erwerber das Besitzrecht des bisherigen Besitzers, obschon er die tatsächliche Herrschaft noch nicht wirklich hat. Es besteht somit beim Erwerber ein Besitz ohne tatsächliche Sachherrschaft. Vorübergehende Hindernisse in der Ausübung der Gewalt nehmen der Einigung nicht die besitzübertragende Kraft (vgl. § 856 II). — Die schlichte Einigung ist ein Besitzvertrag, es gelten alle Vorschriften über Verträge, nötig ist volle Geschäftsfähigkeit auf beiden Seiten, möglich eine Anfechtung wegen Willensmängel usw. Ist die Einigung nichtig, so ist Besitz nicht erworben. — Die schlichte Einigung erleichtert die Besitzübertragung im Vergleich zur Übergabe, weil eine Besitzergreifung nicht erforderlich ist, aber infolge ihrer rechtsgeschäftlichen Natur werden strengere Anforderungen an sie gestellt. — Einen wichtigen Fall für die Anwendung der schlichten Einigung bietet die Besitzübertragung einer frei zugänglichen Sache (z. B. eines offenen Grundstücks, von im Freiem aufgehäuftem Holz). — Die durch schlichte Einigung erworbene Sachherrschaft kann durch Besitzergreifung zur tatsächlichen Sachherrschaft verstärkt, umgekehrt kann sie durch spätere Anfechtung der Einigung rückgängig gemacht werden. — Auf die reine Besitzzuweisung des Besitzherrn an den Besitzdiener sind die Vorschriften über die schlichte Einigung entsprechend anzuwenden (streitig).

III. Begründung und Übergang des mittelbaren Besitzes.

1. **Begründung.** Der mittelbare Besitz wird begründet (originär erworben), sobald ein Verhältnis entsteht, wie es § 868 fordert. Dies kann auf verschiedene Art geschehen: Ein bisheriger unmittelbarer Besitzer wird mittelbarer Besitzer (z. B. jemand vermietet, verleiht, verpfändet seine Sache) oder ein unmittelbarer Besitzer wird Besitzmittler (z. B. der Verkäufer behält die Sache noch als Mieter, Verwahrer; sogenanntes constitutum possessorium) oder ein bisheriger Nichtbesitzer wird Besitzmittler (z. B. der Vormund erwirbt für das Mündel).

2. **Übergang.** Auch der mittelbare Besitz wird in abgeleiteter Weise erworben durch Einzelnachfolge und Gesamtnachfolge. Über die Gesamtnachfolge unter IV. Die Einzelnachfolge vollzieht sich

a) durch Anspruchsabtretung (§ 870). Erforderlich ist eine Abtretung des Herausgabeanspruchs, der den mittelbaren Besitz vermittelt. Die Abtretung vollzieht sich durch formlosen Vertrag, ohne Mitwirkung des Besitzmittlers und ohne Anzeige an ihn. Vorausgesetzt ist, daß der Abtretende den mittelbaren Besitz besaß.

b) Kraft gesetzlichen Übergangs des Herausgabeanspruchs (§ 412), z. B. bei Veräußerung des vermieteten Grundstücks (§ 571).

c) Durch Übergabe eines handelsrechtlichen Traditionspapiers an den legitimierten Empfänger (Konnossement, Ladeschein, Lagerschein, §§ 647, 424, 450 HGB.). Hier ist vieles streitig.

IV. Gesamtnachfolge.

1. **Vererbung.** Das Gesetz hat eine Gesamtnachfolge in den Besitz bei der Gesamtnachfolge in eine Erbschaft ausgesprochen (§ 857). Der Erbe erlangt den Erbenbesitz kraft Rechtslage ohne tatsächliche Sachherrschaft (oben § 3 V). Daher erwirbt der Erbe auch ohne Wissen und Wollen und ohne Besitzergreifung. Der Besitz geht auf den Erben so über, wie er sich beim Erblasser befand; hiernach erwirbt der Erbe unmittelbaren Besitz, mittelbaren Besitz (der Übergang des mittelbaren Besitzes ergibt sich auch aus §§ 870, 412), Eigenbesitz, Fremdbesitz, Teilbesitz, Mitbesitz usw. — Der Erbenbesitz ist der Besitz des endgültigen Erben, bei Ausschlagung, Anfechtung der Annahme der Erbschaft usw. hat der alsdann Berufene den Erbenbesitz vom Erbfall an (§ 1953). — Der Erbenbesitz kann durch tatsächliche Besitzergreifung zum Besitz mit tatsächlicher Sachherrschaft erstarken (§§ 2025, 2027). — Die praktische Bedeutung des Erbenbesitzes beruht darauf, daß der Erbe sofort mit dem Erbfall alle Rechte und Pflichten eines Besitzers hat.

2. **Sonstige Gesamtnachfolge.** Der richtigen Ansicht nach findet eine Gesamtnachfolge in den Besitz auch in allen anderen Fällen einer Gesamtnachfolge in ein Vermögen statt, § 857 ist entsprechend anzuwenden. So z. B. beim Anfall des Vereinsvermögens an den Fiskus oder sonstigen Anfallsberechtigten, beim Eintritt der ehelichen Gütergemeinschaft.

V. Erwerb durch Stellvertreter.

1. **Unmittelbarer Besitz.** Er kann durch sogenannte Stellvertreter erworben werden. Der Vertreter muß eine Sachherrschaft für den Vertretenen herstellen, ohne selbst Besitzer zu werden. Es genügt dabei ein allgemeiner, natürlicher Erwerbswille des Vertretenen (z. B. ein Handlungsbevollmächtigter nimmt Zahlung an, ein Dienstmädchen kauft Waren für die Herrschaft ein, ein Dienstmädchen nimmt Waren an, die ins Haus geschickt werden). Eine Besonderheit gilt bei dem Erwerb durch schlichte Einigung, hier gelten die Grundsätze der echten Stellvertretung (§ 164ff.).

2. **Mittelbarer Besitz.** Ein Stellvertreter begründet oder erwirbt (abgeleitet) für den Vertretenen ein Verhältnis zu einem Besitzmittler im Sinn des § 868 (z. B. ein Handlungsbevollmächtigter verpfändet eine Sache für den Prinzipal, oder er nimmt im Namen des Prinzipals die Abtretung eines Anspruches aus Verwahrung entgegen).

§ 5. Verlust des Besitzes.

I. Verlust des unmittelbaren Besitzes.

1. **Der unmittelbare Besitz mit tatsächlicher Sachherrschaft** geht verloren mit dem Wegfall der tatsächlichen Sachherrschaft. Eine ihrer Natur nach vorübergehende Verhinderung in der Ausübung bewirkt keine Beendigung (z. B. Unzugänglichkeit des Grundstücks, Verlegen einer beweglichen Sache, vorübergehende Abwesenheit ohne Vertreter § 856 II). Der Besitzverlust ist entweder gewollt oder ungewollt, hiernach ist zu unterscheiden:

a) Freiwilliger Besitzverlust tritt ein durch Aufgabe (§ 856). Die Aufgabe kann eine einseitige sein: Preisgabe. Zu ihr gehört der Wille, nicht mehr besitzen zu wollen, wobei die natürliche Willensfähigkeit genügt, und die wirkliche Abstreifung der Sachherrschaft (z. B. Wegwerfen, Freilassen eines gefangenen Tieres). — Die Aufgabe kann eine zweiseitige sein, so bei der Übergabe und der schlichten Einigung (oben § 4 II). Hier braucht nicht jeder Besitz aufgegeben, vielmehr kann mittelbarer Besitz vorbehalten werden (eine Aufgabe „des" Besitzes liegt dann nicht vor).

b) Unfreiwilliger Besitzverlust tritt ein durch Besitzentziehung seitens eines Dritten (Diebstahl, Unterschlagung durch einen Besitzdiener) oder durch einen anderen ungewollten Vorgang (z. B. die verlorene Sache, die im Wahnsinn preisgegebene oder übergebene Sache, das entlaufene Tier, die durch Naturgewalt fortgeführte Sache, die vom Besitzdiener fortgeworfene Sache).

2. **Der unmittelbare Besitz ohne tatsächliche Sachherrschaft** (Erbenbesitz, Besitz auf Grund schlichter Einigung) geht verloren mit dem Wegfall der Herrschaftsmöglichkeit. Eine nur vorübergehende Verhinderung schadet auch hier nicht. Der Besitz kann freiwillig durch zweiseitige Aufgabe verlorengehen, nicht dagegen einseitig durch bloße Willenserklärung (streitig). Unfreiwilliger Besitzverlust tritt ein durch Besitzentziehung oder einen anderen ungewollten Vorgang (z. B. durch Naturgewalt).

3. **Grundsätzlich gilt: Eine Sache, an welcher der unmittelbare Besitzer unfreiwillig den Besitz einbüßt, heißt „abhandengekommen"** (vgl. § 935; Genaueres unten § 29 I 3).

II. Verlust des mittelbaren Besitzes.

1. Der mittelbare Besitz wird in zweierlei Weise beendigt. Entweder dadurch, daß der ihn vermittelnde unmittelbare Besitzer den unmittelbaren Besitz verliert (sei es unfreiwillig, sei es freiwillig). Oder dadurch, daß der unmittelbare Besitzer zwar den Besitz behält, aber aufhört Besitzmittler des bisherigen Oberbesitzers zu sein. Letzteres kann geschehen durch Übergang des mittelbaren Besitzes auf einen anderen, oder durch Wegfall des Herausgabeanspruchs oder durch Fortfall des Anscheins des beschränkten und abgeleiteten Besitzrechts (z. B. der Entleiher schreibt seinen Namen in das entliehene Buch).

2. Der Verlust des mittelbaren Besitzes ist für den mittelbaren Besitzer entweder ein unfreiwilliger oder ein freiwilliger. Es kommt für die Unterscheidung lediglich auf den Willen des mittelbaren Besitzers an. Hat er den mittelbaren Besitz freiwillig verloren, so hat er den mittelbaren Besitz „aufgegeben". Unfreiwilliger Besitzverlust liegt daher für ihn auch dann vor, wenn der Besitzmittler freiwillig, aber wider Willen des mittelbaren Besitzer den unmittelbaren Besitz aufgibt. „Abhandengekommen" ist die Sache jedoch auch dem mittelbaren Besitzer nur dann, wenn der unmittelbare Besitzer seinen Besitz unfreiwillig verliert (§ 935 I S. 2). Daher kann der mittelbare Besitz auch bei Beendigung des unmittelbaren Besitzes unfreiwillig verloren werden, ohne daß ein „Abhandenkommen" vorliegt. (Wegen der praktischen Bedeutung vergl. unten § 39 II 2 c.)

III. Wirkungen des Besitzes.

§ 6. Der Besitzschutz im engeren Sinne.

I. Allgemeines.

Der Besitz (das Besitzrecht) hat mannigfache Wirkungen. Vor allem besteht ein besonderer Besitzschutz im engeren Sinn. Wir wenden uns zunächst diesem zu, die wichtigsten sonstigen Wirkungen des Besitzes werden später zur Sprache kommen (siehe § 9).

Der besondere Besitzschutz ist dem Besitzer gegen Besitzbeeinträchtigungen Dritter gegeben, die das Gesetz als „verbotene Eigenmacht" bezeichnet. Der Besitzer hat ihr gegenüber ein besonderes Selbsthilferecht und besondere Besitzschutzansprüche (einen besonderen Gerichtsschutz). Das Selbsthilferecht behandeln wir in § 7, die Besitzansprüche in § 8. Vorerst ist der Begriff der verbotenen Eigenmacht zu erörtern.

Über den Grund des Besitzschutzes wurde und wird viel gestritten. Der richtigen Ansicht nach beruht er auf dem Gedanken, daß die tatsächliche Herrschaftslage im Interesse des allgemeinen Friedens Anerkennung fordert und eines vorläufigen Rechtsschutzes bedarf.

II. Verbotene Eigenmacht (§ 858).

1. **Voraussetzungen.** Das Gesetz stellt drei Voraussetzungen auf (§ 858 I).

a) Erforderlich ist eine Besitzbeeinträchtigung durch einen Dritten. Sie kann sich als Besitzentziehung oder als Besitzstörung darstellen. Besitzentziehung ist gegeben, wenn der Besitzer durch die Beeinträchtigung den Besitz ganz oder teilweise verliert, insbesondere wenn der Täter selbst Besitz (Alleinbesitz, Mitbesitz, Teilbesitz) erlangt. Besitzstörung ist jede Beeinträchtigung, die nicht Besitzentziehung ist; sie kann in mannigfacher Gestalt auftreten, namentlich gehören hierher Einwirkungen auf die Sache durch Benutzung oder Herüberdringenlassen von Immissionen (z. B. Rauch, Gerüche, Lärm), sowie Verhinderung in der Besitzausübung (sei es durch Gewalt oder Drohungen). Die Grenze zwischen Besitzstörung und Besitzentziehung kann zweifelhaft sein, Besitzstörung ist dann nicht vorhanden, wenn der Täter für sich Besitz (auch Teilbesitz) begründet. Die Besitzstörung kann ihrer Natur nach vorübergehend sein.

b) Die Beeinträchtigung muß ohne den Willen des unmittelbaren Besitzers geschehen. Die zur Ausschließung verbotener Eigenmacht erforderliche Zustimmung ist kein Rechtsgeschäft, sie setzt nicht Geschäftsfähigkeit voraus, sie erfordert nur natürliche Willensfähigkeit wie bei der Besitzaufgabe. Doch muß die Willenszustimmung zur Zeit der Beeinträchtigung vorliegen.

c) Die Beeinträchtigung darf nicht vom Gesetz besonders gestattet sein. Verbotene Eigenmacht liegt daher nicht vor z. B. bei erlaubter Selbsthilfe (§§ 227ff., 904), bei behördlichen Eingriffen, bei erlaubten Immissionen (§ 905).

Dagegen ist nicht erforderlich ein Verschulden des Täters, auch guter Glaube an eigenen Besitz (z. B. als Erbe) oder an ein Recht zum Besitz schließt die verbotene Eigenmacht nicht aus.

2. **Der fehlerhafte Besitz** (§ 858 II).

Fehlerhaft besitzt, wer den Besitz durch verbotene Eigenmacht erlangt hat. Der fehlerhafte Besitz gewährt zwar Dritten gegenüber vollen Schutz, aber die Fehlerhaftigkeit wirkt gegenüber demjenigen, dem der Besitz durch verbotene Eigenmacht entzogen ist (sog. relative Wirkung des fehlerhaften Besitzes vgl. §§ 859, 861, 862). Die Fehlerhaftigkeit müssen gewisse Nachfolger des fehlerhaften Besitzers „gegen sich gelten lassen" (§ 858 II Satz 2), sie besitzen also gleichfalls fehlerhaft. Es sind dies der Erbe, dem jeder Gesamtnachfolger gleichzustellen ist, ferner jeder zeitliche Nachfolger, letzterer aber nur, wenn er die Fehlerhaftigkeit zur Zeit seines Besitzerwerbes positiv kannte (spolii conscius, z. B. der Hehler, der Dieb des Diebes bei Kenntnis des ersten Diebstahls). — Auch der mittelbare Besitz kann fehlerhaft sein. Beispiel: Ein fehlerhafter unmittelbarer Besitzer verwandelt sich durch Begründung eines Verhältnisses des § 868 in einen mittelbaren Besitzer (z. B. durch Fortgabe zur Verwahrung oder Leihe).

§ 7. Das Selbsthilferecht des Besitzers.

I. Allgemeines.

Das BGB. gibt dem Besitzer im Anschluß an das deutsche Recht gegen verbotene Eigenmacht ein besonderes Selbsthilferecht (Gewaltrecht). Wir betrachten die Arten des Selbstschutzes (II) und die zum Selbstschutz berechtigten Personen (III).

II. Arten.

Zu unterscheiden ist:

1. Das Recht der **Selbstwehr** (Selbstverteidigungsrecht). Der Besitzer kann sich verbotener Eigenmacht mit Gewalt erwehren (§ 859 I). Die Selbstwehr ist gegeben gegen eine drohende, d. h. noch nicht vollendete Besitzentziehung, sowie gegen eine Besitzstörung. Die Besitzstörung kommt auch dann in Betracht, wenn die eigentliche Störungshandlung (der Angriff) vollendet ist, aber ein durch sie hervorgerufener Zustand der Störung fortbesteht (es ist z. B. Unrat auf das Nachbargrundstück herübergeworfen); gerade hierdurch geht das Verteidigungsrecht des Besitzers weiter als das allgemeine Notwehrrecht (§ 227). — Die Selbstwehr darf das zur Abwehr erforderliche Maß nicht überschreiten.

2. Das **Wiederbemächtigungsrecht** (§ 859 II—IV). Bei vollendeter Besitzentziehung durch verbotene Eigenmacht steht dem bisherigen Besitzer ein Wiederbemächtigungsrecht zu.

a) Es ist an enge zeitliche Schranken gebunden. Eine bewegliche Sache darf er dem auf frischer Tat betroffenen oder verfolgten Täter mit Gewalt wieder abnehmen (vgl. § 127 StPO.). Er darf zum Zweck der Wiedergewinnung auch in die Behausung des Täters eindringen. Bei einem Grundstück darf der bisherige Besitzer sofort nach der Entziehung sich des Besitzes mit Gewalt wiederbemächtigen. „Sofort" bedeutet nicht „ohne schuldhaftes Zögern", aber auch nicht „augenblicklich"; vielmehr ist nötig und ausreichend, daß Handlungen zur Wiederbemächtigung unmittelbar nach der Entziehung (nicht erst nach Kenntnis von ihr) begonnen und ununterbrochen durchgeführt werden. — Das Gewaltrecht richtet sich nicht bloß gegen den Täter, sondern auch gegen solche Besitznachfolger, die die Fehlerhaftigkeit des Vorbesitzes gegen sich gelten lassen müssen (Erbe, bösgläubiger Sondernachfolger, vgl. oben § 6 II 2). — Die Ausübung des Gewaltrechts darf nicht das erforderliche Maß überschreiten.

b) Das Wiederbemächtigungsrecht des Besitzers ist gegenüber dem allgemeinen Selbsthilferecht des § 229 erheblich erweitert, indem bei ihm gleichgültig ist, ob obrigkeitliche Hilfe zu erlangen und Gefahr im Verzuge ist; andererseits ist es durch die zeitlichen Schranken enger begrenzt.

III. Die zum Selbstschutz berechtigten Personen.

Das Selbsthilferecht steht dem Besitzer zu, also nicht dem Besitzdiener; doch kann letzterer, wie wir sahen, das Selbsthilferecht des Besitzherrn ausüben (§ 860, oben § 2 IV 2).

1. Das Selbsthilferecht ist zunächst auf den unmittelbaren Besitzer abgestellt. Der (gewöhnliche) unmittelbare Besitzer hat es gegen jedermann, auch gegen den mittelbaren Besitzer (z. B. der Mieter gegen den Vermieter), in gleichem Umfang steht es dem unmittelbaren Teilbesitzer zu (er hat es auch gegen Besitzer anderer Sachteile). Besonderheiten gelten für unmittelbare Mitbesitzer: Es ist zu unterscheiden das Selbsthilferecht der Mitbesitzer gegenüber Fremden (Dritten) und im Verhältnis zueinander. Gegenüber Fremden besteht volles Selbsthilferecht: Richtet sich die verbotene Eigenmacht nur gegen einen Mitbesitzer, so hat er allein das Selbsthilferecht, richtet sich die Eigenmacht gegen alle Mitbesitzer, so haben sie alle zusammen, aber auch jeder einzelne das Selbsthilferecht. Im Verhältnis der Mitbesitzer untereinander wird dagegen das Selbsthilferecht durch § 866 eingeschränkt. Einem Mitbesitzer soll hiernach gegenüber den anderen Mitbesitzern insoweit ein Selbsthilferecht nicht zustehen, „als es sich um die Grenzen des dem einzelnen zustehenden Gebrauchs handelt." Dies um deswillen, weil die Grenzen des Gebrauchs typisch aus der äußeren Herrschaftslage nicht erkennbar sind. Aus dem Gesetz folgt, daß unter Mitbesitzern ein Selbsthilferecht nur wegen Besitzentziehung, nicht aber wegen Besitzstörung gegeben ist.

2. Sehr streitig ist, ob dem mittelbaren Besitzer das Selbsthilferecht zusteht. Viele versagen es ihm schlechthin, weil § 869 völlig jeden Besitzschutz des mittelbaren Besitzers regle. Allein das ist eine unbewiesene Behauptung. Der richtigen Ansicht nach muß es ihm zugesprochen werden, aber nur, wenn gegen den unmittelbaren Besitzer verbotene Eigenmacht verübt wird (z. B. bei dessen Abwesenheit), nicht aber in sonstigen Fällen (z. B. wenn der Besitzmittler sich die Sache aneignet oder Besitzstörungen Dritter duldet).

Auch der fehlerhafte Besitzer hat die Selbstschutzrechte, sie entfallen nur insoweit, als der Selbstschutz des durch die Fehlerhaftigkeit des Besitzes Verletzten noch reicht (§ 859 II—IV).

§ 8. Die Besitzschutzansprüche.

I. Allgemeines

Das BGB. gibt dem Besitzer außer dem besonderen Selbstschutz noch einen besonderen gerichtlichen Schutz: die sog. Besitzschutzansprüche. Ihre Wurzeln liegen im römischen Recht, es sind die possessorischen Interdikte, welche nach der Rezeption nach vielen Irrungen und Wirrungen im späteren gemeinen Recht wieder mehr auf ihre ursprüngliche Grundlage zurückgeführt worden waren und jetzt in verjüngter Gestalt auferstanden sind. Charakteristisch für sie ist ihre rein „possessorische" Natur: das bedeutet, daß bei ihnen Einreden aus dem materiellen Recht zum Besitz grundsätzlich ausgeschlossen sind (Gegensatz: „petitorische" Ansprüche, „petitorische" Einreden). Das BGB. kennt zwei Hauptansprüche: Den Besitzanspruch wegen Besitzentziehung (II) und den Besitzschutzanspruch wegen Besitzstörung (III). Praktische Bedeutung haben sie vornehmlich für Mieter und Pächter. Zur Ergänzung des possessorischen Schutzes ist außerdem noch der sog. Abholungsanspruch angefügt worden (IV).

II. Der Anspruch wegen Besitzentziehung (§ 861).

Es handelt sich um die mittelalterliche Spolienklage (actio spolii). — Der Anspruch wurzelt nicht, wie manche meinen, in einem gegenwärtigen Besitzrecht des bisherigen Besitzers, das die ihm entrissene tatsächliche Herrschaft überdauere. Eine solche Auffassung ist m. E. nicht allein gekünstelt, sondern auch dogmatisch nicht haltbar, weil es nur ein gegenwärtiges Besitzrecht geben kann, und dieses hat jetzt derjenige, der den Besitz entzogen hat. Vielmehr ist der Anspruch wegen Besitzentziehung ein Überbleibsel des entzogenen Besitzrechts.

1. Voraussetzung des Anspruchs ist die Besitzentziehung durch verbotene Eigenmacht. Bewegliche und unbewegliche Sachen kommen in gleicher Weise in Betracht.

2. Anspruchsberechtigt ist jeder Besitzer. Der Besitzdiener hat den Anspruch nicht, auch nicht als Stellvertreter des Besitzherrn. — Besonderheiten gelten für den mittelbaren Besitzer (unten 8.) und Mitbesitzer (unten 9.).

3. Anspruchsgegner ist derjenige, der dem Berechtigten gegenüber fehlerhaft besitzt (sei es unmittelbar, sei es mittelbar, vgl. oben § 6 II 2).

4. Ziel des Anspruchs ist die Wiedereinräumung des Besitzes, nicht die Herausgabe von Früchten und Surrogaten, nicht Schadensersatz.

5. Der Beklagte hat den sog. Einwand fehlerhaften Besitzes (§ 861 II) (exceptio vitiosae possessionis). Der Beklagte kann nämlich einwenden: der Besitz des Klägers sei gerade dem Beklagten oder dessen Rechtsvorgänger gegenüber fehlerhaft gewesen, und sei erlangt worden im letzten Jahre vor der Besitzentziehung durch den Beklagten.

Beispiel: K hat dem B heute eine Uhr entwendet, B holt sie sich morgen gewaltsam wieder. K klagt jetzt gegen B mit dem Besitzschutzanspruch auf Wiedereinräumung des Besitzes. B hat den Einwand fehlerhaften Besitzes. Würde dagegen B sich die Uhr erst nach Ablauf eines Jahres gewaltsam wiedergeholt haben, so würde K mit der Besitzklage durchdringen.

Es ergibt sich somit, daß ein fehlerhafter Besitzer nach endgültiger Entsetzung des bisherigen Besitzers (§ 859) auch gegen diesen die Gewaltrechte hat, aber wenn die Abwehr nicht gelingt, mit einer Besitzklage gegen ihn nichts ausrichten kann, sofern nicht über seine eigene Tat bis zur fremden Tat etwas Gras gewachsen war (1 Jahr verstrichen war).

Streitig ist, was unter den Worten „oder dessen Rechtsvorgänger" zu verstehen ist. Zunächst kann es sich nur um jemanden handeln, dem der Beklagte im Besitzrecht gefolgt ist (sei es als Erbe oder als Sondernachfolger. Beispiele: 1. K. hat dem E. eine Uhr entwendet, E. holt sie sich gewaltsam wieder, E. stirbt, B. beerbt ihn, K klagt gegen B. — 2. K. hat dem V. eine Uhr entwendet, V. holt sie sich gewaltsam wieder und übergibt sie dem B., der den Sachverhalt kennt, K. klagt gegen B. — In beiden Fällen hat B. den Einwand, denn er ist dem E. und V. im Besitzrecht gefolgt). Die herrschende Lehre betrachtet als Rechtsvorgänger aber auch denjenigen, dem der Beklagte im Besitzrecht gefolgt wäre, wenn die Besitzentziehung seitens des Klägers nicht dazwischen getreten wäre (Beispiel: K. hat dem E. eine Uhr entwendet, E. stirbt, B. beerbt ihn und holt sich gewaltsam die Uhr, K. klagt gegen B. Nach der herrschenden Lehre hat B. den Einwand). Man muß sich darüber klar sein, daß der Wortlaut des Gesetzes hierfür an sich nicht paßt, da der Rechtsvorgänger des Beklagten in diesen Fällen besitzrechtlich nur der Kläger ist. Für eine ausdehnende Auslegung des Gesetzes dürfte jedoch ein zureichender Grund nicht vorliegen.

Der Einwand des fehlerhaften Besitzes ist keine Einrede, vielmehr wird der Anspruch durch die Fehlerhaftigkeit des entzogenen Besitzes „ausgeschlossen" (also Berücksichtigung von Amts wegen).

6. Einwendungen aus dem Recht zum Besitz („petitorische" Einwendungen) sind grundsätzlich ausgeschlossen (§ 863).

Beispiel: Der Eigentümer hat einen Nießbrauch bestellt; der Nießbraucher verschafft sich eigenmächtig den Besitz. Der Besitzwiedereinräumungsklage des Eigentümers gegenüber kann sich der Nießbraucher auf sein Recht zum Besitz nicht stützen.

Doch kann sich der Beklagte auf ein Recht zum Besitz berufen, um damit darzutun, daß verbotene Eigenmacht nicht vorgelegen habe, daß er also zur eigenmächtigen Besitzentziehung befugt war (z. B. kraft Zwangsvollstreckungsrecht, kraft Selbsthilfe, kraft § 561 usw.).

7. Der Anspruch erlischt aus zwei Gründen (§ 864).

a) Nach Ablauf eines Jahres seit der Besitzentziehung. Die Frist ist eine Ausschlußfrist, keine Verjährungsfrist.

b) Wenn nach Verübung der Eigenmacht petitorisch rechtskräftig festgestellt wird, daß dem Täter ein Recht auf den eigenmächtig verwirklichten Besitzstand zusteht: Petitorium absorbet possessorium. Die fernere Verfolgung des Besitzanspruchs wäre eine zwecklose Weiterung. Das Gesetz ist ausdehnend auszulegen, es genügt die Feststellung eines obligatorischen Rechts.

8. Besonderheiten für den mittelbaren Besitzer.

Der mittelbare Besitzer hat den Anspruch, aber nur, wenn ohne seine Zustimmung dem unmittelbaren Besitzer der Besitz durch verbotene Eigenmacht entzogen wird. Auch kann er zunächst nur Wiederherstellung der bisherigen Besitzlage, also Herausgabe an den Besitzmittler verlangen; erst dann, wenn letzterer den Besitz nicht wiederübernehmen will oder kann, darf er die Einräumung des unmittelbaren Besitzes an sich selbst fordern (§ 869 Satz 2). — Nie steht ihm der Anspruch gegen den unmittelbaren Besitzer zu (streitig).

9. Besonderheiten für Mitbesitzer.

Jeder Mitbesitzer hat den Anspruch, wenn ihm oder allen Mitbesitzern der Besitz durch verbotene Eigenmacht entzogen wird. Im ersteren Fall ist es gleichgültig, ob ein Fremder oder ein Mitbesitzer die verbotene Eigenmacht ausübt (§ 866 versagt unter Mitbesitzern einen Besitzschutz nur in bezug auf die Besitzstörung, oben § 7 III 1). Wird der Besitz durch verbotene Eigenmacht gegen alle Mitbesitzer entzogen, so kann jeder Mitbesitzer nur Einräumung des Mitbesitzes an alle fordern; wollen oder können die anderen den Mitbesitz nicht übernehmen, so kann Einräumung des Alleinbesitzes verlangt werden (analog § 869). Auch steht bei Eigenmacht gegenüber allen Mitbesitzern allen zusammen der Anspruch zu.

III. Der Anspruch wegen Besitzstörung (§ 862).

Es handelt sich um das gemeinrechtliche „possessorium ordinarium".

1. Voraussetzung des Anspruchs ist eine Besitzstörung durch verbotene Eigenmacht. Naturgemäß kann aber nicht jede derartige Störung in Betracht kommen, z. B. nicht eine gelegentliche, vorübergehende Störung ohne fortwirkende Folgen. Vielmehr ist der Anspruch nur in zwei Fällen gegeben: Einmal bei einer äußerlich fortwirkenden Störung (z. B. Anlagen, die störend auf das Nachbargrundstück hinübergreifen), sodann bei einer ihrer Natur nach vorübergehenden Störung, falls weitere Störungen zu befürchten sind.

2. Anspruchberechtigt ist jeder Besitzer. Doch hat der mittelbare Besitzer den Anspruch nur, wenn ohne seine Zustimmung der unmittelbare Besitzer durch verbotene Eigenmacht gestört wird (§ 869); mittelbarer und unmittelbarer Besitzer sind hier gesamtberechtigt. Bei Mitbesitzern gilt im Verhältnis zu Fremden Entsprechendes wie bei dem Anspruch wegen Besitzentziehung, im Verhältnis der Mitbesitzer zueinander ist dagegen ein Anspruch aus Besitzstörung ausgeschlossen (§ 866, oben § 7 III 1).

3. Ziel des Anspruchs ist bei einer äußerlich fortwirkenden Störung Beseitigung der Störung, bei einer ihrer Natur nach vorübergehenden Störung Unterlassung weiterer Störungen.

4. Anspruchsgegner ist der Störer. Das ist bei einer äußerlich fortwirkenden Störung der Urheber der Störung und derjenige, von dem aus die Störung noch fortwirkt; beide können in einer Person zusammenfallen; handelt es sich um verschiedene Personen (z. B. infolge Grundstückswechsels), so besteht eine Gesamtverpflichtung (anders die herrschende Lehre, welche nur den jeweiligen „Halter" der störenden Anlage als Störer ansieht). Bei einer ihrer Natur nach vorübergehenden Störung ist Störer derjenige Urheber der Störung, von dem weitere Störungen zu befürchten sind.

5. Im übrigen gilt für den Anspruch wegen Besitzstörung ganz Entsprechendes wie bei dem Anspruch wegen Besitzentziehung. Der Beklagte hat auch hier den Einwand fehlerhaften Besitzes (§ 862 II), Einwendungen aus einem Recht zur Besitzstörung sind grundsätzlich ausgeschlossen (§ 863), und schließlich erlischt der Anspruch nach Jahreslauf und durch rechtskräftiges Urteil im Petitorium (§ 864). Vgl. oben II 5, 6, 7.

IV. Der Abholungsanspruch (§ 867).

§ 867 ergänzt den Schutz des Besitzes einer beweglichen Sache für den Fall, daß die Sache auf ein im Besitz eines anderen befindliches Grundstück gelangt ist. Regelmäßig hat alsdann der Besitzer der beweglichen Sache den Besitz nicht verloren, der Grundstücksbesitzer ihn nicht erworben. Der Besitzer der beweglichen Sache wäre hier schutzlos: die Herausgabe der Sache könnte er weder possessorisch noch petitorisch fordern, würde er sich selbst die Sache holen, so wäre er dem Vorwurf verbotener Eigenmacht ausgesetzt. Die gleiche Schutzlosigkeit würde bestehen, wenn ausnahmsweise der Besitzer der beweglichen Sache seinen Besitz verloren, aber ein Besitzerwerb durch den Grundstücksbesitzer noch nicht stattgefunden hätte (es ist z. B. Wäsche weit fortgeschwemmt worden und an einem Grundstück gelandet). Für solche Fälle gibt § 867 dem Besitzer der beweglichen Sache einen Anspruch auf Aufsuchung und Wegschaffung gegen den Grundbesitzer. — Große praktische Bedeutung scheint der Anspruch bisher nicht erlangt zu haben.

1. **Voraussetzungen des Anspruchs:** Es muß eine bewegliche Sache aus der Gewalt des Besitzers auf ein im Besitz eines anderen befindliches Grundstück gelangt sein. Der Besitzer der beweglichen Sache kann (wie regelmäßig) den Besitz behalten oder ihn verloren haben, er darf ihn aber nicht freiwillig aufgegeben haben. — Bei einer beweglichen Sache (z. B. einer Bude, einem Wohnwagen) ist die Vorschrift entsprechned anzuwenden. — Eine zweite Voraussetzung ist die, daß die Sache nicht inzwischen in Besitz genommen sein darf, weder vom Grundstücksbesitzer noch von einem Dritten (der frühere Besitzer der beweglichen Sache ist hier nicht schutzlos, er hat, wenn er zunächst den Besitz behalten hatte, possessorische und petitorische Ansprüche, wenn er ihn schon eingebüßt hatte, petitorische Ansprüche; ebenso steht es, wenn etwa gleichzeitig mit seinem Besitzverlust ein Besitzerwerb des Grundstücksbesitzers stattgefunden haben sollte).

2. Anspruchsberechtigt ist jeder Besitzer der beweglichen Sache (Allein-, Teil-, Mitbesitzer), der mittelbare Besitzer aber nur subsidiär hinter dem unmittelbaren (§ 869, Satz 3.)

3. Anspruchsgegner ist der unmittelbare Grundstücksbesitzer (in besonderen Fällen auch der mittelbare).

4. Ziel des Anspruchs ist Gestattung der Aufsuchung und Wegschaffung. Bei Nichtgestattung muß der Weg der Klage beschritten werden. Ein Recht zur Selbsthilfe ist nur nach allgemeinen Grundsätzen (§§ 229, 904) gegeben (doch liegt m. E. bei Schikane keine verbotene Eigenmacht vor, § 226).

5. **Einwendungen.** Der Grundstücksbesitzer hat eine verzögerliche Einrede auf Sicherheitsleistung, falls durch das Aufsuchen ein Schaden zu besorgen ist; die Einrede entfällt, wenn mit dem Aufschube Gefahr verbunden ist. — Der Grundstücksbesitzer hat auch den Einwand des fehlerhaften Besitzes (analog §§ 861 II, 862 II; auch §§ 863, 864 II sind entsprechend anzuwenden).

6. **Schadensersatz.** Aufsuchung und Wegschaffung gehen auf Gefahr des Aufsuchenden. Er haftet ohne weiteres für den durch sie entstehenden Schaden (unabhängig von Verschulden). Der Schadenersatzanspruch ist kein Deliktsanspruch, sondern ein gesetzlicher Ausgleichsanspruchs. Er steht trotz des Wortlautes des Gesetzes nicht dem unmittelbaren Grundstücksbesitzer als solchem zu, sondern demjenigen, der den Schaden erlitten hat (z. B. dem Eigentümer).

§ 9. Die sonstigen Wirkungen des Besitzes.

Außer dem Besitzschutz im engeren Sinn (dem rein possessorischen Schutz) legt das Gesetz dem Besitz noch verschiedene andere Wirkungen bei. Sie stehen entweder außerhalb des eigentlichen Sachenrechts oder sind ihm eingegliedert.

1. Von den Wirkungen außerhalb des Sachenrechts mögen folgende erwähnt werden: Der Besitzer hat bei verlorenem Besitz die Condictio possessionis, wenn der Gegner den Besitz ohne rechtlichen Grund erlangt hat (§ 812 I). Der Besitzer hat einen Anspruch aus unerlaubter Handlung, wenn sein Besitzrecht widerrechtlich und schuldhaft verletzt ist (§ 823 I). — Die Liegenschaftsmiete erhält durch den Besitz dingliche Kraft (§ 571), der Gebäudebesitzer haftet für Gebäudeeinsturz (§§ 836ff.). — Der Besitzer hat ein Ablösungsrecht bei drohender Zwangsvollstreckung (§ 268). — Der Besitz hat Bedeutung für die Gefahrtragung bei Schuldverhältnissen (vgl. z. B. § 446).

2. Von den Wirkungen des Besitzes, die dem Sachenrecht eingegliedert sind, sind die wichtigsten:

a) Der Besitz ist Voraussetzung für die Ersitzung, sowohl bei Grundstücken wie bei Fahrnis (§§ 900, 937).

b) Bei Fahrnis ist der Besitz Begründungs- und Übertragungsmittel für die dinglichen Rechte, auch entfaltet er einen Vertrauenstatbestand zugunsten Gutgläubiger.

c) Der Fahrnisbesitz begründet eine Vermutung für das ihm entsprechende materielle dingliche Recht (§§ 1006, 1065, 1227).

d) Der Fahrnisbesitz gibt die Grundlage für die Klage aus früherem Besitz (§ 1007).

Alle diese spezifisch sachenrechtlichen Wirkungen werden im Verlauf der Darstellung zur Sprache kommen. An dieser Stelle können sie — insbesondere die Klage aus früherem Besitz — noch nicht voll verstanden werden.

IV. Der Rechtsbesitz.

§ 10.

Während dem römischen Recht nur eine juris quasi possessio bei Servituten bekannt war, wurde im gemeinen Recht und in den Partikularrechten im Anschluß an die deutsche Gewere an unkörperlichen Sachen unter Einfluß des kanonischen Rechts ein Rechtsbesitz an allen Rechten anerkannt, die einer dauernden Ausübung fähig waren (insbesondere bei Berechtigungen an Grundstücken, bei Realrechten, Persönlichkeitsrechten, ständigen Forderungsrechten).

Das BGB. erwähnt den „Rechtsbesitz" nicht, aber es kennt ihn sachlich bei den Grunddienstbarkeiten und beschränkt persönlichen Dienstbarkeiten (§§ 1029, 1090), also in der römischen Beschränkung. Wer diese Rechte ausübt, genießt denselben besonderen Besitzschutz gegen verbotene Eigenmacht wie ein Sachbesitzer. Vgl. darüber unten §§ 48, 49 bei den Dienstbarkeiten.

Auf den dem Landesrecht vorbehaltenen Gebieten ist dagegen ein Rechtsbesitz in weiterem Umfang zulässig und anerkannt (z. B. im Jagd-, Fischerei-, Wasserrecht). In Ermangelung besonderer Normen sind auf ihn die Vorschriften des BGB. über den Sachbesitz entsprechend anzuwenden.

Zweiter Abschnitt.

Das Liegenschaftsrecht im allgemeinen.

§ 11. Einleitung.

I. Das Grundbuchsystem.

Die heutige deutsche Gesetzgebung hat sich in bezug auf die Regelung der Vollrechte des Sachenrechts an Liegenschaften den preußischen Gesetzen vom 5. 5. 1872 angeschlossen und das sog. Grundbuchsystem sanktioniert. Der Grundgedanke dieses Systems beruht darauf, daß es ein dringendes Erfordernis eines gesunden Grundstücksverkehrs ist, daß die materiellen Sachenrechte in einem öffentlichen Register zur Erscheinung kommen, es läßt sich auch in den Satz kleiden, daß der rechtsgeschäftliche Erwerb eines jeden dinglichen Rechts am Grundstück die Eintragung dieses Rechtes im Grundbuch zur Voraussetzung hat. Das Grundbuchsystem war das System des deutschen mittelalterlichen Rechts vor der Rezeption. Es steht im Gegensatz zum römischen Recht, welches Mobilien und Immobilien unterschiedslos behandelte, und daher auch für die Übereignung von Grundstücken nur die Tradition, für ihre Verpfändung sogar nur den Verpfändungsvertrag forderte. Das römische Prinzip wurde zwar gemeines Recht, aber die Partikularrechte haben sich ihm nicht gebeugt; nur in einigen Gebieten erhielt sich freilich das rein deutsche Grundbuchsystem, meistens nahm man ein gemischtes System an. Verbreitet war namentlich das System der Hypothekenbücher, nach welchem nur zur Verpfändung, aber nicht zur Übereignung die Eintragung im Hypothekenbuch erforderlich war; es galt in Preußen seit 1783 bis zu der erwähnten neuen Gesetzgebung von 1872,. es galt in Bayern und Württemberg sogar bis 1900.

II. Die gesetzliche Reglung.

In bezug auf die gesetzliche Reglung der allgemeinen Normen des Grundbuchrechts sind das formelle und materielle Grundbuchrecht zu unterscheiden.

1. Das formelle Grundbuchrecht. Grundlage bildet die Grundbuchordnung vom 24. 3. 1897 (GBO.). Sie regelt die technische Seite des Grundbuchrechts, insbesondere die Einrichtung der Grundbücher, das Verfahren vor den Grundbuchbehörden. In vieler Hinsicht ist sie nur ein Rahmengesetz, welches die nähere Ausgestaltung den Landesrechten überläßt. Dementsprechend wird die Grundbuchordnung ergänzt durch Landesgesetze, landesherrliche VO. und Verfügungen der Justizminister (für Preußen: AusfG. z. GBO. v. 26. 9. 1899, Kgl. VO. v. 13. 11. 1899. Verf. des Justizministers vom 18. und. 20. 11. 1899 u. a.). — Die GO. ist in Einzelheiten geändert durch Ges. vom 14. 7. 1905, durch die VO. über das Erbbaurecht vom 15. 1. 1919, ergänzt durch die Ges. vom 13. 2. 1920 und 23. 6. 1923 (vgl. oben § 1 II 4b).

2. Das materielle Grundbuchrecht. Seine allgemeinen Normen sind im BGB. §§ 873ff. geregelt. Es handelt sich um die echten Voraussetzungen der dinglichen Rechtsänderungen an Grundstücken. Sie müssen erfüllt sein, damit die Rechtsverhältnisse an einem Grundstück sich wirklich rechtlich ändern. Die Vorschriften der GBO. sollen erfüllt werden (sie verlangen mehr in formaler Beziehung, weniger

in materieller Beziehung). Entscheidend für das wahre Recht (im Gegensatz zum buchmäßigen Schein) ist: Ist den Vorschriften des BGB. Genüge geschehen? So hat die Grundbuchordnung nur formale Bedeutung.

III. Übergangsvorschriften.

Die Einführung des Grundbuchsystems in ganz Deutschland durch das BGB. und die GBO. nötigte, überall ein Grundbuch „anzulegen". Das Verfahren bei der Anlegung ist gemäß Art. 186 EG. z. BGB. durch landesherrliche VO. bestimmt worden. Dabei konnten bisher geführte Bücher zu Grundbüchern des neuen Reichsrechts erhoben (so meistens in Preußen) oder umgewandelt werden (so die Hypothekenbücher). Nach Beendigung der Anlegung gilt das neue Liegenschaftsrecht (Art. 189I EG. — Der Zeitpunkt ergibt sich aus den landesherrlichen VO. Art. 186 I EG.). Die Anlegung war vielfach schon am 1. 1. 1900 und ist jetzt fast in ganz Deutschland vollendet.

Erstes Kapitel.

Das formelle Grundbuchrecht.

(Siehe das preußische Musterformular im Anhang.)

§ 12. Die Grundbuchämter und die Grundbücher im allgemeinen.

I. Die Grundbuchämter und ihre Entscheidungen.

1. Die Grundbücher werden von Grundbuchämtern geführt (§ 1 GBO.). Ihre Bildung ist dem Landesrecht überlassen. Meistens sind die Amtsgerichte gleichzeitig Grundbuchämter (so insbesondere in Preußen Art. 1 AG. z. GBO. — anders in Württemberg und Baden, hier werden die Grundbücher bei den Gemeinden geführt, leitende Beamte sind hauptsächlich die Notare).

2. Gegen die Entscheidungen des Grundbuchamts gibt es das Rechtsmittel der Beschwerde (§§ 71ff. GBO.) Sie geht an das Landgericht. Gegen die Entscheidung des Landgerichts gibt es die „weitere Beschwerde", die aber nur auf eine Gesetzesverletzung gestützt werden kann. Sie geht an das zuständige Oberlandesgericht, in Preußen an das Kammergericht (Art. 7 preuß. FGG.), in Bayern an das Oberste Landesgericht. Wenn das Oberlandesgericht in der Auslegung einer grundbuchrechtlichen Vorschrift des Reichsrechts von der Entscheidung eines anderen Oberlandesgerichts oder des Reichsgerichts abweichen will, so muß es die weitere Beschwerde dem Reichsgericht zur Entscheidung einreichen (§§ 78 GBO., im Interesse der deutschen Rechtseinheit). — Unzulässig ist eine Beschwerde gegen eine Eintragung im Grundbuch (§ 71 II 1, es gibt hier andere Rechtsbehelfe).

3. Eine besondere Haftpflicht des Staates wird durch § 12 GBO. begründet. Der Staat haftet ausschließlich dem Geschädigten an Stelle des Grundbuchbeamten, insoweit letzterer wegen Verletzung seiner Amtspflicht nach § 839 BGB. haften würde. Der Staat kann seinerseits an dem schuldigen Beamten Regreß nehmen (in Preußen nimmt der Staat nur bei Vorsatz und grober Fahrlässigkeit Regreß, Art. 8 Preuß. AG. z. GBO.). Bei städtischen Grundbuchämtern, wie in Baden, haftet die Stadt. Diese Vorschriften sind durch die späteren Gesetze über die Haftung des Staates für seine Beamten nicht berührt worden.

II. Grundbuchbezirke.

Die Grundbücher sind für räumlich abgegrenzte Bezirke (Grundbuchbezirke) gemäß § 2 GBO. gebildet worden. In Preußen ist regelmäßig für jede Gemeinde und für jeden selbständigen Gutsbezirk des Grundbuchamtes ein Grundbuch angelegt worden, das bei größeren Bezirken aus mehreren Bänden besteht.

III. Gegenstände der Buchung.

In das Grundbuch des Grundbuchbezirkes werden eingetragen

1. Die Grundstücke, und zwar grundsätzlich alle Grundstücke. Jedes Grundstück erhält eine besondere Stelle, das sog. Grundbuchblatt (siehe unten IV). Ausnahmsweise gibt es buchfreie Grundstücke nach Maßgabe landesherrlicher VO. (vgl. § 90 GBO.), es gehören hierher namentlich Grundstücke des Reiches, der Einzelstaaten, der Kommunalverbände, öffentliche Wege und Gewässer; sie werden nur auf Antrag gebucht, und sind vor der Buchung grundsätzlich dem dinglichen Grundstücksverkehr entzogen (vgl. Art. 127 u. 128 EG. z. BGB.).

2. Gewisse Gerechtigkeiten, die den Grundstücken gleichgestellt sind. Nach Reichsrecht gehört hierher das Erbbaurecht, welches bisher nur auf Antrag oder unter bestimmten Voraussetzungen, seit der VO. vom 15. 1. 1919 stets von Amts wegen ein besonderes Grundbuchblatt (Erbbaugrundbuch) erhält (außerdem als dingliche Last auf dem Grundbuchblatt des belasteten Grundstücks eingetragen wird); ferner Erbpachtrechte und nichtbergrechtliche Abbaurechte (§ 84 GBO.). Nach Landesrechten kommen in Betracht Bergwerksrechte, Fähr-, Fischerei-, Apothekergerechtigkeiten u. a.

IV. Grundbuchblätter.

1. Jedes Grundstück (oder ein grundstücksgleiches Recht) erhält im Grundbuch seines Bezirks eine besondere Stelle, das „Grundbuchblatt". Der Name ist eine Zusammenfassung, denn in Wirklichkeit besteht das Grundbuchblatt aus mehreren Blättern. Das Grundbuchblatt ist für die einzutragenden Verhältnisse des Grundstücks „das Grundbuch" im Sinn des BGB. (§ 3 BGO.).

Die innere Ausgestaltung des Grundbuchblattes ist im allgemeinen dem Landesrecht überlassen, insbesondere die Wahl zwischen:

a) Real- und Personalfolien. Beim Realfolium steht an der Spitze des Blattes das Grundstück, beim Personalfolium der Eigentümer. In Preußen hat man das Realfolium gewählt, Personalfolien finden sich in Württemberg, Hessen, der bayrischen Pfalz.

b) Dreiteilung und Vierteilung. Bei ersteren zerfällt das Grundbuchblatt in drei Abteilungen, eine Abteilung für den Grundstücksbestand, eine Abteilung für die Eigentumsverhältnisse, eine Abteilung für die Lasten. Bei der Vierteilung wird für die Hypotheken und Grundschulden unter Ausscheidung aus der allgemeinen Lastenabteilung eine besondere Abteilung gebildet. Die Vierteilung ist vorgeschrieben in Preußen, Bayern, Württemberg, die Dreiteilung namentlich in Sachsen.

2. Mehrere Grundstücke desselben Eigentümers können — dies ist eine besondere reichsrechtliche Vorschrift — ein „gemeinschaftliches Grundbuchblatt" erhalten, sofern hiervon keine Verwirrung zu besorgen ist (§ 4 GBO.). Die Entscheidung darüber hat das Landesrecht (zugelassen z. B. in Preußen, ausgeschlossen in Sachsen). Die Grundstücke sind hier nur äußerlich vereinigt, rechtlich sind sie selbständig geblieben. Dadurch unterscheidet sich das gemeinschaftliche Grundbuchblatt von der Zuschreibung eines Grundstücks als Bestandteil zu einem Hauptgrundstück und der Vereinigung zweier Grundstücke zu einem einzigen Grundstück (vgl. § 890 BGB., § 5 GBO.). — Eine Abschreibung unter Erhebung zu einem selbständigen Grundstück ist gleichfalls möglich und zum Teil nötig (vgl. § 6 GBO.).

3. Auch über die Kennzeichnung der Grundstücke auf dem Grundbuchblatt gibt das Reichsrecht eine besondere Norm. Sie sind nach einem amtlichen Verzeichnis zu bezeichnen (§ 2 II GBO.). Das Nähere hierüber bestimmt das Landesrecht. In Preußen, Bayern, Württemberg und Sachsen sind die Kataster als die Grundstücksverzeichnisse erklärt worden, an die sich das Grundbuch anlehnen muß. Kataster (von capitastrum = Steuerbuch) sind Grundstücksverzeichnisse, welche zum Zweck der Besteuerung seit dem 19. Jahrhundert auf Grund mühsamer Ver-

messungsarbeiten angelegt worden sind und fortlaufend ergänzt werden. Sie bestehen aus Flurkarten und Flurbüchern, enthalten auch Verzeichnisse der Eigentümer und der Gebäude. Das Grundbuchamt steht in fortlaufender Verbindung mit den Katasterbehörden. — In anderen Ländern kommen ähnliche Verzeichnisse in Betracht, in Baden die Lagerbücher, d. h. Verzeichnisse von Grundstücken, die allgemein für alle Zwecke der Staatsverwaltung angelegt waren. — Nicht immer sind diese amtlichen Verzeichnisse genau, so daß auch die Grundbücher vielfach unrichtig sind (z. B. Fälle der Doppelbuchung: Ein Grundstück ist auf verschiedenen Grundbuchblättern für verschiedene Eigentümer eingetragen).

4. Für die sog. Realrechte, d. h. Rechte, die dem jeweiligen Eigentümer eines Grundstücks zustehen (z. B. Grunddienstbarkeiten, Vorkaufsrecht), ist entsprechend dem § 96 BGB. in der Grundbuchordnung bestimmt, daß sie auf Antrag als Bestandteile des berechtigten Grundstücks bei diesem eingetragen werden (§ 8 GBO.).

5. Infolgedessen weisen die Grundbuchblätter der einzelnen deutschen Länder eine große Verschiedenheit in ihrer Ausgestaltung auf:

Das preußische Grundbuchblatt (AllgVerf. vom 20. 11. 1899) beginnt mit einer Aufschrift (sie gibt an das Amtsgericht, den Grundbuchbezirk, Band und Blatt des großen Grundbuchs). Es folgt das Bestandsverzeichnis. Dies zerfällt in das „Verzeichnis der Grundstücke" (hier ist das Grundstück in den verschiedenen Spalten nach Maßgabe des Katasters zu kennzeichnen, bei einem gemeinschaftlichen Grundbuchblatt erhält jedes Grundstück eine besondere Nummer, für Zuschreibungen und Abschreibungen dienen besondere Spalten) und das Verzeichnis der Realrechte. Hieran schließen sich die sog. drei Abteilungen, die erste Abteilung gibt über die Eigentumsverhältnisse Auskunft (Person des Eigentümers, Erwerbsgrund, Miteigentum), die zweite über die eintragungsfähigen Lasten (abgesehen von den Pfandrechten) und Verfügungsbeschränkungen (z. B. Konkurseröffnung, Einleitung der Zwangsvollstreckung), die dritte über die Hypotheken-, Grund- und Rentenschulden. — Viele Staaten sind dem preußischen Vorbild gefolgt.

V. Grundakten.

Für jedes Grundbuchblatt werden Grundakten gehalten (§ 94 GBO.) Das Nähere bestimmen die Landesjustizverwaltungen. Die Akten setzen sich zusammen aus den Urkunden (oder ihren Abschriften), welche die Parteien einreichen, den Verhandlungsprotokollen, den Eintragungsverfügungen des Grundbuchbeamten. — In Preußen, Sachsen und anderen Ländern ist den Grundakten eine „Tabelle" vorn angefügt; sie enthält eine wörtliche Abschrift des Grundbuchblattes selbst. — Die Grundakten haben große praktische Bedeutung, sie erleichtern die Einsicht und ermöglichen die Versendung. — Maßgebend ist aber lediglich das Grundbuchblatt.

VI. Einsicht in Grundbuch und Grundakten.

Es herrscht sog. Öffentlichkeit des Grundbuchs in gewissem Umfang.

1. Nach der GBO. § 11 ist die Einsicht in das Grundbuch jedem gestattet, der ein „berechtigtes" Interesse (es braucht kein rechtliches zu sein) darlegt. In gleicher Weise ist die Einsicht erlaubt in die Urkunden, auf welche in der Eintragung Bezug genommen ist, und in die noch nicht erledigten Anträge.

2. Das Landesrecht kann dies erweitern (§§ 93, 94 GBO.). So ist in Preußen und andern Ländern die Einsicht in alle Grundakten jedem gestattet, der ein berechtigtes Interesse darlegt. In Baden, Hessen, Hamburg, Lübeck ist sogar im Rahmen der reichsrechtlichen Erlaubnis von der Darlegung eines berechtigten Interesses abgesehen.

§ 13. Die Eintragungen der Grundbuchordnung.

I. Begriff.

Eintragung ist jede Aufzeichnung auf einem Grundbuchblatt, welche das Grundbuchamt vornimmt. Einschreibungen Unbefugter oder unvollendete Einträge sind völlig wirkungslos und von Amts wegen zu löschen.

II. Arten.

1. **Tatsacheneintragungen** und **Rechtseintragungen.** Erstere betreffen die reine Schilderung des Grundstücks (Lage, Wirtschaftsart, Gebäude, Erträge, Erwerbspreis, Versicherungssumme, Realrechte). Rechtseintragungen sind Eintragungen, welche sich auf Rechte am Grundstück beziehen (dahin gehört auch die falsche Eintragung von bestimmten Grundstücksparzellen, weil hiermit gleichzeitig das Recht an diesen eingetragen wird). Die Unterscheidung hat deshalb Bedeutung, weil sich auf Tatsacheneintragungen der öffentliche Glaube des Grundbuchs nicht bezieht.

2. Eintragungen **im engeren Sinn** und **Löschungen.** Erstere betreffen das Dasein oder die Änderung eines Rechts. Löschungen sind Eintragungen, welche den Untergang oder Nichtbestand eines Rechtsverhältnisses zum Inhalt haben.

3. **Zulässige** und **inhaltlich unzulässige** Eintragungen.

Das Grundbuch ist keineswegs allen möglichen Eintragungen i. e. S. geöffnet, es kommen vielmehr nur bestimmte Eintragungen in Betracht.

a) Zulässige Eintragungen: Zulässig sind Eintragungen über tatsächliche Angaben hinsichtlich des Grundstücks nach Maßgabe des Reichs- und Landesrechts (oben 1). Zulässig sind Eintragungen von privatrechtlichen dinglichen Vollrechten, welche durch das BGB., die Landesrechte und die neueren Reichsgesetze (insbesondere die Reichssiedlungsgesetze) als eintragungsfähig anerkannt sind. Zulässig sind Eintragungen von Verfügungsbeschränkungen zugunsten bestimmter Personen (vgl. § 892 I Satz 2 BGB. z. B. Konkurs, Nachlaßverwaltung, Zwangsvollstreckung). Schließlich sind zulässig Eintragungen von Widersprüchen und Vormerkungen.

b) Inhaltlich unzulässige Eintragungen ergeben sich aus dem Vorstehenden und allgemeinen Gesichtspunkten. Unzulässig sind insbesondere Eintragungen des Besitzes, der rein obligatorischen Rechte (z. B. Miete und Pacht), der kraft Gesetzes wirkenden privatrechtlichen dinglichen Rechte (vgl. z. B. § 912), der öffentlichen Rechte und Rechtsverhältnisse, insbesondere der öffentlichen Grundstückslasten und anderen öffentlichen Abgaben (soweit nicht besondere reichsrechtliche oder landesgesetzliche Normen Platz greifen, vgl. z. B. RG. über das Notopfer vom 31. 12. 1919). Eintragungsunfähig sind ferner z. B. die Geschäftsunfähigkeit und die beschränkte Geschäftsfähigkeit (dies sind keine Verfügungsbeschränkungen), Verfügungsbeschränkungen im öffentlichen Interesse und die Verfügungsbeschränkungen der Ehefrau beim eingebrachten Gut. Eintragungsunfähig sind auch an sich eintragungsfähige Rechte mit anderem Inhalt.

Finden inhaltlich unzulässige Eintragungen statt, so sind sie völlig wirkungslos und von Amts wegen zu löschen (§ 54 I Satz 2 GBO.). Auf sie durfte sich niemand verlassen.

4. **Unrichtige, an sich zulässige** Eintragungen.

An sich zulässige Eintragungen können im Einzelfall materiell unrichtig sein, indem die Eintragung unter Verletzung gesetzlicher Vorschriften zustande gekommen ist (der Grundbuchbeamte hat z. B. aus Versehen etwas Falsches eingetragen, oder es ist eine Eintragung auf Grund gefälschter Urkunden vorgenommen worden). Hier kann eine sofortige Löschung nicht stattfinden, weil möglicherweise Dritte bereits mit Recht dem Grundbuch getraut und Rechte erworben haben (vgl. vorläufig § 892 BGB.). Daher ist nur ein Widerspruch von Amts wegen einzutragen, der für die Zukunft den guten Glauben ausschließt (§ 54 I Satz 1 GBO., insoweit ein Schutz des guten Glaubens nicht denkbar ist, kann gelöscht werden). — Ist unter Verletzung (formaler) gesetzlicher Normen etwas inhaltlich Zulässiges und materiell Richtiges eingetragen, so bleibt es ganz und gar bei der Eintragung.

III. Voraussetzungen der Eintragungen (nach der GBO.).

Die GBO. stellt bestimmte formale Voraussetzungen auf, die vorliegen müssen, damit der Grundbuchbeamte eine Eintragung vornehmen kann (§ 13ff.). Sie decken sich nicht mit den materiellen Voraussetzungen, welche das BGB. für die materielle Änderung der dinglichen Rechtslage aufstellt (§§ 873ff.). Und zwar sind sie z. T. strenger, z. T. milder. Der Grund hierfür ist folgender: Jede an sich zulässige Rechtseintragung schafft ein Buchrecht, welches vermöge des Prinzips des öffentlichen Glaubens das wahre Recht zerstören kann. Daher werden für die Eintragungen erschwerende formale Voraussetzungen aufgestellt. Um aber einen schleppenden Grundstücksverkehr zu verhindern, sind manche Voraussetzungen, welche nach materiellem Vertragsrecht nötig sind, gestrichen.

1. Erforderlich ist grundsätzlich ein Antrag (Antragsprinzip). Er ist eine Erklärung gegenüber dem Grundbuchamt, durch welche die Eintragung begehrt wird. Er muß klipp und klar gestellt werden, er verträgt keine Bedingung und Befristung (§ 16 GBO.).

Antragsberechtigt ist entweder der sog. Passivbeteiligte, d. h. derjenige, dessen Recht von der Eintragung betroffen wird (z. B. der Eigentümer, der eine Hypothek bestellt) oder der sog. Aktivbeteiligte, d. h. derjenige, zu dessen Gunsten die Eintragung erfolgen soll (z. B. der Gläubiger, der eine Hypothek erwerben will). § 13 II GBO.

Ausnahmsweise ist ein Antrag nicht nötig: Ersuchen einer Behörde (§ 39 GBO., z. B. des Konkurs-, des Vollstreckungsgerichts), und in bestimmten Fällen Eintragung von Amts wegen (vgl. z. B. §§ 6, 46, 49 GBO.).

2. Erforderlich ist zweitens eine Eintragungsbewilligung (§ 19 GBO.). Sie ist eine einseitige Willenserklärung gegenüber dem Grundbuchamt, durch welche diesem die Vornahme einer Eintragung gestattet wird (sie ist entsprechend wie eine Verfügung zu behandeln.)

Die Eintragungsbewilligung hat von demjenigen zu erfolgen, „dessen Recht von der Eintragung betroffen wird". Das ist der Passivbeteiligte. Nicht erforderlich ist die Zustimmung des Aktivbeteiligten. Man nennt dies „formelles Konsensprinzip." Hierdurch treten die Voraussetzungen der Grundbuchordnung in einen entscheidenden Gegensatz zu den materiellen Vorschriften des BGB. Letzteres verlangt für die Entstehung eines Liegenschaftsrechts die „Einigung" der Beteiligten (materielles Konsensprinzip). Der Grundbuchrichter hat aber nur zu prüfen, ob die Bewilligung des leidenden Teils vorliegt. Beispiel: Will ein Grundstückseigentümer dem G.. eine Hypothek bestellen, so bedarf es zur Eintragung der Hypothek für den G. lediglich der Eintragungsbewilligung des Grundeigentümers, die Zustimmung des G. ist grundbuchrechtlich gleichgültig; dagegen erwirbt G. nach BGB. und in Wahrheit nur, wenn außer der Eintragung eine gültige Einigung zwischen ihm und dem Grundeigentümer zustande gekommen war. So kann das formelle Konsensprinzip leicht zu einer Unrichtigkeit des Grundbuchs führen, doch fällt dies gegenüber der dadurch erzielten Vereinfachung des Verfahrens nicht ins Gewicht. — Naturgemäß liegt in dem Antrag des Passivbeteiligten eine Eintragungsbewilligung, und in der Einreichung einer Eintragungsbewilligung ein Antrag.

Ausnahmen:

a) In einigen Fällen ist die Eintragungsbewilligung des Passivbeteiligten nicht ausreichend. So bedarf es bei der Übereignung eines Grundstücks einer Prüfung seitens des Grundbuchbeamten, ob die nach BGB. erforderliche Einigung (Auflassung) erfolgt ist. Entsprechendes gilt bei der Bestellung und Übertragung eines Erbbaurechts (§ 20 GBO., § 37 VO. für das Erbbaurecht von 1919). — Zur Löschung einer Hypothek bedarf es ferner außer der Bewilligung des Hypothekengläubigers der Zustimmung des Grundeigentümers (§ 27 I GBO., die Vorschrift erklärt sich aus dem Institut der Eigentümerhypothek).

b) In einigen Fällen ist die Eintragungsbewilligung des Passivbeteiligten nicht erforderlich. Namentlich kann die Berichtigung des Grundbuchs ohne weiteres verlangt werden, wenn die Unrichtigkeit durch öffentliche Urkunden nachgewiesen wird (§ 22 GBO.).

3. **Voreintragung des Passivbeteiligten.** Bisweilen ist der Passivbeteiligte aus dem Grundbuch nicht ersichtlich. Es ist z. B. der eingetragene Grundeigentümer gestorben, sein Erbe will eine Hypothek bestellen; oder A. ist eingetragener Grundeigentümer und verheiratet sich unter Begründung der allgemeinen Gütergemeinschaft, er will dann an dem nunmehr im Gesamteigentum der Ehegatten stehenden Grundstück eine Hypothek bestellen. Die GBO. schreibt für solche Fälle grundsätzlich vor (§ 40), daß einer Eintragungsbewilligung des Passivbeteiligten erst stattgegeben werden soll, wenn eine Eintragung des Passivbeteiligten selbst erfolgt ist. Es bedarf daher zuerst einer Voreintragung des Passivbeteiligten, im ersten Beispiel des Erben, im zweiten Beispiel der Ehegatten als Gesamteigentümer. — Diese Vorschrift beruht auf dem Gedanken, daß das Grundbuch alle Rechtslagen des Grundstücks kundmachen soll. Sie ist aber eine übertriebene Pedanterie und unzweckmäßig. Daher hat sich die GBO. selbst genötigt gesehen, den Grundsatz durch wichtige Ausnahmen zu durchbrechen. Insbesondere ist vorgeschrieben, daß der Erbe sich nicht vorher einzutragen lassen braucht, wenn er ein ererbtes Recht übertragen (z. B. das Grundstück veräußern) oder aufheben will (§ 41 BGO.).

4. **Nachweis** der Voraussetzungen. Alle Voraussetzungen und Unterlagen für eine Eintragung bedürfen eines gehörigen Nachweises. Insbesondere müssen die zur Eintragung erforderlichen Erklärungen entweder vor dem Grundbuchamt zu Protokoll gegeben werden oder durch öffentliche oder öffentlich beglaubigte (§ 129 BGB.) Urkunden nachgewiesen werden (§ 29 Satz 1 GBO.), also z. B. die Eintragungsbewilligungen (vgl. § 28 GBO.), Vollmachten. Eine Ausnahme gilt für „reine" Anträge, d. h. solche, die nicht gleichzeitig die Eintragungsbewilligung ersetzen sollen (§ 30 GBO.). — Alle anderen Voraussetzungen müssen grundsätzlich durch öffentliche Urkunden nachgewiesen werden (§ 29 Satz 2 GBO, z. B. gesetzliche Vertretung, behördliche Genehmigung, Tod, Geburt); doch gibt es zur Erleichterung des Verkehrs wichtige Ausnahmen, §§ 33ff. GBO. (beim Erben ist erforderlich Erbschein oder öffentliches Testament).

IV. Tätigkeit des Grundbuchamts.

1. **Vorbereitung** der Eintragung. Das Grundbuchamt muß auf jeden Antrag, der eingeht, den Zeitpunkt des Eingangs genau vermerken (§ 13 Satz 2 GBO. sog. Präsentatum). Betreffen mehrere Eintragungen dasselbe Recht, so darf die später beantragte Eintragung nicht vor der früher beantragten erfolgen (§ 17 GBO.).

Das Grundbuchamt hat alsdann zu prüfen, ob die Voraussetzungen des GBO. für eine Eintragung gegeben und gehörig nachgewiesen sind.

Steht der Eintragung ein Hindernis entgegen, so hat das Grundbuchamt den Antrag zurückzuweisen oder eine angemessene Frist zur Hebung des Hindernisses zu setzen (§ 18 GBO.). Im letzteren Fall ergeht eine sog. „temporisierende Zwischenverfügung" (es fehlt z. B. eine Urkunde), und es wird dem unzulänglichen Antrag sein Zeitvorrang bei späteren Anträgen gesichert (§ 18 II GBO.).

2. **Vollzug** der Eintragung. Ist der Antrag begründet, so wird die Eintragung vom Grundbuchrichter durch Verfügung in den Grundakten angeordnet und vom Grundbuchführer (einem mittleren Beamten) ausgeführt. Über die Fassung der

Eintragung (Eintragungsformel) enthalten die GBO., das BGB. und das Landesrecht Vorschriften. Insbesondere kann zur Entlastung des Grundbuchs in bestimmten Fällen auf die Eintragungsbewilligung bezug genommen werden (vgl. §§ 874, 1115 BGB. § 50 BGO.). — Die Eintragung im Grundbuch ist zu datieren und vom Grundbuchbeamten zu unterscheiden (§ 45, GBO. Nach den meisten Landesrechten unterschreiben Grundbuchführer und Grundbuchrichter). — Löschungen erfolgen durch Eintragung eines Löschungsvermerks in der Spalte Löschungen (§ 47 BGO.), nach Landesrecht wird außerdem die gelöschte Eintragung rot unterstrichen (rechtlich entscheidend ist der Löschungsvermerk).

3. **Benachrichtigung.** Von jeder Eintragung sind von Amts wegen zu benachrichtigen der Antragsteller, der eingetragene Eigentümer und alle beteiligten Personen, die aus dem Grundbuch ersichtlich sind. Die Eintragung eines neuen Eigentümers ist auch den eingetragenen Pfandgläubigern und Reallastberechtigten mitzu teilen. (§ 55 GBO. in der Fassung des Ges. vom 14. Juli 1905.) Nach Landesrecht werden auch die Katesterämter und andere Behörden in Kenntnis gesetzt. — Eine öffentliche Bekanntmachung, wie sie sich bei anderen Registern findet, gibt es nicht.

Zweites Kapitel.

Das materielle Grundbuchrecht.

(Vgl. auch hier das im Anhang beigefügte preußische Musterformular.)

§ 14. Die dinglichen Rechtsänderungen von Grundstücken im allgemeinen.

I. Erwerb von Rechten an Grundstücken.

1. Der **rechtsgeschäftliche** Erwerb. Das BGB. enthält für ihn eine grundlegende Vorschrift in § 873. Es handelt sich um den Erwerb des Eigentums durch Übertragung, und um den Erwerb von beschränkten dinglichen Rechten, sei es durch Belastung des Grundstücks (z. B. Bestellung eines Nießbrauchs), sei es durch Übertragung des Rechts (z. B. Abtretung einer Buchhypothek). Gleichgestellt ist schließlich auch der Erwerb eines Rechtes an einem beschränkten dinglichen Recht (die Belastung eines Rechtes an einem Grundstück, z. B. die Bestellung eines Nießbrauchs an einer Hypothek).

Für den Erwerb solcher Rechte sind zwei Erfordernisse aufgestellt: die Einigung der Beteiligten über die Rechtsänderung (materielles Konsensprinzip) und die Eintragung im Grundbuch (Eintragungsprinzip).

Über die rechtliche Natur der Einigung und das Verhältnis beider Erfordernisse zueinander herrscht Streit. Eine — auch in der Praxis — verbreitete Lehre betrachtet die Einigung als einen Vertrag und die Eintragung als den notwendigen öffentlichrechtlichen Vollzugsakt. Dieser Ansicht ist nicht beizustimmen, da ein Vertrag begrifflich den Eintritt einer gewollten Rechtswirkung voraussetzt, die Einigung allein oder keine gewollte Rechtswirkung hervorbringt. Die richtige Ansicht erblickt vielmehr in der Einigung und Eintragung zusammen einen Vertrag, die Einigung ist nur ein Bestandteil dieses Vertrages, und zwar lediglich das Willens- und Erklärungsmoment, welches aus zwei zusammenschließenden Willenserklärungen (nicht Rechtsgeschäften) besteht. Im einzelnen ist zu merken:

a) Einigung und Eintragung bilden zusammen einen dinglichen, abstrakten Vertrag.

α) Da es sich um einen Vertrag handelt, so sind die allgemeinen Vorschriften über Verträge auf ihn anzuwenden, soweit nicht besondere Normen des Sachenrechts entgegenstehen. Daher gelten insbesondere die Regeln über Geschäftsfähigkeit, Willensmängel, Vollendung von Willenserklärungen, Bedingungen, Vertretung. Nicht anwendbar sind dagegen die Vorschriften über die Gebundenheit an den Antrag, da die Gebundenheit abschließend für die ganze Einigung in § 873 II geregelt ist (streitig).

β) Es liegt ein dinglicher Vertrag vor. Die Rechtswirkung des Vertrages besteht nämlich darin, daß sich unmittelbar die dingliche Rechtsänderung (Begründung oder Übertragung des dinglichen Rechts) vollzieht. Es entsteht kein schuldrechtlicher Anspruch auf Erfüllung.

γ) Der Vertrag ist abstrakt, d. h. er ist losgelöst von dem zugrunde liegenden Rechtsgrunde (der causa, dem Kausalgeschäft wie Kauf, Schenkungsversprechen, Vermächtnis usw.). Der dingliche Vertrag hat hiernach eine selbständige Bedeutung, und seine Wirkungen treten auch bei Ungültigkeit des Kausalgeschäftes ein, so daß nur ein Anspruch aus ungerechtfertigter Bereicherung auf Rückübertragung des erworbenen Rechts gegeben sein kann. Es ist jedoch in bezug auf das Verhältnis des dinglichen Vertrages zum Kausalgeschäft zweierlei zu beachten: Einmal kann von den Beteiligten, insoweit der dingliche Vertrag Bedingungen verträgt (vgl. § 925 II), die Wirksamkeit des Kausalgeschäfts zur Bedingung des dinglichen Vertrages erklärt sein. Sodann kann, wenn Kausalgeschäft und dinglicher Vertrag ein einheitliches Ganzes bilden (was bei gleichzeitiger Vornahme im Zweifel anzunehmen ist), die Unwirksamkeit des Kausalgeschäftes die Unwirksamkeit des dinglichen Vertrages gemäß § 139 BGB. von selbst nach sich ziehen (streitig). — Die abstrakte Natur des dinglichen Vertrages ergibt nach der herrschenden Lehre, daß er für sich allein nicht wegen Verstoßes gegen die guten Sitten nichtig sein kann (§ 138 I, also Gültigkeit der Auflassung eines Bordellgrundstückes).

δ) Der Vertrag stellt sich als ein Verfügungsgeschäft dar. Es gelten daher die zahlreichen Vorschriften des BGB. über Verfügungen. Insbesondere wird bei Beteiligung eines Nichtberechtigten der Vertrag wirksam, wenn der Verfügende nachträglich die Verfügungsberechtigung oder die Genehmigung des Verfügungsberechtigten erlangt (§ 185 II).

b) Zur Einigung gehört, daß die Parteien das Einigsein über die Rechtsänderung sich gehörig erklären (Willenserklärungen). Die Erklärungen bedürfen keiner Form. Doch gibt es Ausnahmen, insbesondere ist für die Einigung bei der Eigentumsübertragung (Auflassung) eine Form vorgeschrieben (§ 925). — In der Aushändigung einer Eintragungsbewilligung und der Annahme liegt eine Einigung.

Zur Eintragung gehört eine vom Grundbuchamt auf dem betreffenden Grundbuchblatt vorgenommene, die gewollte Rechtsänderung deutlich zum Ausdruck bringende Einschreibung. Eine inhaltlich unzulässige Eintragung (oben § 13 II 3 b) ist natürlich wirkungslos. Auch muß den besonderen Vorschriften des BGB. Genüge geschehen sein (vgl. z B. § 1115). — Dagegen wird die Wirksamkeit der Eintragung nicht dadurch beeinflußt, daß die formalen Voraussetzungen der GBO. (oben § 13 III) nicht erfüllt waren (es lag z. B. kein Antrag oder keine formgerechte Eintragungsbewilligung vor).

c) Die Einigung kann der Eintragung vorhergehen oder ihr nachfolgen. Immer kommt die dingliche Rechtsänderung nur zustande, wenn beide wirksam erfolgt sind. Liegt nur eine Einigung vor, so ist noch nicht „verfügt", liegt nur eine Eintragung vor, so ist das Grundbuch zunächst unrichtig, kann aber sehr einfach durch nachfolgende Einigung zur Richtigkeit emporgehoben werden.

d) Bindung an die Einigung. Um übereilte Einigungen zu verhindern, geht das Gesetz davon aus, daß die Einigung für jeden Beteiligten zunächst frei widerruflich ist. Eine „Bindung", d. h. eine Unwiderruflichkeit soll nur eintreten, einmal mit der Eintragung, mag die Einigung formlos vorhergegangen oder nachgefolgt sein, sodann vor der Eintragung, falls gewisse Formen gewahrt sind, die § 873 II aufführt (es sind Fälle, in denen die Einigung eine geeignete Eintragungsbewilligung enthält). — Die gesetzliche Reglung ist durchaus verfehlt. Es ist nicht beachtet, daß sich aus dem obligatorischen Grundgeschäft bereits eine bindende

Verpflichtung zur Bewirkung der dinglichen Rechtsänderung ergibt, so daß ein Widerruf der Einigung, soweit er zulässig ist, dem Verpflichteten nichts nützt, da er im Prozeßwege zur Abgabe einer dem § 873 II entsprechenden Einigungserklärung gezwungen werden kann.

e) Eine besondere Vorschrift enthält § 878. An sich müßte eine zwischen der Einigung und Eintragung eintretende Verfügungsbeschränkung des Verfügenden den Eintritt der dinglichen Rechtsänderung hindern, da das Verfügungsgeschäft erst mit der Eintragung vollendet wird. Das Gesetz macht hiervon für den Fall eine Ausnahme, daß die Einigung bindend war und der Eintragungsantrag bereits gestellt war; tritt jetzt die Verfügungsbeschränkung (z. B. Konkurseröffnung oder Einleitung der Zwangsversteigerung) ein, so soll die nachfolgende Eintragung trotzdem den Erwerb vollenden. — Tod oder Geschäftsunfähigkeit des Verfügenden zwischen Einigung und Eintragung sind nach § 130 II einflußlos.

2. Der **nicht rechtsgeschäftliche** Erwerb vollzieht sich regelmäßig ohne Einigung und Eintragung (z. B. durch Erbfolge, Eintritt der Gütergemeinschaft, Zuschlag in der Zwangsversteigerung, Enteignung); ausnahmsweise ist die Eintragung nötig, vgl. § 866 ZPO.

3. Von dem Grundsatz, daß der rechtsgeschäftliche Erwerb sich durch Einigung und Eintragung vollzieht, gibt es nur sehr wenige Ausnahmen (vgl. z. B. § 1154).

II. Aufhebung von Rechten an Grundstücken.

1. Für die **rechtsgeschäftliche Aufhebung (beschränkter) dinglicher Rechte** sind folgende **grundsätzliche** Voraussetzungen aufgestellt.

a) Einmal die einseitige Aufgabeerklärung des Berechtigten nebst der Löschung im Grundbuch (§ 875). Beide zusammen bilden das einseitige, abstrakte Rechtsgeschäft (Verfügungsgeschäft). Es gilt Entsprechendes wie bei dem dinglichen Erwerbsvertrag, nur daß es hier nicht um einen Vertrag, sondern um ein einseitiges Rechtsgeschäft handelt (vgl. oben I 1 a). — Die Aufgabe erklärung ist eine empfangsbedürftige Willenserklärung, sie muß entweder dem Grundbuchamt gegenüber abgegeben werden oder demjenigen gegenüber, zu dessen Gunsten sie erfolgt (z. B. dem Grundeigentümer gegenüber, aber auch einem Gleich- oder Nachberechtigten gegenüber); sie bedarf keiner Form, sie kann der Löschung vorangehen oder ihr nachfolgen. Für die Bindung an die Aufgabeerklärung und eine zwischen ihr und der Erlöschung auftretende Verfügungsbeschränkung gilt Entsprechendes wie bei der Einigung (§§ 875 II, 878), oben I 1 d u. e).

b) Sodann die Zustimmung des Dritten, dem ein Recht an dem aufzuhebenden Recht zusteht (§ 876). Gleichgültig ist, ob das Recht des Dritten unmittelbar auf dem aufzuhebenden Recht lastet (z. B. ein Nießbrauch an einer Reallast, ein Pfandrecht an einer Hypothek) oder mehr mittelbar in der Weise, daß es als Recht an einem Grundstück das aufzuhebende Recht als Realrecht dieses Grundstücks mit ergreift (z. B. als Hypothek an einem Grundstück eine Reallastberechtigung dieses Grundstücks). — Die Zustimmung ist ein einseitiges, empfangsbedürftiges Verfügungsgeschäft, sie bedarf keiner Form, sie kann vor oder nach der Aufgabeerklärung oder Löschung erklärt werden. — Sie ist unbedingt nötig für die Aufhebung des Rechts, ohne sie besteht das Recht trotz der Löschung voll fort, das Grundbuch ist unrichtig.

2. Für die rechtsgeschäftliche Aufhebung gewisser dinglicher Rechte gibt es Sondervorschriften (vgl. § 875 „soweit nicht das Gesetz etwas anderes vorschreibt"). Vor allem ist die rechtsgeschäftliche Aufhebung des Eigentums durch die Sondernorm des § 928 geregelt. Besondere Regeln gelten auch für Hypotheken.

3. Die **nicht rechtsgeschäftliche** Aufhebung an Rechten an Grundstücken ist durch § 875 nicht geregelt. Hier gelten besondere Grundsätze. Solche Erlöschungsgründe sind z. B. Untergang des Grundstücks, Enteignung, Zwangsversteigerung.

Kein Erlöschungsgrund ist heute die sogenannte Konfusion (Vereinigung), vgl. unten § 21.

4. Ebensowenig richtet sich die Aufhebung von dinglichen Rechten an Grundstücksrechten nach § 873. — Die rechtsgeschäftliche Aufhebung erfolgt durch einseitige Aufgabeerklärung, vgl. z. B. § 1072.

III. Änderung des Inhalts von Rechten an Grundstücken.

Zu rechtsgeschäftlichen Inhaltsänderungen von beschränkten dinglichen Rechten an Grundstücken ist erforderlich Einigung des Berechtigten und des Grundeigentümers, die Eintragung im Grundbuch und gegebenenfalls die Zustimmung derjenigen, die ein dingliches Recht an dem zu ändernden Recht haben (§ 877.) — Inhaltsänderungen sind nur Änderungen des Rechtsinhalts bestehender dinglicher Rechte, welche keine Aufhebung oder Neubegründung von Rechten enthalten (z. B. Änderung der Zahlungszeit bei einer Hypothek, die Verlegung einer Grunddienstbarkeit, die Umwandlung einer Hypothek in eine Grundschuld — nicht dagegen z. B. die Ersetzung einer Reallast durch eine Rentenschuld, die Erhöhung oder Herabsetzung des Hypothekenkapitals). — Zur rechtsgeschäftlichen Inhaltsänderung eines Rechtes an einem Grundstücksrecht (z. B. eines Pfandrechts an einer Reallast) genügt dagegen Einigung und Zustimmung des am Recht Berechtigten (z. B. des Pfandgläubigers, § 1276).

§ 15. Der Rang.

I. Die Rangordnung im allgemeinen.

Der Rang, welcher dem einzelnen beschränkten dinglichen Rechte am Grundstück unter verschiedenen anderen dinglichen Rechten zukommt, ist von der größten Bedeutung für den Wert des Rechtes, insbesondere für die Reihenfolge der Befriedigung bei der Zwangsvollstreckung.

Das BGB. enthält Grundsätze für die Rangordnung eingetragener dinglicher Rechte. Entsprechend dem Eintragungsprinzip wird das Rangverhältnis unter ihnen nicht nach dem Alter, sondern nach der Eintragung bestimmt. Die Eintragung entscheidet auch, wenn die erforderliche Einigung erst nach der Eintragung zustande kommt (§ 879 II). Im übrigen ist zu unterscheiden:

1. Sind die Rechte in derselben Abteilung des Grundbuchs eingetragen, so soll über ihren Rang untereinander die Reihenfolge der Eintragungen, d. h. der richtigen Ansicht nach die räumliche Aufeinanderfolge auf dem Grundbuchblatt entscheiden (§ 879 I Satz 1 Lokusprinzip).

2. Sind die Rechte in verschiedenen Abteilungen des Grundbuchs eingetragen (z. B. Nießbrauch und Hypothek), so entscheiden unter ihnen die Zeitangaben bei den Eintragungen (Datenfolge); bei gleichem Datum gleicher Rang (§ 879 I Satz 2).

Möglich ist eine abweichende Rangbestimmung, sie setzt Einigung des Grundeigentümers mit den Erwerbern der Rechte und Eintragung im Grundbuch voraus (§ 879 III)

Für dingliche Rechte, die ausnahmsweise zu ihrer Entstehung der Eintragung nicht bedürfen, ist die Entstehungszeit maßgebend. Bei Rechten an Grundstücksrechten, die der Eintragung bedürfen, ist § 879 entsprechend anzuwenden.

Ausnahmsweise haben manche dingliche Rechte einen gesetzlichen Vorrang (vgl. z. B. §§ 914, 917, ferner das neue Erbbaurecht, die Heimstättenberechtigung, die Darlehnshypothek nach dem Reichsnotopferges. vom 6. Juli 1921).

II. Rangänderung.

Der Rang eines eingetragenen Rechtes kann nachträglich in dinglich wirksamer Weise geändert werden (§ 880). Dies kann in der Weise geschehen, daß der

Rang zwischen zwei bereits eingetragenen Rechten geändert wird, aber auch so, daß der Rang eines eingetragenen Rechtes zugunsten eines Rechtes verschlechtert wird, das erst gleichzeitig eingetragen wird. Die Rangänderung kann ferner zwischen zwei unmittelbar im Rang folgenden Rechten stattfinden (z. B. der zuletzt eingetragene Hypothekar räumt einer neu aufzunehmenden Hypothek den Vorrang ein), es können aber auch „Zwischenrechte" vorhanden sein. Es ist klar, daß in letzterem Fall die Zwischenrechte grundsätzlich unberührt bleiben müssen. — Die Rangänderung hat unter anderem dadurch Bedeutung, daß häufig Kreditinstitute Grundstücke nur an erster Stelle beleihen; der Grundeigentümer muß dann die bereits eingetragenen Hypothekare zu einem Zurücktreten im Rang zu bewegen suchen.

1. **Erfordernisse** (§ 880 II, III). Nötig ist Einigung des zurücktretenden und vortretenden Berechtigten, Eintragung (beim zurücktretenden Recht), Zustimmung eines Dritten, der ein dingliches Recht am zurücktretenden Recht hat, — Zustimmung des Grundeigentümers, wenn das zurücktretende Recht ein Grundstückspfandrecht ist (hier ist der Eigentümer wegen der Eigentümerhypothek interessiert).

2. **Wirkungen.** Die Rangänderung ist ein vertragsmäßiger Rangaustausch, durch welchen jedes der Rechte mit dem Rang des andern bekleidet wird. Doch bestehen gewisse Rechtsbedingungen, von deren Vorhandensein die Wirksamkeit des Rangwechsels abhängig ist. — Die Ansicht, daß lediglich eine Abtretung der Rangrechte der zurücktretenden Post vorliege, ist m. E. unhaltbar, da alsdann die zurücktretende Post überhaupt keinen Rang mehr hätte! — Im einzelnen ist zu erwähnen.

a) Die Rangänderung ist wirkungslos, wenn eine der beiden Posten nicht vorhanden war oder später fortfällt. Eine Ausnahme gilt für den Fall, daß die zurücktretende Post durch Rechtsgeschäft aufgehoben wird; hier verbleibt der vortretenden Post der eingeräumte Rang solange, wie die zurücktretende Post ohnedem bestanden hätte (denn die rechtsgeschäftliche Aufhebung ist ein willkürlicher Eingriff seitens des Inhabers der zurücktretenden Post), § 880 IV.

b) Die Rangänderung läßt die Zwischenposten unberührt (§ 880 V). Die Zwischenposten sind also so zu behandeln, als ob eine Rangänderung nicht stattgefunden hätte. Wenn daher die zurücktretende Post erlischt, rücken die Zwischenrechte auf. Eine Ausnahme ergibt sich, wenn die zurücktretende Post durch Rechtsgeschäft aufgehoben wird, hier rücken die Zwischenrechte nicht auf, vielmehr bleibt, wie wir sahen, der Rang des so erloschenen Rechts der vortretenden Post erhalten (oben a. Die Zwischenrechte sind dadurch nicht beschwert, denn auf eine rechtsgeschaftliche Aufhebung konnten sie nicht rechnen).

III. Der Rangvorbehalt (§ 881).

Der Eigentümer kann bei der Belastung eines Grundstücks sich die Befugnis vorbehalten, ein anderes Recht von bestimmtem Umfang mit dem Range vor jener ersten Belastung eintragen zu lassen.

Mit diesem Rangvorbehalt bezweckte der Gesetzgeber vor allem dem Baukredit zu dienen. Der kapitalschwache Bauunternehmer, der ein Grundstück erwarb, sollte für das Kaufgeld eine Hypothek bestellen können unter Vorbehalt des Vorranges für später aufzunehmende Baugelderhypotheken. — Das Institut scheint sich nicht recht durchgesetzt zu haben, der Bauunternehmer tut besser, an erster Stelle für sich eine Eigentümergrundschuld und an zweiter Stelle die Kaufgelderhypothek eintragen zu lassen, die Eigentümergrundschuld kann er später für den Baugeldgeber in eine Hypothek umwandeln.

1. **Erfordernisse** des Rangvorbehalts: Einigung des Grundeigentümers und des Erwerbers des Rechts, das durch den Rangvorbehalt beschränkt wird, sowie Eintragung bei diesem Recht.

2. **Das Recht aus dem Rangvorbehalt und seine Ausübung.** Das Recht steht dem Grundeigentümer als solchem zu, es ist ein unselbständiges Realrecht. Die Ausübung erfolgt durch Einigung des Grundeigentümers und des Erwerbers des Rechtes, dem der Vorrang beigelegt werden soll, sowie Eintragung bei diesem Recht.

3. Die **Wirkungen** nach Ausübung des Rechts aus dem Rangvorbehalt entsprechen grundsätzlich den Wirkungen der Rangänderung. Eine Besonderheit gilt, wenn „Zwischeneintragungen" (z. B. infolge einer Zwangshypothek) stattgefunden haben. Während der Inhaber der zurücktretenden Post bei der Rangänderung übersehen kann, inwieweit Zwischeneintragungen ihm in Zukunft vorgehen werden, ist dies dem Inhaber der mit dem Vorbehalt versehenen Post nicht möglich. Er bedarf daher eines Schutzes gegenüber Zwischeneintragungen. Deshalb bestimmt das Gesetz, daß er durch Zwischeneintragungen nicht über den Betrag des Vorbehalts hinaus benachteiligt werden kann. Beispiel: I. Hypothek für A. 10000 M. mit Rangvorbehalt in Höhe von 10000 M. II. Hypothek (Zwangshypothek) für B. 2000 M. III. Hypothek für C. 10000 M. mit Vorrang vor A. — Ist der Erlös in der Zwangsversteigerung 12000 M., so erhalten B. 2000 M., A. 2000 M., C. 8000 M. — Ist der Erlös 10000 M. oder weniger, so erhält C. alles. — So kann es hier zu auffallenden Ergebnissen kommen, daher wird nach Eintragung von Zwischenposten eine Hypothek auf Grund des Rangvorbehaltes nicht zu erlangen sein.

§ 16. Die Vermutung und der öffentliche Glaube des Grundbuchs.

Das Grundbuchsystem beruht auf dem Gedanken, die materiellen Sachenrechte an Grundstücken durch Eintragung in ein öffentliches Register erkennbar zu machen. Daher ist normalerweise die Eintragung die Erscheinungsform der materiellen Sachenrechte. Dem entspricht eine Vermutung für die Richtigkeit des Grundbuchs und der öffentliche Glaube des Grundbuchs. Beide gehen zurück auf die Kraft des mittelalterlichen Bucheintrags, beiden entspricht bei beweglichen Sachen der Besitz (vgl. unten §§ 29, 38).

I. Die Vermutung für die Richtigkeit des Grundbuchs.

§ 891 stellt folgende Vermutung auf: Ist im Grundbuch für jemand ein Recht eingetragen, so wird vermutet, daß ihm das Recht zustehe; ist im Grundbuch ein eingetragenes Recht gelöscht, so wird vermutet, daß das Recht nicht bestehe.

Diese Vermutungen haben ihre Bedeutung für die Beweislast im Verfahren der streitigen und freiwilligen Gerichtsbarkeit. Sie beziehen sich natürlich nur auf eintragungsfähige Rechte, sie sind durch Gegenbeweis entkräftbar.

II. Der öffentliche Glaube des Grundbuchs.

Das Prinzip des öffentlichen Glaubens (materielles Publizitätsprinzip) bedeutet allgemein (wenn auch ungenau) ausgedrückt, daß man im rechtsgeschäftlichen Verkehr dem Inhalt des Grundbuchs trauen kann und dementsprechend geschützt wird. Der Grundsatz hat sich nur allmählich entwickelt, vor allem im späteren preußischen Recht. Durch ihn erst erhält das Grundbuchsystem seine rechte Weihe für den Rechtsverkehr. Das BGB. hat ihn in §§ 892, 893 aufgenommen.

Der Grundsatz des öffentlichen Glaubens des Grundbuchs besagt: Bestimmte Personen werden in bezug auf den Inhalt des Grundbuchs in gewissem Umfang derart geschützt, daß er zu ihren Gunsten als richtig und vollständig gilt. — Der öffentliche Glaube bezieht sich also auf den Inhalt des Grundbuchs, er kommt bestimmten Personen zustatten, und er hat bestimmte Wirkungen. Dem entsprechend ist zu unterscheiden.

1. Der **Inhalt des Grundbuchs.** Nicht der gesamte Inhalt des Grundbuchs ist dem öffentlichen Glauben unterworfen, vor allem nicht die Tatsacheneintragungen

(oben §. 13 II 1). In Betracht kommen vielmehr nur Eintragungen, Löschungen und Nichteintragungen von eintragungsfähigen Rechten, sowie Nichteintragungen und Löschungen von Verfügungsbeschränkungen zugunsten bestimmter Personen (§ 13 II 3).

2. Die **geschützten Personen.** Geschützt werden nur bestimmte Personen. Und zwar müssen einmal bestimmte Verfügungen an sie oder durch sie vorliegen, und zweitens müssen diese Personen gutgläubig sein.

a) In bezug auf die Verfügungsgeschäfte kommt in Betracht: Geschützt wird

α) derjenige, der ein dingliches Recht am Grundstück oder an einem Grundstücksrecht durch Rechtsgeschäft erwirbt (§ 892), z. B. Eigentum oder Grunddienstbarkeit vom eingetragenen Nichteigentümer oder vom Eigentümer, dessen Konkurseröffnung noch nicht eingetragen ist — oder Pfandrecht an einer eingetragenen aber in Wahrheit nicht bestehenden Hypothek. — Geschützt wird nur der rechtsgeschäftliche Erwerb, also nicht der Erwerb im Wege der Zwangsvollstreckung oder kraft Gesetzes (z. B. durch Erbfolge). — Gleichgültig ist dagegen, ob der Erwerb entgeltlich oder unentgeltlich erfolgt (doch haftet der unentgeltliche Erwerber nach § 816 auf Herausgabe der Bereicherung).

β) derjenige, der auf Grund des eingetragenen Rechts eine Leistung an den als berechtigt Eingetragenen bewirkt (§ 893), z. B. der Grundeigentümer zahlt auf Grund einer Hypothek an einen fälschlich Eingetragenen Hypothekenzinsen.

γ) derjenige, der an einem sonstigen Verfügungsgeschäft über ein eingetragenes Recht, sei es als Verfügender, sei es als Verfügungsempfänger beteiligt ist (§ 893), z. B. bei Änderungen des Inhalts eines eingetragenen Rechts, Verzichten, Kündigungen.

b) Die Personen müssen gutgläubig sein.

Der gute Glaube ist aber nur dann ausgeschlossen, wenn entweder ein Widerspruch gegen die Richtigkeit des Grundbuchs eingetragen war (unten § 19 II 1), oder derjenige, dem der öffentliche Glaube zugute kommen sollte, positive Kenntnis von der Unrichtigkeit des Grundbuchs zur Zeit der Vornahme des Verfügungsgeschäfts hatte. — Nicht nötig ist ein unmittelbares Vertrauen auf das Grundbuch, so ist z. B. der Erwerber auch dann gutgläubig, wenn er das Grundbuch gar nicht eingesehen hat.

3. **Wirkungen.** Der Inhalt des Grundbuchs „gilt" in dem angegebenen Umfang dem Gutgläubigen gegenüber als vollständig und richtig. Das bedeutet, daß für ihn der Rechtserfolg eintritt, den er nach Maßgabe des Buchinhalts erwarten konnte. Er erwirbt also Eigentum oder begrenztes dingliches Recht vom eingetragenen Nichteigentümer oder vom Eigentümer, dessen Konkurseröffnung noch nicht eingetragen war, er erwirbt ein Pfandrecht an der eingetragenen aber in Wahrheit nicht bestehenden Hypothek, er tilgt durch Zahlung an den fälschlich eingetragenen Hypothekengläubiger die Hypothekenzinsschuld usw. — Auf der anderen Seite tritt ein entsprechender Rechtsverlust ein, dieser ist ein endgültiger, nur Ansprüche aus ungerechtfertigter Bereicherung sind möglicherweise gegeben. — Insoweit ein Rechtserwerb vorliegt, handelt es sich der richtigen Ansicht nach nicht um einen abgeleiteten Erwerb, der Erwerber ist nicht Rechtsnachfolger (dies ergibt sich zwingend daraus, daß irgendein Recht vorher gar nicht zu bestehen braucht), sondern es handelt sich m. E. um einen Erwerb auf Grund einer formalen Verfügungsmacht über ein Buchrecht in Verbindung mit dem guten Glauben an einen äußeren Vertrauenstatbestand.

§ 17. Die Vormerkung.

Wer einen persönlichen Anspruch auf Erwerb eines Rechtes an einem Grundstück hat (z. B. auf Grund eines Kaufes), erwirbt gemäß dem Eintragungsprinzip das dingliche Recht erst, wenn für ihn die Eintragung im Grundbuch erfolgt ist (oben § 14 I). Diese Eintragung kann sich aus verschiedenen Gründen verzögern. In der Zwischenzeit ist der Anspruchsberechtigte der Gefahr ausgesetzt, daß sein Anspruch auf Erfüllung vereitelt oder beeinträchtigt wird, insbesondere durch anderweite Verfügungen des noch eingetragenen Verpflichteten (z. B. durch Auflassung an einen anderen und dessen Eintragung). Zu seinem Schutz kennt das BGB. eine vorläufige Eintragung: die Vormerkung. Die Vormerkung merkt, wie ihr Name sagt, den in der Zukunft liegenden Erwerb des dinglichen Rechts vor, sie „prophezeit" ihn.

Die Vormerkung greift entsprechend bei sonstigen persönlichen Ansprüchen Platz, die auf Veränderungen in sachenrechtlicher (dinglicher) Hinsicht gerichtet sind (z. B. Anspruch auf Löschung einer Hypothek).

I. Voraussetzungen.

Nötig ist ein vormerkbarer Anspruch und eine Eintragung im Grundbuch (§§ 883, 885).

1. **Vormerkbare Ansprüche** sind nur persönliche Ansprüche, die auf Änderung der dinglichen Rechtslage eines Grundstücks gerichtet sind, d. h. Ansprüche auf Einräumung, Aufhebung oder Änderung eines dinglichen Rechts am Grundstück; sowie Ansprüche auf Einräumung, Aufhebung oder Änderung eines dinglichen Rechts an einem Grundstücksrecht (z. B. Anspruch auf Verpfändung einer Hypothek). Der Anspruch kann auch befristet, betagt oder bedingt sein. Er kann auf Vertrag, auf Verfügung von Todes wegen, auf Gesetz beruhen.

Nicht vormerkbar sind infolgedessen Ansprüche aus Miete oder Pacht.

2. **Eintragung.** Sie kann auf verschiedene Weise erfolgen.

a) Auf Grund der Bewilligung des Passivbeteiligten (nebst Antrag).

b) Auf Grund einer einstweiligen Verfügung. Diese ergeht nach Maßgabe von §§ 935ff. ZPO. Zuständig ist das Amtsgericht, in dessen Bezirk das Grundstück belegen ist (§ 942 II ZPO.), nötig ist eine „Glaubhaftmachung" des Anspruchs. Dagegen ist im Gegensatz zu den sonstigen Fällen der einstweiligen Verfügung eine Glaubhaftmachung der „Gefährdung" des Anspruchs nicht nötig, denn diese ist von selbst durch die Grundbuchverfassung gegeben (§ 885 I Satz 2).

Eine Eintragung von Amts wegen ist nicht unbekannt, der wichtigste Fall ist § 18 II GO., bei einer temporisierenden Zwischenverfügung (oben § 13 IV 1.).

Die Form der Eintragung richtet sich nach Landesrecht. In Preußen ist maßgebend die Allg. Verf. vom 20. November 1899, §§ 14ff. Betrifft die Vormerkung die Übertragung des Eigentums, so wird sie in der II. Abteilung eingetragen. Im übrigen wird sie in der Abteilung des Rechtes eingetragen, das sie sichern soll, und zwar auf der linken Seite der Spalte, indem die rechte Seite für die endgültige Eintragung freizulassen ist.

II. Wirkungen.

Der persönliche Anspruch erhält einen gewissen dinglichen Schutz. Es wird die Erfüllbarkeit des Anspruches gesichert, ein Leistungsunvermögen des Verpflichteten verhindert.

1. Jede spätere Verfügung des Verpflichteten über das Grundstück ist dem Vorgemerkten gegenüber insoweit unwirksam, als sie den persönlichen Anspruch vereiteln oder beeinträchtigen würde (§ 883 II).

Aus dieser bloß „relativen" Unwirksamkeit von Verfügungen ergibt sich, daß der verpflichtete Schuldner an sich nicht gehindert ist, widersprechende Verfügungen vorzunehmen; das Grundbuch ist nicht gesperrt, vielmehr muß der Grundbuchrichter alles eintragen. Allein die widersprechende Verfügung ist dem Vorgemerkten gegenüber unwirksam. Infolgedessen kann er, wenn die Zeit für die Erfüllung seines Anspruchs gekommen ist, von seinem alten Schuldner die Verwirklichung seines Anspruchs fordern, von dem Dritten aber, der im Widerspruch zur Vormerkung ein Recht erlangt hat, die Zustimmung zu der erforderlichen Eintragung (§ 888).

Beispiel: K. hat von V. ein Grundstück gekauft, die Auflassung soll in einem Monat stattfinden; für den Anspruch des K. wird eine Vormerkung eingetragen. V. verkauft darauf das Grundstück nochmals an X., läßt es ihm auf, X. wird als Eigentümer eingetragen (der Grundbuchrichter muß eintragen). — Nach Ablauf des Monats kann K. von V. die Auflassung, von X. die Zustimmung zu seiner (des K.) Eintragung fordern.

Den Verfügungen des Schuldners stehen gleich Verfügungen, die im Wege der Zwangsvollstreckung, der Arrestvollziehung oder durch den Konkursverwalter geschehen (§ 883 II Satz 2): Würde in dem eben genannten Beispiel für X. eine Zwangshypothek nach Eintragung der Vormerkung eingetragen werden, so wäre sie dem K. gegenüber unwirksam.

2. Der Rang des endgültig eingetragenen Rechtes richtet sich nach der Eintragung der Vormerkung (§ 883 III).

3. Beim Konkurs des Schuldners kann der Vorgemerkte tatsächliche Befriedigung seines Anspruchs vom Konkursverwalter verlangen (§ 24 KO., § 17 KO. greift nicht Platz).

4. Stirbt der Schuldner, so haftet sein Erbe für den vorgemerkten Anspruch unbeschränkbar (§ 884).

III. Erlöschen (hier ist vieles streitig).

Die Vormerkung erlischt mit Erledigung des Anspruchs, den sie sichert (Erfüllung, Erlaßvertrag), durch Aufhebung der einstweiligen Verfügung, auf der sie beruht, durch rechtsgeschäftliche Aufhebung (Löschungsbewilligung und Löschung; vgl. auch § 886), durch Ausschlußurteil im Wege des Aufgebotsverfahrens (Näheres in § 887).

IV. Rechtliche Natur.

1. Die rechtliche Natur der Vormerkung ist streitig. Sie wird unter anderem bezeichnet als ein rein äußerlich neben die Forderung gestelltes, besonderes dingliches Sicherungsrecht oder als eine Verfügungsbeschränkung eigener Art, oder als ein negatives Herrschaftsrecht (weil auf eine Verkehrsbeschränkung des Schuldners abgestellt), oder als ein Bucheintrag, welcher der Forderung einen gewissen dinglichen Gehalt einflößt. Am besten wird man sie als ein eigenartiges Nebenrecht der Forderung kennzeichnen, das dieser einen gewissen sachenrechtlichen Gehalt einflößt, so daß sie einem jus ad rem, einem Recht „auf" die Sache ähnlich ist.

Praktisch wichtig und sicher ist, daß das vorgemerkte Recht kein richtiges Sachenrecht, kein Recht am Grundstück im technischen Sinn ist. Daher knüpft sich an die Vormerkung nicht die Vermutung oder der öffentliche Glaube des Grundbuchs. Wer z. B. eine vorgemerkte nichtige Forderung erwirbt, erwirbt sie nicht auf Grund seines guten Glaubens an die Vormerkung, sondern er erhält eine nichtige Forderung.

2. Die Einräumung einer Vormerkung stellt sich als eine „Verfügung" dar, denn es wird das rechtliche Können des Verpflichteten infolge seiner Gebundenheit vermindert. Infolgedessen ist die Einräumung einer Vormerkung seitens eines fälschlich Eingetragenen eine Verfügung über ein Grundstücksrecht, auf welche der redliche Erwerber gemäß § 893 so trauen kann, als ob sie vom wahren Berechtigten vorgenommen wäre. (Hat z. B. K. von dem fälschlich eingetragenen V. eine Vormerkung auf Übereignung erlangt, so kann er, wenn der wahre Eigentümer inzwischen die Berichtigung des Grundbuchs für sich durchgesetzt hat, nach der Liquidität

seines Anspruchs von V. die Auflassung, von dem wahren Eigentümer aber die Zustimmung zu seiner hiernach erforderlichen Eintragung verlangen, § 888.)

§ 18. Die Berichtigungsansprüche.

Wer ein dingliches Recht an einem Grundstück oder ein dingliches Recht an einem solchen Recht hat, ist in einer gesicherten Position, wenn diese Rechte vollständig und richtig im Grundbuch zur Erscheinung kommen. Dagegen ist er in einer üblen Lage, wenn sein wahres Recht überhaupt nicht oder nicht richtig im Grundbuch angegeben, wenn also das Grundbuch unrichtig ist. Diese Unrichtigkeit gefährdet ihn durch das Prinzip des öffentlichen Glaubens, durch welches sein Recht zerstört oder erheblich gekränkt werden kann (siehe oben § 16). Diese Unrichtigkeit hindert ihn auch daran, über sein Recht verfügen zu können. Ihm muß daher alles daran liegen, daß das Grundbuch entsprechend der wirklichen Rechtslage berichtigt wird. Eine Berichtigung von Amts wegen kann naturgemäß nur in Ausnahmefällen bei Verstößen gegen gesetzliche Vorschriften und bei Nichtgefährdung der Interessen Dritter Platz greifen. Grundsätzlich muß es dem Benachteiligten selbst überlassen bleiben, die Herbeiführung der Berichtigung zu betreiben. Das Gesetz eröffnet ihm hierfür zwei Wege, es gibt ihm zwei sogenannte Berichtigungsansprüche. Da aber die Durchsetzung der Ansprüche Zeit erfordert, kennt es außerdem ein vorläufiges Hilfsmittel, das in gewissem Umfang den Gefährdeten schützt, in Gestalt einer vorläufigen, protestierenden Bucheintragung, den Widerspruch. Wir befassen uns im folgenden mit den Berichtigungsansprüchen und weisen den Widerspruch dem folgenden Paragraphen zu.

I. Der öffentlichrechtliche Berichtigungsanspruch.

Dieser Anspruch richtet sich gegen das Grundbuchamt (den Staat); er beruht auf §§ 13, 22 GO. Der durch die Unrichtigkeit des Grundbuchs in seinem dinglichen Recht Benachteiligte kann sich hiernach unmittelbar an das Amt mit einem Berichtigungsantrage wenden, aber er setzt seinen Antrag nur durch, wenn er die Unrichtigkeit des Grundbuchs durch öffentliche oder öffentlich beglaubigte Urkunden nachweisen kann, z. B. bei der Erbfolge durch einen Erbschein. In den zahlreichen Fällen, wo dies nicht möglich ist, kann dem Antrage gemäß § 19 GO. nur stattgegeben werden, wenn die Zustimmung des Passivbeteiligten, also desjenigen, dessen Recht durch die Berichtigung leidet, beigebracht wird. Auf eine solche Berichtigungswilligung gibt ihm nun das BGB. einen Anspruch, den er im Prozeßwege durchsetzen kann. Dies ist der privatrechtliche Berichtigungsanspruch.

II. Der privatrechtliche Berichtigungsanspruch (§§ 894—898).

Vorausgesetzt ist, daß der Inhalt des Grundbuchs mit der wirklichen Rechtslage nicht in Einklang steht; daher scheiden hier, ebenso wie bei § 892, rein tatsächliche Angaben aus. Im übrigen ist hervorzuheben:

1. Der **Anspruch steht demjenigen** zu, dessen Recht nicht oder nicht richtig eingetragen ist (z. B. dem nicht eingetragenen Eigentümer, dem zu Unrecht gelöschten Hypothekengläubiger, dem Hypothekengläubiger mit falscher Rangstelle), ferner demjenigen, dessen Recht durch die Eintragung einer nicht bestehenden Belastung oder Beschränkung beeinträchtigt wird (z. B. dem Eigentümer in bezug auf eine fälschlich eingetragene Grunddienstbarkeit oder Verfügungsbeschränkung oder Vormerkung, § 894).

In entsprechender Anwendung wird der Anspruch auch demjenigen zu geben sein, zu dessen Gunsten eine Verfügungsbeschränkung oder Vormerkung eingetragen war oder unrichtig eingetragen ist.

Der Anspruch ist gegen den Passivbeteiligten gerichtet und geht auf dessen Zustimmung zur Berichtigung.

2. Der Anspruch ist unverjährbar (§ 898). Er ist der richtigen Ansicht nach seiner Substanz nach nicht selbständig abtretbar, möglich ist nur eine Abtretung zur Ausübung.

3. Seiner **rechtlichen Natur** nach ist der Anspruch ein dinglicher Anspruch, der seine Wurzeln in dem dinglichen Recht hat, das er im Grundbuch zu Ehren bringen soll (dinglicher Gerichtsstand, volle Wirkung im Konkurs).

Die auf Grund der Berichtigungsansprüche erfolgende Grundbuchberichtigung wirkt naturgemäß bis auf den Zeitpunkt der unrichtigen Eintragung zurück. Änderungen, die inzwischen infolge des öffentlichen Glaubens des Grundbuchs eingetreten sind, bleiben in Kraft.

§ 19. Der Widerspruch.

Der Widerspruch ist ein Protest gegen die Unrichtigkeit des Grundbuchs. Er erscheint als ein vorläufiger Bucheintrag, dessen Hauptwirkung darin besteht, daß er den öffentlichen Glauben des Grundbuchs zerstört. Das BGB. bestimmt in § 899, daß er in den Fällen eingetragen werden kann, wo ein Berichtigungsanspruch gegeben ist. Diese Vorschrift ist einengend auszulegen nach Maßgabe des Zweckes des Widerspruchs. Denn es kann das Gesetz vernünftigerweise nicht die Eintragung eines Widerspruchs zulassen, der keinen Sinn haben kann. Infolgedessen ist ein Widerspruch nur zulässig zum Schutz eines dinglichen Rechts am Grundstück oder eines dinglichen Rechts an einem Grundstücksrecht, insoweit sie durch die Unrichtigkeit des Grundbuchs im Hinblick auf dessen öffentlichen Glauben gefährdet sind. Dies ist dann der Fall, wenn ein solches Recht nicht oder nicht richtig eingetragen ist, oder wenn es durch eine nicht bestehende Belastung beeinträchtigt wird. Dagegen ist ein Widerspruch unzulässig, wenn ein Recht durch eine unrichtige Verfügungsbeschränkung oder eine unrichtige Vormerkung oder einen unrichtigen Widerspruch „beeinträchtigt“ wird, da diese Beeinträchtigung keine ungünstigen Wirkungen in bezug auf den öffentlichen Glauben erzeugen kann. Andererseits ist, wenn eine Vormerkung unzutreffenderweise gelöscht worden ist, kraft analoger Anwendung zugunsten des aus der Vormerkung Berechtigten ein Widerspruch statthaft (vgl. oben § 17 II 1).

I. Voraussetzungen.

Die Entstehung des Widerspruchs setzt außer seiner Zulässigkeit in dem soeben besprochenen Sinn eine Eintragung im Grundbuch voraus.

Die Eintragung kann auf verschiedene Weise, und zwar entsprechend der Vormerkung, erfolgen:

1. auf Grund der Bewilligung des Passivbeteiligten (nebst Antrag);

2. auf Grund einer einstweiligen Verfügung des Prozeßgerichts. Es gilt Entsprechendes wie bei der Vormerkung. Der Widersprechende muß zwar seinen Berichtigungsanspruch glaubhaft machen, aber nicht dessen „Gefährdung“. (§ 899.) Vgl. oben § 17 I 2b.

Eine Eintragung von Amts wegen ist auch hier nicht unbekannt, der wichtigste Fall ist der des § 54 I GO. Hiernach ist ein Widerspruch von Amts wegen einzutragen, wenn eine an sich inhaltlich zulässige, aber unrichtige Eintragung unter Verletzung gesetzlicher Vorschriften (z. B. infolge gefälschter Urkunden) erfolgt ist. Doch ist auch hier als selbstverständlich vorausgesetzt, daß der Eintrag dem öffentlichen Glauben unterworfen ist; ist dies nicht der Fall, so ist er von Amts wegen zu berichtigen.

Ein Antragsrecht des Aktivbeteiligten enthält die dritte Steuernotverordnung 14. Febr. 1924 § 2 III Satz 3.

Die Form der Eintragung richtet sich nach Landesrecht. In Preußen gilt gleiches wie bei der Vormerkung; siehe oben § 17 I am Ende.

II. Wirkungen.

1. Hauptwirkung des Widerspruchs ist es, daß er, insoweit er richtig ist, den öffentlichen Glauben des Grundbuchs ausschaltet. Siehe § 892 und oben § 16 II 2b.

Daher bewirkt der Widerspruch ebensowenig wie die Vormerkung eine Grundbuchsperre. Der Buchberechtigte kann verfügen, der Grundbuchrichter muß eintragen, aber solche Verfügungen sind unwirksam, insoweit der Widerspruch dem materiellen Recht entspricht; ist dagegen der Widerspruch unrichtig, so ist er wirkungslos. Es besteht also auch hier eine „relative" Unwirksamkeit der Verfügungen.

Ein Unterschied gegenüber der Vormerkung ist aber der, daß auf die etwaige Unwirksamkeit sich späterhin nicht bloß der Widersprechende, sondern jedermann berufen kann.

Es ist hiernach klar, daß der Widerspruch den Verkehr hemmt. Wer trotz des Widerspruchs mit dem Buchberechtigten verfügungsrechtlich in Beziehung tritt, übernimmt sachenrechtlich das Risiko der Unrichtigkeit des Widerspruchs. Hierzu wird sich niemand so leicht verstehen.

2. Der Widerspruch hemmt unter anderem auch die Ersitzung (§ 900) und schließt die Verjährung der Ansprüche aus den Rechten, für deren Schutz er eintritt, aus (§ 902).

Eine positive Wirkung kommt dagegen dem Widerspruch nie zu. Er begründet keine Vermutung (§ 891, den er überhaupt nicht beseitigt), er erzeugt keinen Vertrauenstatbestand (§ 892) für das hinter ihm stehende Recht.

III. Erlöschen

(vgl. die Erlöschungsgründe bei der Vormerkung, oben § 17 III).

Der Widerspruch erlischt durch die Berichtigung des Grundbuchs, durch den Untergang des Rechtes, für dessen Schutz er eintrat, durch Aufhebung der einstweiligen Verfügung, durch rechtsgeschäftliche Aufhebung (Löschungsbewilligung und Löschung). Die schlichte Löschung beseitigt ihn nicht (streitig), doch wirkt er dann nur gegen den Bösgläubigen.

IV. Rechtliche Natur.

Der Widerspruch hat manches mit der Vormerkung gemeinsam, beide sind vorläufige Eintragungen und Schutzeintragungen. Daher haben sie auch manche Ähnlichkeit in den für sie geltenden Rechtssätzen. Trotz allem sind sie ganz verschiedene Gebilde, sowohl ihrem Zweck wie ihrem Begriff nach. Der Zweck der Vormerkung ist der, einem persönlichen Anspruch auf ein Sachenrecht schon jetzt dinglichen Schutz zu verschaffen, der Zweck des Widerspruchs ist der, einem bestehenden dinglichen Recht Schutz zu gewähren gegen die Unrichtigkeit des Grundbuchs. Begrifflich ist die Vormerkung ein Nebenrecht einer persönlichen Forderung, dagegen ist der Widerspruch kein besonderes Recht; er ist ein eigenartiges Schutzmittel für ein dingliches Recht, und zwar ist er genau genommen kein einfacher Bucheintrag, sondern ein Schutzmittel, das für seine Entstehung außer anderen Erfordernissen die Eintragung zur Voraussetzung hat.

§ 20. Buchersitzung, Verjährung, Buchversitzung.

I. Buchersitzung.

Ist das Eigentum oder ein ihm gleichgestelltes dingliches Recht im Grundbuch zu Unrecht eingetragen, so kann das Recht von dem fälschlich Eingetragenen erworben werden, wenn der Bucheintrag längere Zeit unangefochten bestanden hat. Dann triumphiert der Bucheintrag über die Rechtswirklichkeit und macht Unwirkliches wirklich. Da die Hauptgrundlage dieses Rechtserwerbes das Grundbuch bildet, in dem das fälschlich eingetragene Recht gewissermaßen seinen „Sitz" hat, so spricht man von Buchersitzung (Tabularersitzung). Doch führt die Offenkundigkeit des Bucheintrags nicht allein zum Siege, es muß außerdem der Grundstücksbesitz oder ein anerkannter Rechtsbesitz hinzukommen (§ 900).

1. **Ersitzbare Rechte**: Ersitzbar sind infolgedessen das Eigentum, ferner die beschränkten dinglichen Rechte, die zum Besitz des Grundstücks berechtigen, wie Erbbaurecht und Nießbruch, schließlich beschränkte dingliche Rechte, bei denen ein Rechtsbesitz anerkannt ist, das sind die Grunddienstbarkeiten und die beschränkten persönlichen Dienstbarkeiten (§§ 1029, 1090, siehe oben § 10 und unten §§ 48, 49). Nicht ersitzbar sind dagegen insbesondere Hypotheken, Reallasten, sowie dingliche Rechte an Grundstücksrechten.

2. **Erfordernisse.** Nötig ist: Eintragung im Grundbuch, der dem Recht entsprechende Besitz (Eigenbesitz, Fremdbesitz, Rechtsbesitz). Beide müssen 30 Jahre bestanden haben; der Lauf der Frist ist gehemmt, solange ein Widerspruch eingetragen ist. Nicht erforderlich ist guter Glaube, nicht erforderlich ist ein Titel (Erwerbsgrund).

3. **Wirkung**: Das Recht entsteht ebenso, als wenn es nach § 873 begründet wäre. Für den Rang des begrenzten dinglichen Rechtes ist sogar die Zeit der Eintragung maßgebend, die also mindestens 30 Jahre vor seiner Entstehung liegt. Dies ist nichts Wunderbares, wenn man sich klarmacht, daß für die Rangordnung das „Eintragungsprinzip" gilt (vgl. oben § 15 I).

Ein Hauptfall für eine Buchversitzung ist gegeben, wenn bei rechtsgeschäftlichem Erwerb eine Eintragung stattgefunden hat, aber die Einigung nichtig war (z. B. wegen Geisteskrankheit).

II. Verjährung.

Die Verjährung bezweckt, gegen einen Anspruch zu sichern, der infolge der langen Dauer seiner Nichtausübung zweifelhaft und ungewiß erscheint. Nun sind aber eingetragene Rechte offenkundig festgestellt und so der Ungewißheit entzogen, sie werden gewissermaßen fortgesetzt ausgeübt durch die Kundbarmachung. Die Zulassung der Verjährung für die aus ihnen entspringenden Ansprüche würde daher dem Zweck der Verjährung widerstreiten. Das BGB. bestimmt infolgedessen in § 902:

1. Grundsätzlich sind alle Ansprüche aus eingetragenen Rechten der Verjährung entzogen (also z. B. die Eigentumsklage des eingetragenen Eigentümers, die Hypothekenklage des eingetragenen Hypothekengläubigers). Gleichgestellt sind Ansprüche aus Rechten, zu deren Gunsten ein Widerspruch eingetragen ist.

2. Dagegen unterliegen Ansprüche auf Rückstände wiederkehrender Leistungen und Schadenersatzansprüche der Verjährung (z. B. der Anspruch auf rückständige Hypothekenzinsen oder der Schadensersatzanspruch wegen Eigentumsverletzung). Der Grund für diese Ausnahmen ist sehr einfach: Das Grundbuch gibt über diese Ansprüche keine Auskunft. — Besonderheiten in §§ 1028, 1090.

III. Buchversitzung.

Jedes beschränkte dingliche Recht an einem Grundstück, das zu Unrecht im Grundbuch gelöscht ist, erlischt, wenn der aus ihm entspringende Anspruch gegen den Eigentümer verjährt ist (§ 901).

Weil es im Grundbuch gelöscht ist, sind die materiellen Ansprüche aus ihm der Verjährung unterworfen (siehe oben II). Die Anspruchsverjährung soll nun auch das Erlöschen des dinglichen Rechts selbst nach sich ziehen.

Auch hier triumphiert das Buch über die wirkliche Rechtslage, nur ergibt sich hier ein Rechtsverlust; so handelt es sich hier um das Gegenstück zur Buchersitzung, und man spricht daher von einer Buchversitzung.

Dabei ist zu beachten, daß alle beschränkten dinglichen Rechte versitzbar sind, auch diejenigen, die nicht ersitzbar sind (vgl. oben I). Umgekehrt ist das Eigentum nicht versitzbar, aber ersitzbar (vgl. für das Eigentum die ganz anders geartete Reglung in § 927).

Was aber ist aus dem Berichtigungsanspruch des zu Unrecht Gelöschten geworden? Wir wissen, daß er der Verjährung entzogen ist (§ 898 oben § 18 II 2), daher ist von ihm auch in § 901 nicht die Rede. Allein sobald die Wirkung des § 901 eingetreten ist, ist er von Rechts wegen erloschen, weil er ein Ausfluß des dinglichen Rechts ist, das jetzt zugrunde gegangen ist — oder anders ausgedrückt, weil sein Fundament, die Unrichtigkeit des Grundbuchs, jetzt gar nicht mehr besteht.

§ 21. Vereinigung von beschränktem dinglichen Recht und Grundeigentum.

Besteht ein beschränktes dingliches Recht an einem fremden Grundstück und a) erwirbt es späterhin der Grundeigentümer oder b) erwirbt später der beschränkt dinglich Berechtigte das Grundeigentum, so geht das beschränkte dingliche Recht trotz seiner Vereinigung mit dem Grundeigentum nicht unter (§ 889).

Beispiel zu a: G hat eine Hypothek an dem Grundstück des E. — G stirbt, der E ist sein Erbe.

Beispiel zu b: G hat eine Hypothek an dem Grundstück des E. — E stirbt, G ist sein Erbe.

Vielmehr dauert das beschränkte dingliche Recht in der Hand des Grundeigners fort. Der Grundstückseigentümer hat alsdann ein begrenztes dingliches Recht an der eigenen Sache.

Dieses Nichterlöschen durch Vereinigung widerspricht dem römischen Recht, das bei einer Vereinigung von Recht und Pflicht (Konfusion) das Recht erlöschen ließ. Es wurzelt im Grundbuchrecht, das die begrenzten dinglichen Rechte in ihrem objektiven Gehalt verselbständigt, so daß sie als selbständige Stellenrechte erscheinen, die in der Person des Grundeigentümers fortdauern können.

Der moderne Grundsatz ist von unschätzbarem Wert und von größter Tragweite. Vor allem im Hypothekenverkehr. Indem der Eigentümer in die Hypothekenwertstelle einrückt, kommt sie in der Zwangsversteigerung ihm und nicht den sonst aufrückenden Nachhypothekaren zugute. Auch hat er so die Möglichkeit, sie durch eine Übertragung an einen Dritten wieder in den Verkehr zu bringen, oder das Grundeigentum zu veräußern, für sich selbst aber die Wertstelle zu behalten.

Zu beachten ist, daß der Grundsatz auch für nicht eingetragene dingliche Rechte an Grundstücken gilt, dagegen nicht für dingliche Rechte an Grundstücksrechten.

Von vornherein kann der Grundeigentümer an seinem eigenen Grundstück nach ausdrücklicher Bestimmung nur eine Grundschuld für sich selbst begründen (§ 1196 BGB.); doch ist die Vorschrift analoger Anwendung fähig.

§ 22. Verbindung und Teilung von Grundstücken.

I. Die Individualisierung des Grundstücks.

Man versteht darunter die Feststellung, wann ein Grundstück als Einzelsache in Betracht kommt. Ein „Grundstück" ist an sich ein räumlich abgegrenztes Stück der Erdoberfläche; aber seinen Charakter als Einzelsache empfängt es erst durch die Buchung im Grundbuch (sei es auf eigenem Grundbuchblatt, sei es auf gemeinschaftlichem Grundbuchblatt unter besonderer Nummer); bei nicht gebuchten Grundstücken ist die geschichtliche Entwicklung maßgebend. Wenn das so individualisierte Grundstück im Grundbuch unrichtig beschrieben ist, so wird hierdurch das Grundstück in seiner wirklichen Beschaffenheit nicht berührt; auch wird eine Vermutung und ein Vertrauenstatbestand hierdurch nur insoweit geschaffen, als der Grundstücksbestand in bezug auf vorhandene und besonders angegebene Parzellen falsch zur Erscheinung kommt (hier liegen Rechtseintragungen vor; vgl. oben § 13 II 1, § 16 II).

II. Veränderungen der Individualisierung.

Das Grundstück kann in seinem Charakter als selbständige Einzelsache Veränderungen erleiden. Sie sind dadurch möglich, daß das Grundstück mit einem anderen Grundstück verbunden, oder daß es in mehrere Grundstücke geteilt wird.

1. **Die Verbindung.** Sie ist entweder eine „Vereinigung" mit einem anderen Grundstück oder die „Hinzuschreibung" zu einem anderen Grundstück (§ 890). Beide verlangen eine entsprechende formlose Willenserklärung des Eigentümers und eine Eintragung im Grundbuch, sie stellen sich als „Verfügungen" des Grundeigentümers dar (grundbuchrechtlich ist eine Bewilligung in der Form des § 29 GO. und ein Antrag nötig). Die Art der Eintragung (die Zusammenbuchung) richtet sich nach Landesrecht. Die Wirkungen beider sind verschieden:

a) Bei der „Vereinigung" entsteht ein neues selbständiges Grundstück. Die alten Grundstücke sind seine unwesentlichen Bestandteile. Ihre alten Lasten bestehen an ihnen fort.

b) Bei der „Zuschreibung" wird dagegen das zugeschriebene Grundstück von dem anderen als unwesentlicher Bestandteil verschlungen. Auch hier bestehen die alten Lasten getrennt an den bisherigen Einzelgrundstücken fort. Nur ergreifen die alten Grundpfandrechte des Hauptgrundstücks an letzter Stelle auch das zugeschriebene Grundstück (§ 1131).

Die Verbindung ist reichsrechtlich zugelassen, insoweit durch sie keine Verwirrung zu besorgen ist (§ 5 GO., Ordnungsvorschrift, drohende Unübersichtlichkeit des Grundbuchs), das Landesrecht kann sie untersagen oder beschränken (Art. 119 Ziffer 3 EG.); hiervon ist verschiedentlich Gebrauch gemacht worden.

2. **Die Teilung** eines Grundstücks in mehrere selbständige Grundstücke ist im BGB. nicht besonders geregelt. In Analogie von § 890 setzt sie voraus eine Willenserklärung des Grundeigentümers und eine Eintragung (Abschreibung entweder gemäß § 3 oder § 4 der GBO.).

Die Wirkungen der Teilung sind grundsätzlich die, daß die Rechte, die an dem alten Grundstück bestanden, an den einzelnen Teilen fortbestehen (Ausnahme bei Dienstbarkeiten §§ 1026, 1090).

Reichsrechtlich ist lediglich die Teilung von Heimstätten erschwert (unten § 44). Landesrechtlich kann die Teilung untersagt oder beschränkt werden (§ 119, Ziffer 2 EG.), die Landesrechte haben hiervon vielfach Gebrauch gemacht: Württemberg und Bayern, Ges. gegen die „Güterschlächterei". — Andererseits wird die Teilung landesrechtlich erleichtert durch „Unschädlichkeitsatteste", die eine Enthaftung der Trennstücke herbeiführen (Art. 120 EG.).

Dritter Abschnitt.

Das Eigentum.

Erstes Kapitel.

Begriff und Inhalt.

§ 23. Allgemeines.

I. Begriff.

Eigentum (im engeren Sinn) ist das denkbar umfassendste Herrschaftsrecht an einer körperlichen Sache.

1. Es bezieht sich nur auf körperliche Sachen. Wenigstens legt das BGB. diesen engeren Begriff zugrunde infolge seiner Beschränkung des Sachbegriffes auf körperliche Gegenstände (oben § 1).

Im übertragenen (weiteren) Sinn kann man auch von einem Eigentum an einer Forderung oder an einem sonstigen Recht, ferner von einem Eigentum an einem Sachinbegriff (z. B. einer Herde) und einem Sondervermögen (z. B. einem Handelsgeschäft) sprechen. Hierbei knüpft man an einen volkstümlichen Sprachgebrauch an, welchem jedes Vermögensrecht und das ganze Vermögen als „Eigentum" erscheint. In diesem Sinne verwendet auch die neue Reichsverfassung das Wort „Eigentum" (Art. 153, siehe dazu aber auch unten 4.).

2. Es ist das denkbar umfassendste dingliche Recht. Es ist grundsätzlich abgestellt auf die Herrschaft über die Sache im ganzen (Totalherrschaft). Die Fülle der im Eigentum enthaltenen Befugnisse läßt sich nicht einzeln aufzählen. Hierdurch unterscheidet sich das Eigentum von den beschränkten dinglichen Rechten. Sie geben eine Herrschaft in einzelnen Beziehungen (Teilherrschaft), die positiv geschildert werden kann (der Wegeberechtigte darf gehen, der Nießbraucher darf nutzen usw.). Aber weil die beschränkten dinglichen Rechte nur eine Teilherrschaft der im Eigentum enthaltenen Herrschaft geben, sind sie alle als verselbständigte Eigentumssplitter dem Eigentum wesensverwandt (streitig). Dies entstammt dem deutschen Recht, während das römische Recht die jura in re aliena als anders geartete Rechte dem Eigentum schroff gegenüberstellte.

3. Trotzdem das Eigentum das höchste Sachenrecht ist, ist es kein schrankenloses Recht. Vielmehr ist es begrifflich mit mannigfachen Gebundenheiten und Pflichten durchsetzt. Auch dies geht im Gegensatz zum römischen Recht auf deutsches Recht zurück. Das moderne Eigentum zwingt zum Unterlassen, zum Dulden, zum Tun. Die Rechtsordnung verhaftet es so, sei es von der privatrechtlichen, sei es von der öffentlich-rechtlichen Seite her. Dabei sind die maßgebenden Interessen und die Arten der Einschränkungen sehr verschieden. Eine bedeutsame Rolle spielt auch die Beschaffenheit der Sachen. Am stärksten verhaftet ist das Grundeigentum. Diese Grundgedanken sind auch in der Reichsverfassung anerkannt (vgl. Art. 153 u. Art. 155). — Auch die beschränkten dinglichen Rechte sind als abgespaltene Teilherrschaften mit solchen Schranken durchsetzt.

4. Das Eigentum im engeren Sinn ist als Rechtsinstitut von der neuen Verfassung gewährleistet (Art. 153 I RV. ist auch auf eine solche Gewährleistung zu beziehen).

II. Inhalt.

Aus dem Gesagten ergibt sich, daß in dem Eigentum Rechte und Pflichten enthalten sind. Wir betrachten diesen Inhalt, indem wir von der grundsätzlichen Totalherrschaft ausgehen, um uns alsdann der freiwilligen Beschränkung und den Schranken der Rechtsordnung zuzuwenden.

1. Die **grundsätzliche Totalherrschaft** hat in § 903 ihren Ausdruck gefunden. Man unterscheidet hiernach eine positive und eine negative Seite.

a) Der Eigentümer kann nach Belieben mit der Sache verfahren. Er kann tatsächlich über sie verfügen (sie besitzen, nutzen, verändern, zerstören; übrigens kann er sie auch einfach nichtgebrauchen), er kann rechtlich über sie verfügen (veräußern, belasten, das Eigentum aufgeben usw.).

b) Der Eigentümer kann andere von Einwirkungen auf die Sache ausschließen, insbesondere kann er Entziehung und Störung verbieten.

2. **Freiwillige Beschränkung.** Der Eigentümer kann den Eigentumsinhalt freiwillig dadurch einschränken, daß er Dritten sachenrechtliche Herrschaftsrechte an der Sache einräumt (beschränkte dingliche Rechte, Besitzrechte; § 903: „Rechte Dritter"). Dem „ewigen" Eigentum gegenüber liegen hier nur vorübergehende Beschränkungen vor. Rein obligatorische Bindungen ohne Besitzverschaffung berühren dagegen den Eigentumsinhalt in keiner Weise.

3. **Schranken der Rechtsordnung** (§ 903: „das Gesetz" = jede Rechtsnorm). Sie ergeben sich insbesondere aus nachbarlichen, sozialen, gemeinwirtschaftlichen, staatlichen, kulturellen, künstlerischen, wissenschaftlichen, ethischen Interessen. Sie greifen in die positive Seite des Eigentumsinhalts ein, indem sie den Eigentümer zu einem Unterlassen zwingen, sie beschränken die negative Seite durch einen Duldungszwang, schließlich begründen sie auch Pflichten zu einem Tun. Bisweilen erhält der Eigentümer als Surrogat für die Einschränkung einen Entschädigungs-(Ausgleichs)-Anspruch. Im übrigen wurzeln sie entweder in der Privatrechtsordnung oder im öffentlichen Recht.

a) Schranken der Privatrechtsordnung. Sie sind gegenüber dem früheren Recht weniger zahlreich. Hierher gehören für alle Sachen das Schikaneverbot (§ 226, welches zum Unterlassen oder Dulden zwingt, z. B. Unterlassen des Neidbaus, des Brunnenabgrabens), ferner die Schranken, die sich aus Nothandlungen Dritter ergeben (§§ 227—229, § 904, Duldungspflichten). Für Grundstücke kommt zunächst der in der Fassung verunglückte § 905 in Betracht, welcher das Grundstückseigentum zwar in den Luftraum und das Erdinnere erstreckt, aber dem Eigentümer eine Duldungspflicht auferlegt in bezug auf Einwirkungen von solcher Höhe oder Tiefe, daß er an der Ausschließung kein Interesse hat (z. B. von Flugfahrzeugen, Tunnels u. a. So kann der Grundeigner z. B. auch nicht verbieten das Betreten einer Tropfsteinhöhle unter seinem Grundstück, die nur von anderen Grundstücken aus einen Zugang hat). Sodann gelten für Nachbargrundstücke zahlreiche nachbarliche Beschränkungen; sie bilden den Inhalt des Nachbarrechts, das teils im BGB., teils in Landesgesetzen geregelt ist. Über dieses siehe § 24.

b) Schranken des öffentlichen Rechts. Sie sind sehr zahlreich. Auch hier steht das Grundeigentum im Vordergrund. Sie wurzeln in der allgemeinen Staatshoheit über die Güterwelt, im besonderen ergeben sie sich z. B. aus der Militär-, Telegraphen-, Forst-, Berg-, Wasser-, Wegehoheit, aus der Bau-, Gewerbe-, Verkehrs-, Gesundheits-, Landeskulturpolizei. Die Einwirkung der Beschaffenheit der Sache zeigt sich namentlich auch bei den öffentlichen Sachen, das Eigentum ist hier durch die Zweckgebundenheit der Sache zu einem öffentlichen Gebrauch eingeschränkt (Veräußerungsbeschränkungen, Recht auf Gemeingebrauch); irreführend ist die Bezeichnung „öffentliches Eigentum", weil es sich um Privateigentum handelt.

Bei der Fülle der in Betracht kommenden Reichs- und Landesgesetze, die hier einschlagen, kann es sich im folgenden nur um Beispiele handeln. Wir gruppieren dabei nach Pflichten zum Unterlassen, zum Dulden, zum Tun.

α) *Unterlassuugspflichten*, welche also die positive Seite des Eigentums beschränken, betreffen entweder die rechtliche oder die tatsächliche Verfügungsmacht.

Die rechtsgeschäftliche Verfügungsmacht ist häufig eingeschränkt durch Veräußerungsverbote und Veräußerungsbeschränkungen: Für Grundstücke gilt Landesrecht gemäß Art. 119 Ziffer 1 EG. Hierher gehören auch die zahlreichen „Beschlagnahmen" durch Kriegsgesetze, welche jetzt noch namentlich in der Getreidewirtschaft und im Wohnungswesen eine Rolle spielen: die Beschlagnahme belegt die Sache mit einem Bann, so daß der Eigentümer über sie nicht rechtsgeschäftlich verfügen, sie nicht verändern darf, sondern sie bereit halten muß (die Beschlagnahme ist zu unterscheiden von der Begründung einer rein obligatorischen Lieferungspflicht). — Weiter wird die rechtsgeschäftliche Verfügungsmacht auch eingeschränkt durch Verbote von Verbindungen und Teilungen von Grundstücken (oben § 22 II), ferner durch Belastungsbeschränkungen insbesondere über eine bestimmte Wertgrenze hinaus („Verschuldungsgrenze". Landesrecht gemäß Art. 117 EG., Reichsheimstättengesetz). — Vgl. zu allem auch die Stellung der preußischen „Waldgüter", „Deichgüter", „Landgüter" nach der preußischen Zwangsauflösungs-VO. für Familienfideikommisse vom 20. 11. 1920.

In bezug auf die tatsächliche Verfügungsmacht kommen außer einigen Reichsgesetzen zahlreiche Landesgesetze auf Grund des Art. 111 EG. in Betracht. Beschränkt ist z. B. durch das Reichsrayongesetz vom 21. 12. 1871 die Benutzung von Grundstücken in der Umgebung von Festungen. Beschränkungen bestehen ferner in bezug auf die Ausfuhr von Sachen (Kunstwerke: Reichs-VO. vom 11. 12. 1919; ausländische Wertpapiere: Kapitalfluchtges. vom 26. 1. 1923), in bezug auf die Erhaltung von Waldungen, Denkmälern und Naturschönheiten (Landesgesetze), in bezug auf die Errichtung und Benutzung von Gebäuden (Bauerlaubnis, Ansiedlungsgenehmigung nach Landesrecht) usw. (Siehe auch die eben erwähnte „Beschlagnahme").

β) *Duldungspflichten* ergeben sich aus behördlichen Berechtigungen zum Betreten von Grundstücken, aus der Verwaltungskontrolle von Behörden und Sozialisierungskörpern.

Die stärkste Duldungspflicht entspringt dem Enteignungsrecht. Bei der Enteignung wird die Verfügungsmacht des Eigentümers durch staatliche Verfügungsmacht ersetzt. Es wird hier vom Staat das Eigentum oder ein Stück seines Inhalts (z. B. durch Begründung eines beschränkten dinglichen Rechts oder eines Besitzrechts) entzogen und auf einen anderen übertragen, und zwar grundsätzlich gegen Entschädigung. Durch den Rechtserwerb eines Dritten unterscheidet sich die Enteignung von den einfachen Beschränkungen des Eigentuminhalts (z. B. der „Beschlagnahme" oben *α*), durch die grundsätzliche Entschädigung von der Konfiskation. — Die neue Reichsverfassung stellt in Art. 153 II (vgl. auch Art. 155 II und Art. 156 I Satz 1) die Voraussetzungen für eine Enteignung auf: Gesetzliche Grundlage, nur zum Wohle der Allgemeinheit, angemessene Entschädigung und Zulassung des ordentlichen Rechtsweges (die beiden letzten Voraussetzungen können entfallen, wenn ein Reichsgesetz etwas anderes bestimmt). Ein Reichsenteignungsgesetz (vgl. RV. Art. 7 Ziffer 12) ist bisher nicht ergangen. Aber in einzelnen Reichsgesetzen der Kriegszeit und späteren Zeit sind Enteignungen vorgesehen (z. B. für den Kriegsbedarf, den täglichen Bedarf, ferner in der Reichssiedlungsgesetzgebung). Im übrigen kommt Landesrecht in Betracht, und zwar finden sich meist allgemeine Enteignungsgesetze (Art. 109 EG., z. B. das preußische vom 11. 6. 1874) und spezielle Enteignungsverschriften auf besonderen Gebieten (Agrarrecht, Wasser-, Wege-, Bergrecht usw.); während des Krieges sind für manche Fälle vereinfachte Enteignungsverfahren geschaffen worden.

In ganz besonderen Fällen muß der Eigentümer sogar die Vernichtung der Sache dulden (Beispiel: Vieh bei Seuchen).

γ) *Pflichten zu einem Tun:* Kraft öffentlichen Rechts ist der Eigentümer auch zu einem Tun verpflichtet, so z. B. zur Instandhaltung von Gebäuden, von Dächern, zur Straßenreinigung, Hausbeleuchtung, Einfriedung, überhaupt zur sozialen Ausnutzung seines Eigentums, insbesondere des Grundeigentums (vgl. Art. 155 III und Art. 153 III RV.).

δ) *Entschädigungsansprüche* kommen z. B. bei Militärlasten, bei der Duldung der Vernichtung, bei der Enteignung in Betracht. Sie erscheinen als Surrogat für die Entziehung des Eigentums oder eines Stückes des Eigentumsinhalts. Wo letzteres der Fall ist, wächst der Ausgleichsanspruch dem geschwächten Eigentumsinhalt zu. Diese Surrogatsnatur ist vom positiven Recht anerkannt (vgl. Art. 52 und 53 EG.).

§ 24. Das Nachbarrecht.

Im Interesse des nachbarlichen Gemeinschaftslebens ist das Grundeigentum von Nachbarn durch die Rechtsordnung in einer eigentümlichen Weise beschränkt. Die Beschränkungen stimmen mit den sonstigen Schranken des Eigentums kraft Rechtsordnung, die wir kennengelernt haben, insofern ganz überein, als auch sie den Eigentümer eines Nachbargrundstücks zum Unterlassen, zum Dulden, zum Tun verpflichten und ihm bisweilen auch dafür einen Ausgleichsanspruch geben. Allein ihre Besonderheit, die gerade in der nachbarlichen Gemeinschaft wurzelt, ist die, daß sie ihre entsprechenden Wirkungen auf den Eigentumsinhalt des anderen Nachbargrundstücks äußern. Insoweit sie also für das Eigentum des ersten Grundstücks eine Verkümmerung des Eigentumsinhalt bedeuten (Pflichten zum Unterlassen, Dulden, Tun), stellen sie sich als Erweiterungen des Eigentumsinhalts des anderen (berechtigten) Grundstücks dar, und insoweit ein Ausgleichsanspruch gewährt wird, erscheint er dort als Zuwachs, hier als Minderung des Eigentumsinhalts. Man hat sie daher früher aus mehrfachen Gründen zu Unrecht als gesetzliche Legalservituten bezeichnet (also als selbständige Rechte an fremder Sache). Vielmehr sind sie sich ergänzende Beschränkungen und Erweiterungen des Eigentums der Nachbargrundstücke.

Das BGB. hat in §§ 908ff. eine Anzahl geregelt, dem Landesrecht ist die Feststezung anderer Beschränkungen überlassen (Art. 124). Auch kommt ergänzendes Landesrecht in Betracht. Die gesamte Reglung ist nicht zwingend, die Nachbarn können abweichende Vereinbarungen treffen, die aber dingliche Wirkungen nur äußern, wenn sie in der Abrede und Eintragung von Grunddienstbarkeiten gipfeln.

Wir begnügen uns mit einer Hervorhebung der Grundzüge der wichtigsten Beschränkungen. Allgemein sei bemerkt, daß zahlreiche nachbarliche Ansprüche der Verjährung entzogen sind, indem sie als fortwährend neuentstehend erscheinen (§ 924).

I. Immissionen.

Der Grundeigner muß „Immissionen" aus den Nachbargrundstücken dulden, insoweit sie unwesentlich sind oder der örtlichen Lage entsprechen (§ 906). Insoweit dies nicht der Fall ist, kann er auf Beseitigung und Unterlassung klagen.

Immissionen sind gewisse Einwirkungen auf ein fremdes Grundstück, die auch als „Imponderabilien" bezeichnet werden. Es handelt sich um die Zuführung von Gasen, Dämpfen, Gerüchen, Rauch, Ruß, Wärme, Geräusch, Erschütterungen oder um ähnliche von einem anderen Grundstück ausgehende Einwirkungen. „Ähnlich" sind z. B. Staub, Asche, Energien, Flüssigkeiten. Nicht ähnlich sind z. B. Steine, Kugeln, Tiere; hier trifft den Grundeigner überhaupt keine Duldungspflicht.

Die Duldungspflicht des Grundeigners in bezug auf Einwirkungen ist erheblich vergrößert gegenüber konzessionierten gewerblichen Anlagen, gemäß der Gewerbeordnung (§ 26). Ihnen gegenüber muß der Grundeigner auch solche Einwirkungen, die über § 906 BGB. hinausgehen, insofern dulden, als er alsdann niemals die Einstellung des Betriebes fordern kann, sondern nur abwehrende Betriebseinrichtungen (z. B. Schalldämpfer), soweit sie zumutbar sind, andernfalls aber Schadensersatz (auch ohne Verschulden).

II. Gefahrvorbeugende Ansprüche.

1. Der Grundeigentümer kann nachbarliche Anlagen verbieten, von denen mit Sicherheit eine unzulässige Einwirkung auf sein Grundstück zu erwarten ist (z. B. Bau von Schweineställen an der Grenze). Doch muß bei Wahrung landesrechtlicher Schutznormen (Abstandsraum) das Hervortreten der unzulässigen Einwirkung abgewartet werden (§ 907).

2. Der Grundeigentümer kann gegenüber dem drohenden Einsturz oder der Abbröckelung des Nachbargebäudes die erforderlichen Abwehrmaßnahmen fordern. (§ 908). Der Eigentümer des Nachbargrundstücks muß ihre Vornahme durch die gemäß §§ 836ff. Verpflichteten dulden.

3. Verbot der Vertiefung des Nachbargrundstücks, siehe § 909.

III. Überhangsrecht.

Der Grundeigentümer hat Rechte in bezug auf die vom Nachbargrundstück herüberragenden, ihn belästigenden Zweige und Wurzeln. Er kann sie abschneiden und behalten; doch muß er bei Zweigen dem Nachbarn erst eine Beseitigungsfrist gesetzt haben (§ 910 stammt aus dem deutschen Recht). In der Gewährung des „Behaltens“ liegt ein Aneignungsrecht an fremder Sache (vgl. unter § 34 I 3).

IV. Überfallsrecht.

Früchte, die von einem Baum auf ein Nachbargrundstück herüberfallen, werden nicht Eigentum des Baumeigentümers, sondern Eigentum des Eigentümers des Nachbargrundstücks, oder desjenigen, der an seiner Stelle zum Fruchtbezuge berechtigt ist. §§ 911, 953ff. (Deutsches Recht: „Wer den bösen Tropfen genießt, genießt auch den guten“ — das BGB. verwendet eine unschöne Fiktion: die Früchte „gelten“ als Früchte des Nachbargrundstücks). Das Überfallsrecht gilt nicht bei einem Nachbargrundstück, das dem öffentlichen Gebrauch dient (z. B. Landstraße).

V. Überbau.

Den Grundeigentümer trifft unter bestimmten Voraussetzungen eine Verpflichtung zur Duldung des Überbaus (§§ 912ff.). Die Vorschriften gehen auf den allgemeinen Grundgedanken zurück, daß geschaffene wirtschaftliche Werte nach Möglichkeit zu erhalten sind.

1. Voraussetzungen. Der Eigentümer eines Nachbargrundstücks muß bei der Errichtung eines Gebäudes über die Grenze gebaut haben. Analog sind sonstige Bauwerke zu behandeln. — Den Überbauenden darf weder Vorsatz noch grobe Fahrlässigkeit zur Last fallen. — Der Überbaute muß versäumt haben, vor oder sofort nach der Grenzüberschreitung Widerspruch zu erheben; aus welchen Gründen dies unterblieben ist (Unkenntnis, Verschulden), ist gleichgültig (§ 912).

2. Inhalt der Duldungspflicht. Der Überbaute muß den Überbau dulden, er hat keinen Anspruch auf Beseitigung; er bleibt Eigentümer der überbauten Fläche, aber der Inhalt seines Grundeigentums ist eingeschränkt. Dem entspricht eine Erweiterung des Grundeigentums des Überbauenden, er hat das Recht, das Bauwerk auf dem Grundstück zu haben; in entsprechender Anwendung von § 95 I Satz 2 steht daher ihm das Eigentum an dem Überbau (dem übergebauten Teil des Bauwerks) zu. Die Duldungspflicht tritt ohne Eintragung im Grundbuch ein.

Der Überbaute erhält aber einen Ausgleichsanspruch in Gestalt einer Rente. Die Rente steht nach Art eines Realrechts dem jeweiligen Eigentümer des überbauten Grundstücks zu und lastet nach Art einer Reallast auf dem Grundstück, von dem aus der Überbau stattgefunden hat. In Wirklichkeit handelt es sich um Erweiterungen und Beschränkungen des Eigentumsinhalts (§ 913).

Die Rente wird nicht im Grundbuch eingetragen; trotzdem wirkt sie stets gegen Dritte (auch gegen Gutgläubige). Nur der Verzicht und die vertragsmäßige Festsetzung ihrer Höhe bedürfen zur Wirksamkeit gegen Dritte der Eintragung im Grundbuch (auf dem Blatt des rentenpflichtigen Grundstücks). Das Rentenrecht steht an erster Stelle von allen (eingetragenen und nicht eingetragenen) Lasten des rentenpflichtigen Grundstücks, es erlischt ohne weiteres mit der Beseitigung des Überbaues (§ 914).

Der Rentenberechtigte hat ein gesetzliches Recht auf Abnahme der überbauten Fläche gegen Wertersatz, da ihm meist an ihr nichts mehr liegen wird. Er übt es aus durch Erklärung gegenüber dem Rentenpflichtigen. Alsdann finden unter den Beteiligten die Grundsätze des Kaufs Anwendung. Der Rentenpflichtige kann Übereignung, der Rentenberechtigte Zahlung des Wertes verlangen. Mit der Übereignung hört die Duldungspflicht auf, und es erlischt das Rentenrecht (§ 915).

VI. Notweg.

Wenn einem Grundstück die erforderliche Verbindung mit einem öffentlichen Wege fehlt, trifft die beteiligten Nachbargrundstücke eine Duldungspflicht zwecks Herstellung einer solchen Verbindung. Richtung und Umfang des Notweges werden erforderlichenfalls durch ein (deklaratorisches) Urteil bestimmt (§ 917 I).

Die Notwegslast wird — als eine gesetzliche Schranke — nicht ins Grundbuch eingetragen; es sind aber die beteiligten Grundeigner durch eine Geldrente zu entschädigen, welche von dem jeweiligen Eigentümer des notleidenden Grundstücks zu entrichten ist. Für die Notwegsrente gelten die gleichen Vorschriften wie für die Überbaurente (§ 917 II). Doch haben die Rentenberechtigten kein gesetzliches Recht auf Abnahme von Grund und Boden.

Die Verpflichtung zur Duldung des Notweges entfällt, wenn eine bisher vorhandene Verbindung mit dem öffentlichen Wege durch eine willkürliche Handlung des notleidenden Grundeigentümers aufgehoben worden ist (z. B. Abbruch einer Brücke, Verzicht auf ein Wegerecht). Eine Ausnahme gilt dann, wenn die Notlage infolge der Abveräußerung eines Teiles des Grundstückes eingetreten ist, hier trifft die Notwegslast den abveräußerten Teil (§ 918).

VII. Rechtsverhältnisse der Grenzen.

1. **Grenzabmarkung** (§ 919). Jeder Gläubiger kann von dem Eigentümer des Nachbargrundstücks verlangen, daß dieser zur Abmarkung der nicht streitigen Grenze mitwirke. Art und Verfahren der Abmarkung selbst richten sich nach Landesrecht (Preußen: Katasterbeamte).

2. **Grenzscheidung** (§ 920). Ist die Grenze streitig, so hat jeder Grundeigner einen nachbarlichen Eigentumsanspruch auf Klarstellung der Grenze durch richterliches Urteil. Es wird die richtige oder wahrscheinliche Grenze festgestellt. Der Anspruch ermöglicht dem Grundeigner durchzudringen, auch wenn ein Beweis für die Eigentumsgrenzen nicht erbracht werden kann.

3. **Grenzanlagen** (§§ 921, 922). Wenn eine Einrichtung sich auf der Grenze zweier Grundstücke befindet, die zum Vorteil beider Grundstücke dient (Rain, Graben, Hecke, Mauer), wird eine Benutzungsgemeinschaft der Grundstücks-

eigentümer vermutet. Die Vermutung entfällt, wenn die ganze Einrichtung im Alleineigentum eines der Nachbarn steht, oder äußere Merkmale hierauf hinweisen. Die Benutzungsgemeinschaft ist eine Rechtsgemeinschaft, welche das beiderseitige Grundeigentum beschränkt. Es gelten die Regeln über die Gemeinschaft mit einigen Abwandlungen (§§ 922, 742ff.); insbesondere entfällt eine selbständige Verfügungsmöglichkeit über den Benutzungsanteil (§ 747), weil die Benutzung untrennbar mit dem Eigentum an den Grundstücken verbunden ist; auch hat jeder Nachbar in Abweichung von § 749 ein Widerspruchsrecht gegen die Beseitigung. — Bei der in manchen Gegenden vorkommenden Kommunmauer (Giebelmauer) wird nach vollzogenem Anbau die Sache regelmäßig so liegen, daß jedem die Mauer zur Hälfte gehört und eine Benutzungsgemeinschaft in bezug auf die ganze Mauer besteht (doch ist hier vieles streitig).

4. **Grenzbaum** (§ 923). Wenn ein Baum oder Strauch auf der Grenze steht, so betrachtet das BGB. das Eigentum an ihm senkrecht durch die Grenze geteilt. Miteigentum nach Bruchteilen entsteht an den getrennten Früchten und dem getrennten Baum, und zwar der Zweckmäßigkeit halber zu gleichen Teilen. — Solange der Baum steht, ist eine Gemeinschaft vorhanden, welche jeden Nachbar in seinem Eigentum beschränkt, so daß er z. B. nicht beliebig mit seinem Baumteil verfahren darf. Es kann aber jeder die Beseitigung des Baumes fordern, falls er nicht als Grenzzeichen dient. Besonderheiten gelten für Obstbäume nach Landesrecht (Art. 122 EG.).

Besondere Arten nachbarlicher Beschränkungen des Landesrechtes sind namentlich: das Anwenderecht (der Nachbar darf auf dem fremden Feld den Pflug wenden und das Zugvieh umtreten lassen), das Hammerschlagsrecht (der Nachbar darf für seine Bauten den fremden Boden betreten, ein Gerüst darauf setzen und den Abfall darauf werfen), das Fenster- und Lichtrecht (der Nachbar kann die Anlegung von Fenstern oder die Entziehung von Licht durch Bauten in gewissem Umfang verbieten). Andere nachbarliche Beschränkungen finden sich im Wasserrecht und Bergrecht.

Zweites Kapitel.

Erwerb und Verlust des Grundeigentums.

§ 25. Erwerb.

Der Erwerb des Grundeigentums steht entsprechend der Grundbuchverfassung meistens mit einer Eintragung im Grundbuch in irgendeiner Beziehung. Doch gibt es Fälle, in denen ohne Grundbucheintrag erworben wird. Wir können hiernach unterscheiden und gleichzeitig dabei auf die Fälle des Eigentumserwerbs hinweisen, die noch besonders zu betrachten sind.

1. **Eigentumserwerb in Zusammenhang mit einer Eintragung.** Der Eigentumserwerb erfolgt so:

a) Durch rechtsgeschäftliche Übertragung (Übereignung). Für sie gilt das allgemeine Prinzip des rechtsgeschäftlichen Erwerbs dinglicher Rechte an Grundstücken (§ 873: Einigung und Eintragung), das wir früher kennengelernt haben (siehe oben § 14 I). Allein es treten einige Besonderheiten hinzu, die noch näher zu würdigen sind. Siehe hierüber unten I.

b) Durch Ersitzung. Es handelt sich um die Buchersitzung (§ 900), die bereits früher besprochen worden ist (siehe oben § 20 I.)

c) Durch Aneignung herrenloser Grundstücke nach BGB. Hierüber wird besser im Anschluß an den die Herrenlosigkeit begründenden Verlust des Eigentums gehandelt werden (siehe unten § 26).

2. **Eigentumserwerb ohne Eintragung.** Er vollzieht sich so:

a) In allen Fällen der Gesamtnachfolge. Hier tritt von Rechtswegen der Eigentumserwerb an den Grundstücken des Gesamtvermögens mit dem Eintritt der Gesamtnachfolge ein, so bei der Erbfolge, dem Anfall des Vereinsvermögens an den Fiskus, bei dem Abschluß der Gütergemeinschaft, bei dem Eintritt in ein Gesamthandverhältnis usw.

b) Durch Staatsakt. Siehe hierüber unten II.

c) In besonderen Fällen, die den Vorbehaltsmaterien angehören, von Rechts wegen oder kraft Aneignung; hierher gehören insbesondere die wasserrechtlichen Erwerbsarten an neu entstandenen Inseln und an Anlandungen.

Über die Grunderwerbsteuergesetze siehe die Angaben oben § 1 II.

I. Rechtsgeschäftliche Übertragung.

1. Erfordernisse.

a) Die „Auflassung". Nötig sind Einigung und Eintragung gemäß § 873. Für die Einigung gelten aber Besonderheiten. Sie bedarf der Form der Auflassung. Die Auflassung muß nach Reichsrecht vor dem Grundbuchamt erfolgen bei gleichzeitiger Anwesenheit beider Teile (§ 925). Das Landesrecht kann bestimmen, daß auch Notare oder andere Behörden und Beamte zuständig sind. Hiervon ist meistens Gebrauch gemacht worden, in Preußen erst durch Gesetz vom 13. Mai 1918, nach welchem auch jedes andere preußische Amtsgericht und jeder preußische Notar zuständig sind. — Die gleichzeitige Anwesenheit bedeutet nicht persönliche Anwesenheit, die Parteien können sich daher auch vertreten lassen. — Im Gegensatz zur gewöhnlichen Einigung kann ferner die Auflassung nicht unter einer Bedingung oder Befristung erfolgen (§ 925 II, ein bedingter obligatorischer Anspruch auf Übereignung kann aber durch Vormerkung gesichert werden).

b) Behördliche Genehmigung. Sie wurde seit der letzten Zeit des Krieges eingeführt, um ungeeignete Elemente, insbesondere Kriegsgewinnler und Ausländer, fernzuhalten. Reichsgesetz vom 15. März 1918, das dem Landesrecht weiteren Spielraum ließ. Zunächst stand der landwirtschaftliche Grundbesitz im Vordergrund, später wurde auch der städtische immer mehr hereingezogen, in Preußen durch Gesetz vom 10. Februar 1923. Nach den Gesetzen sind Veräußerungen, aber auch Kaufverträge und Bestellungen von Gebrauchs- und Nutzungsrechten, genehmigungspflichtig. Die Genehmigung darf nur aus bestimmten Gründen versagt werden. Eine Auflassung oder ein sonstiges Geschäft, denen die erforderliche Genehmigung fehlen, sind nicht nichtig, sondern zunächst in der Schwebe.

2. Erstreckung auf Zubehör. Die Wirkungen der Grundstücksübereignung werden unter gewissen Voraussetzungen auch auf das vorhandene Grundstückszubehör erstreckt: Das Zubehör muß im Eigentum des Grundstücksveräußerers stehen, und die Parteien müssen sich über die Mitübereignung des Zubehörs einig sein (letzteres soll nach dem Gesetz im Zweifel angenommen werden, § 925 I). Alsdann erwirbt also der Grundstückserwerber auch das Zubehör mit der Auflassung und Eintragung, unabhängig von einem Besitzerwerb. — Für das dem Veräußerer nicht gehörige Zubehör gilt Fahrnisrecht (§ 925 II).

II. Staatsakt.

Kraft staatlicher Willenserklärung wird Grundeigentum erworben insbesondere durch schlichte Übertragung durch Gesetz (vgl. Art. 126 EG.), durch den Zuschlag in der Zwangsversteigerung (§ 90 ZVG.) und durch Enteignung.

Der Grunderwerb durch Enteignung ist der häufigste und durchsichtigste Fall der „Enteignung" überhaupt (siehe über diese oben § 23 II). Auf die Einzelheiten des Verfahrens kann hier nicht eingegangen werden. Bemerkt muß nur werden, daß nach normalem preußischen Enteignungsverfahren das Eigentum am Grundstück mit der Zustellung des Beschlusses des Bezirksausschusses an den „Enteigner" (den Unternehmer) und den zu Enteignenden übergeht, ohne Eintragung im Grundbuch. Gleichzeitig geht sogar der Besitz auf den Enteigner über, ein Fall eines Besitzrechts ohne tatsächliche Sachherrschaft (vgl. oben § 2). — Die Entschädigungsforderung aber kommt als Surrogat des enteigneten Grundstücks in Betracht (vgl. preußisches Enteignungsgesetz §§ 45ff. und Art. 52, 53 EG.).

§ 26. Verlust.

Schließt sich der Eigentumserwerb an einem Grundstück an vorhandenes Eigentum an, so bedeutet er gleichzeitig für den anderen Teil Verlust des Eigentums. Ohne einen gleichzeitigen Eigentumserwerb tritt Verlust des Grundeigentums nur in zwei Fällen ein, beim Untergang des Grundstücks und bei Eintritt der Herrenlosigkeit (= Eigentumlosigkeit). Für den Untergang des Grundstücks können landesrechtliche Normen des Wasserrechts in Betracht kommen. Das BGB. regelt nur zwei Fälle der Herrenlosigkeit, die Herrenlosigkeit durch Aufgabe und durch Ausschlußurteil. In beiden Fällen greift dann die Möglichkeit eines Erwerbs durch Aneignung ein, die wir im Anschluß an sie behandeln wollen (vgl. oben § 25, Übersicht 1c).

I. Die Aufgabe (Dereliktion).

Sie erfolgt durch Erklärung des Verzichtes auf das Eigentum gegenüber dem Grundbuchamt und Eintragung des Verzichtes im Grundbuch (§ 928 I, vgl. dagegen § 875). Hiermit wird das Grundstück herrenlos, allein es besteht ein ausschließliches Aneignungsrecht des Fiskus, er übt es dadurch aus, daß er sich im Grundbuch als Eigentümer eintragen läßt (§ 928 II).

Solange das Grundstück herrenlos ist, besteht an ihm kein Eigentum, aber die sonstigen dinglichen Rechte dauern fort; will ein Berechtigter in dieser Zeit gegen das Grundstück vorgehen, so kann er beim Gericht die Bestellung eines „Vertreters" des Grundstücks beantragen (vgl. § 58 ZPO.). Die Mietsverhältnisse erhalten sich dem alten Vermieter gegenüber fort, mit der Aneignung durch den Fiskus tritt der Fiskus entsprechend § 571 in das Mietsverhältnis ein.

Die Aufgabe von Grundstücken findet sich öfter zwecks Befreiung von den Grundstückslasten und zwecks Ausweichens vor der öffentlichen Zwangsversteigerung. Die Ausübung des Aneignungsrechtes ist daher für den Fiskus nicht sehr verlockend.

Das Aneignungsrecht des Fiskus ist ein dingliches Erwerbsrecht; es ist übertragbar. Landesrechtlich kann es anderen Personen (Gemeinde) zustehen(Art.129EG) Übrigens ist durch den Art. 190 EG. dem Fiskus ein ausschließliches Aneignungsrecht an allen herrenlosen Grundstücken zugesprochen, insoweit nicht Sondernormen bestehen.

II. Das Ausschlußurteil.

Das Grundeigentum ist nicht „versitzbar" (siehe oben § 20 III). Aber wenn der wahre Eigentümer im Grundbuch nicht eingetragen ist und ein anderer das Grundstück 30 Jahre im Eigenbesitz gehabt hat, kann der Grundeigner auf Antrag des Eigenbesitzers durch Aufgebotsverfahren ausgeschlossen werden. Das Ausschlußurteil bewirkt Herrenlosigkeit des Grundstücks, allein derjenige, der es erwirkt hat, hat ein ausschließliches Aneignungsrecht, welches er dadurch ausübt, daß er sich im Grundbuch eintragen läßt. Besonderheiten gelten bei Verschollenheit des Eigentümers (§ 927).

Drittes Kapitel.

Erwerb und Verlust des Eigentums an beweglichen Sachen.

§ 27. Allgemeines.

I. Erwerb.

Bei dem Eigentumserwerb an Fahrnis spielt vielfach der Besitzerwerb eine entscheidende Mittlerrolle (entsprechend dem Bucheintrag beim Grundstückserwerb).

Aber es gibt wichtige Fälle, bei welchen der Besitzerwerb nicht mit zu den Grundlagen des Eigentumserwerbs gehört. Wir unterscheiden dem entsprechend, indem wir gleichzeitig darauf hinweisen, welche Erwerbsfälle späterhin noch einer besonderen Betrachtung unterzogen werden.

1. Von Bedeutung ist der Besitzerwerb:

a) bei der rechtsgeschäftlichen Übertragung (der Übereignung) des BGB. Hier bedarf es außer anderem der Besitzübertragung. Über sie in §§ 28, 29, 30.

b) bei der Aneignung. Hier bedarf es einer Besitzergreifung. Über sie in § 34.

c) bei der Ersitzung. Ein entscheidender Faktor ist hier die Besitzdauer. Über sie in § 31.

d) beim Eigentumserwerb kraft Fundes. Hierüber in § 35.

2. Dagegen bildet der Besitzerwerb keine Grundlage beim Eigentumserwerb:

a) in verschiedenen Fällen kraft Verbindung, Vermischung, Verarbeitung, bei einer Schuldurkunde und bei der Einverleibung, siehe § 32.

b) an Bestandteilen, oder Früchten einer Sache nach der Regel des BGB. Es vollzieht sich hier zunächst der Eigentumserwerb an ihnen mit der Trennung. Siehe hierüber § 33.

c) an Grundstückszubehör, wenn er nach Liegenschaftsrecht erfolgt, § 926 (oben § 25 I, 2).

d) in allen Fällen der Gesamtnachfolge. Hier tritt von Rechtswegen der Eigentumserwerb an den beweglichen Sachen des Gesamtvermögens ein mit dem Eintritt der Gesamtnachfolge (Erbfolge, Gütergemeinschaft usw. vgl. oben § 25, Übersicht 2a).

e) durch Staatsakt. Hierher gehört die Enteignung (vgl. oben § 23 II), bei der auch hier das Eigentum grundsätzlich mit der Zustellung des Bescheides übergeht (vgl. oben § 25 II). Ferner die Einziehung der Strafgesetze (z. B. § 40 StGB.), bei welcher mit der Rechtskraft des Urteils das Eigentum vom Staat erworben wird. Dagegen liegt es anders bei dem Zuschlag in der öffentlichen Versteigerung; hier bedarf es noch der Übergabe (siehe dagegen oben § 25 II bei Grundstücken).

II. Verlust.

Ohne gleichzeitigen Eigentumserwerb tritt Verlust des Fahrniseigentums ein durch Untergang der Sache (Vernichtung der Sache oder die Sache wird wesentlicher Bestandteil oder Stoff einer anderen, vgl. unten § 32) und Eintritt der Herrenlosigkeit. Letztere ist die Folge der Aufgabe des Eigentums (hierüber unten § 34 II, 1a), oder des unfreiwilligen Besitzverlustes bei gewissen Tieren (unten § 34 II, 1b).

§ 28. Die Übertragung: Erwerb vom Eigentümer.

Das BGB. steht in Übereinstimmung mit dem deutschen und römischen Recht grundsätzlich auf dem Standpunkt, daß zur rechtsgeschäftlichen Übertragung außer der Willenseinigung eine Übergabe erforderlich ist (Traditionsprinzip). Doch kennt es für einige Fälle Ersatzmittel der Übergabe oder sieht von ihr ab.

I. Einigung und Übergabe (§ 929 Satz 1).

Normalerweise ist zur Übereignung erforderlich eine Übergabe und eine Einigung. Was „Übergabe“ ist, haben wir früher kennengelernt (siehe oben § 4 II), sie verschafft also den unmittelbaren Besitz. Die „Einigung“ entspricht völlig der Einigung, die wir bei dem rechtsgeschäftlichen Erwerb dinglicher Rechte an Grundstücken (§ 873) kennengelernt haben (siehe oben § 14 I). Beide — Übergabe und Einigung zusammen — bilden der richtigen Ansicht nach einen Vertrag, der als abstrakter dinglicher Vertrag zu kennzeichnen ist (ganz entsprechend wie Einigung und Eintragung im Grundbuch, siehe oben § 14 I). Es ergeben sich aber zwei Unterschiede gegenüber der Übereignung von Liegenschaften: Einmal kann die Fahrnisübereignung unter einer Bedingung abgeschlossen werden (anders § 925 II). Sodann setzt § 929 I Satz 1 voraus, daß Übergabe und Einigung zeitlich zusammenfallen. Eine Einigung, die der Übergabe vorausgeht, bindet nicht, erfolgt die Übergabe später, so muß auch zu dieser Zeit noch ein Einigsein vorliegen; dies wird häufig, braucht aber nicht immer der Fall zu sein (anders im Liegenschaftsrecht § 873 II und oben § 14 I; die Frage ist aber streitig). Eine Übergabe, welche der Einigung vorausgeht, fällt unter § 929 I Satz 2 (siehe unten III).

II. Einigung und Besitzzuweisungsvertrag.

Die Übergabe kann ersetzt werden in der Weise, daß sich mit der Einigung des § 929 Satz 2 die schlichte Einigung des § 854 II verbindet, welche den Besitz überträgt (z. B. bei der Zuweisung von frei im Walde liegendem Holz; analog bei der Besitzzuweisung an den Besitzdiener). Beide Einigungen fallen regelmäßig äußerlich zusammen. Das BGB. erwähnt diesen Fall nicht, es handelt sich um eine offenbare Lücke, die in der angegebenen Weise auszufüllen ist.

III. Der bloße Übereignungsvertrag

soll genügen, wenn der Erwerber bereits im Besitze der Sache ist (§ 929 Satz 2 Übergabe kurzer Hand, brevi manu traditio). Hier fällt die Übergabe also ersatzlos fort. Am häufigsten ist der Fall der Eigentumsübertragung seitens des mittelbaren Besitzers an seinen Besitzmittler (z. B. der Mieter soll Eigentümer werden). Nötig ist, daß zur Zeit der Übereignung Besitz auf seiten des Erwerbers vorliegt. Einen vorweggenommenen Übereignungsvertrag (sog. antizipierte brevi manu traditio) gibt es ebensowenig wie eine Einigung vor der Übergabe (streitig). Beispiel: Eigentümer A vereinbart mit B, daß B die Sache zu Eigentum haben solle, sobald er sie von dem Besitzer C erhalte. Es kann sich aber die Übereignung hier so vollziehen, daß B nach dem Besitzerwerb von C als Bevollmächtigter des A mit sich selbst die Einigung vornimmt (§ 181 BGB.).

IV. Einigung und Besitzauftragung (§ 930 Besitzkonstitut).

Wenn der Veräußerer im Besitze der Sache ist, so genügt außer der Einigung ein Besitzvertrag zwischen Veräußerer und Erwerber, kraft dessen der Erwerber den mittelbaren Besitz erlangt. Beispiel: E verkauft die Sache an B. Es wird vereinbart, daß das Eigentum auf B übergehen soll, außerdem aber, daß E die Sache noch 14 Tage als Mieter des B behalten soll.

Nicht genügt die einfache Erklärung, künftig für den Erwerber besitzen zu wollen (abstraktes Konstitut), vielmehr bedarf es der Vereinbarung eines konkreten Verhältnisses (individualisiertes Konstitut), der Veräußerer muß also erklären, als „Mieter", als „Verwahrer", als „Entleiher" usw. besitzen zu wollen. Dagegen ist Rechtsgültigkeit des Besitzvertrages nicht nötig, es genügt der Anschein, wenn nur ein gültiger Herausgabeanspruch besteht (vgl. oben § 4 III).

Eine Stellvertretung ist beim Besitzvertrage natürlich zulässig, infolgedessen auch ein Vertragsschluß des Vertreters mit sich selbst im Rahmen des § 181 BGB. Beispiel: Der Einkaufskommissionär von Wertpapieren sondert die für den Kommittenten angeschafften Stücke in äußerlich erkennbarer Weise ab (vgl. hierzu das Depotgesetz in der neuen Fassung vom 21. November 1922, § 3).

Auch hier ist erforderlich, daß zur Zeit der Übereignung der Veräußerer im Besitze der Sache ist. Ein sogenanntes antizipiertes Besitzkonstitut in dem Sinne, daß die dingliche Einigung vor dem Besitzerwerb des Veräußerers liegt, ist unwirksam (anders viele, auch das Reichsgericht). Daher ist eine Übereignung eines

Warenlagers in bezug auf die zukünftig eintretenden Stücke vermittelst Besitzauftragung nur möglich, wenn ein Einigsein auch nach dem Erwerb der Stücke noch vorliegt.

Dagegen ist § 930 der richtigen Ansicht nach entsprechend anwendbar auf die Fälle, wo kraft Gesetzes ein Vermittlerverhältnis stattfindet. Beispiel: Der Vormund schenkt seinem Mündel einen Gegenstand, behält ihn aber gleich in Verwahrung.

V. Einigung und Anspruchsabtretung (§ 931).

Wenn die Sache im Besitz eines Dritten ist, kann die Übereignung auch so erfolgen, daß außer der Einigung eine Abtretung des Anspruchs auf Herausgabe seitens des Eigentümers an den Erwerber stattfindet. Dagegen ist eine Anzeige an den dritten Besitzer nicht erforderlich.

Der häufigste Fall ist der, daß der Dritte Besitzmittler des Veräußerers ist. Der Anspruch, um dessen Abtretung es sich handelt, ist der Herausgabeanspruch, auf den sich der mittelbare Besitz stützt, es wird der mittelbare Besitz übertragen (siehe oben § 4 III). Unrichtig ist die Ansicht, nach welcher zwei Ansprüche, der Anspruch aus § 868 und aus § 985 abgetreten werden müßten. Beispiel: E hat die Sache an M vermietet; es kann das Eigentum an ihr von B dadurch übertragen werden, daß sich E und B über den Eigentumsübergang einig sind und E dem B seinen Herausgabeanspruch aus dem Mietsvertrage abtritt.

Ist der Dritte Besitzer, aber nicht Besitzmittler (z. B. D hat die Sache dem E gestohlen), oder ist die Sache überhaupt nicht im Besitz eines Dritten (z. B. der Dieb hat die Sache weggeworfen), so genügt der Anschein einer Besitzabtretung. Es wird hier also Eigentum durch Übertragung erworben, ohne eine wirkliche Besitzübertragung.

Andere Vereinfachungen von Übereignungen in Abweichung vom Traditionsprinzip finden sich im Handelsrecht und Seerecht. Vgl. für die Traditionspapiere §§ 424, 450, 647 HGB., für die Seeschiffe § 474 HGB., für die Einkaufskommission § 7 Depotgesetzes.

§ 29. Der Erwerb vom Nichteigentümer.

Das BGB. hat den berühmten deutschen Grundsatz „Hand wahre Hand" („Wo du deinen Glauben gelassen hast, da mußt du ihn suchen") für den allgemeinen bürgerlichen Verkehr aufgenommen, nachdem bereits das Allgemeine Deutsche Handelsgesetzbuch von 1861 ihn für den Erwerb vom Kaufmann sanktioniert hatte. Infolgedessen wird das Eigentum an einer beweglichen Sache im Fall einer rechtsgeschäftlichen Veräußerung seitens eines Nichteigentümers unter bestimmten Voraussetzungen von dem Erwerber erlangt, während der alte Eigentümer sein Eigentum einbüßt (§ 932ff.). Der deutsche Grundsatz wird den Verkehrsinteressen gerecht, indem auch der Eigentümer dem Verkehr gegenüber seinen Tribut zahlen muß, während das römische Recht, in den Interessen des Eigentümers befangen, diesem grundsätzlich die Vindikation gegen jeden Dritten gab („ubi rem meam invenio, ibi vindico.").

Freilich findet die Regelung des BGB. nicht bei allen ungeteilten Beifall.

Besonderheiten gelten noch im Handelsrecht (§§ 366, 367 HGB.).

Wir unterscheiden die Voraussetzungen des Eigentumserwerbes und die rechtliche Natur des Herganges.

I. Voraussetzungen.

Das BGB. stellt für den Eigentumserwerb vom Nichteigentümer außer den sonstigen Erfordernissen einer Eigentumsübertragung folgende drei Voraussetzungen auf.

1. Es muß ein voller Besitzwechsel stattgefunden haben. Infolgedessen genügt die leibliche Übergabe und ebenso der Besitzzuweisungsvertrag (vgl. oben § 28 I und II). Im übrigen ist zu merken:

a) Der bloße Übereignungsvertrag (Übergabe kurzer Hand, oben § 28 III) reicht nur aus, „wenn der Erwerber den Besitz von dem Veräußerer erlangt hatte" (§ 932 Satz 2; vgl. § 929 Satz 2). Beispiele: 1. Der Nichteigentümer N leiht die Sache an A. Sie einigen sich später über den Eigentumsübergang auf A. Dann wird A, wenn die sonstigen Voraussetzungen vorliegen (vgl. unten 2 und 3), Eigentümer. 2. Der Eigentümer E leiht dem A eine Sache. A kauft später die Sache von N, den er für den Eigentümer hält, N und A einigen sich nun über den Eigentumsübergang durch Übergabe kurzer Hand. Dann wird A nicht Eigentümer.

Der Grund für die verschiedene Regelung ist der, daß im Fall 1 A auf die Besitzlage bei seinem Vormann vertraute, im Fall 2 dagegen nicht, weil N gar keinen Besitz hatte. Man kann also im allgemeinen auch sagen: Erforderlich ist Übereignung seitens des Nichteigentümers an seinen Entleiher, seinen Verwahrer, seinen Mieter.

b) Besitzauftragung (Besitzkonstitut, § 930) als solche genügt nicht (§ 933). Nötig ist nachträgliche Übergabe.

c) Anspruchsabtretung (§ 931); eine solche reicht nur aus, wenn der Dritte Besitzmittler des Veräußerers ist, sonst wirkt sie erst, wenn der Erwerber den Besitz von dem Dritten erlangt (§ 934).

2. Der Erwerber muß in gutem Glauben an das Eigentum des Veräußerers gewesen sein (§ 932.).

Er ist nicht in gutem Glauben, wenn er weiß oder infolge grober Fahrlässigkeit nicht weiß, daß der Veräußerer nicht Eigentümer ist (§ 932 II). Bei Fahrnis wird also der gute Glaube auch durch grobe Fahrlässigkeit vernichtet, während bei Grundstücken nur positive Kenntnis schadet (vgl. § 892 und oben § 16 II).

Nur guter Glaube an das Eigentum wird geschützt, nicht guter Glaube an die Geschäftsfähigkeit oder Verfügungsmacht (in letzterer Hinsicht vgl. § 366 HGB.).

Der gute Glaube muß zu der Zeit vorhanden sein, wo die Voraussetzungen für den Eigentumserwerb erfüllt sind. Das Nähere ergibt sich sehr einfach aus dem Gesetz.

Das Vorhandensein des guten Glaubens wird vermutet. Es muß daher der Eigentumsverfolgende den schlechten Glauben beweisen.

3. Die Sache darf nicht abhanden gekommen sein (§ 935). Der Begriff der abhanden gekommenen Sache ist bereits früher von uns dahin formuliert worden, daß grundsätzlich in Betracht kommen alle Sachen, die dem unmittelbaren Besitzer wider Willen aus dem Besitz kommen (vgl. oben § 5 I). Es gehören hierher die dem Eigentümer (als unmittelbarem Besitzer) gestohlenen und verlorengegangenen Sachen (Beispiele des Gesetzes vgl. noch unten § 35 I 1), ferner die im Wahnsinn fortgegebenen Sachen. Dagegen sind nicht abhanden gekommen, die infolge Irrtums, Betruges, Zwanges veräußerten oder derelinquierten Sachen, vor allem nicht — und dies ist seit je der typische Fall des Grundsatzes „Hand wahre Hand" — die von einem Besitzmittler unterschlagenen Sachen.

„Abhanden gekommen" sind dem Eigentümer auch die Sachen, die seinem Besitzmittler abhanden kommen (z. B. einem Verwahrer wird die ihm vom Eigentümer anvertraute Sache gestohlen, § 935 Satz 2). Aber das kann natürlich dann nicht gelten, wenn dieser Besitzverlust des Besitzmittlers mit Wissen und Willen des Eigentümers geschah (z. B. der Eigentümer nimmt dem Pfandgläubiger die Sache eigenmächtig fort; dann ist sie zwar dem Pfandgläubiger, aber nicht dem Eigentümer „abhanden gekommen"). Und ebensowenig können für den Eigentümer Sachen abhanden gekommen sein, wenn sie einem unmittelbaren Besitzer abhanden kommen, der in gar keinem Besitzmittlerverhältnis zum Eigentümer steht (z. B. der Verwahrer veruntreut die Sache an einen Bösgläubigen, diesem wird sie gestohlen). Dies ergibt sich der richtigen Ansicht nach aus dem Wortlaut des § 935 Satz 2, auch streitet hierfür ein dringendes Verkehrsbedürfnis, den Begriff der abhanden gekommenen Sachen nicht ohne zwingenden Grund auszuweiten.

Diese Sperre des gutgläubigen Eigentumserwerbes in bezug auf abhanden gekommene Sachen erleidet wichtige Ausnahmen. Nach BGB. gilt sie nicht für Geld, für Inhaberpapiere und für Sachen, die in öffentlicher Versteigerung erworben werden (§ 935 II). An ihnen kann also auch dann, wenn sie abhanden gekommen sind, durch Übertragung Eigentum erworben werden, aber selbstverständlich müssen die anderen Voraussetzungen des Erwerbes vom Nichteigentümer, also voller Besitzwechsel und guter Glaube vorliegen.

Für abhanden gekommene Orderpapiere kommt gleichfalls gutgläubiger Eigentumserwerb in Betracht gemäß Art. 74 WO. (§ 365 I HGB. und § 8 II Scheckges.).

Vgl. auch § 1 II des Ges. über die Verwertung von Militärgut vom 31. 3. 1923.

II. Rechtliche Natur des Hergangs.

Der Schutz des gutgläubigen Erwerbers besteht darin, daß er Eigentum erlangt. Es liegt entsprechend, wie bei dem öffentlichen Glauben an das Grundbuch (vgl. oben § 16 II). Die rechtliche Natur des Vorgangs ist auch hier streitig. Die sogenannte Legitimationstheorie legt den Schwerpunkt auf eine dem Besitzenden kraft Gesetzes verliehene Verfügungsmacht, fremdes Eigentum auf einen anderen zu übertragen. Andere sehen den Rechtsgrund in dem guten Glauben des Erwerbers. In Zusammenhang hiermit steht der Streit, ob der Eigentumserwerb vom Scheinberechtigten als ein „abgeleiteter" (derivativer) oder als ein „ursprünglicher" (originärer) anzusehen ist. M. E. sind beide extremen Formulierungen nicht zutreffend. Es kann sich nicht um eine „Übertragung" fremden Eigentums, es kann sich nicht um „abgeleiteten" Erwerb handeln. Denn der Erwerber erwirbt auch Eigentum, wenn die Sache niemandem gehörte; dazu kann freilich das einfache Beispiel einer herrenlosen Sache nicht dienen, weil alsdann im Moment der Veräußerung der Eigenbesitz und damit das Eigentum vom Veräußerer erlangt würde, wohl aber kommt als Beispiel in Betracht die Veräußerung einer herrenlosen Sache, an welcher ein ausschließliches Aneignungsrecht eines Dritten besteht. — Andrerseits übersieht die Lehre, welche sich einseitig auf den Erwerb durch guten Glauben beruft, daß nicht bloß der äußere Schein einer Übertragung vorliegen darf, sondern eine formal gültige Verfügung. So wird man den Eigentumserwerb vom Scheinberechtigten rechtlich nur durch eine besondere Umschreibung fassen können, indem man sagt, daß er auf einer formal gültigen Verfügung eines durch die Besitzlage äußerlich Legitimierten und dem Vertrauen des Erwerbers auf diesen äußeren Tatbestand beruht. Der Eigentümer aber kann sich über die Einbuße seines Eigentums nicht beschweren, mit dessen Willen dieser Vertrauenstatbestand für den Verkehr geschaffen worden ist. Es liegt hier also insofern anders als beim Grundbuch, als bei diesem ein völlig formalisierter Vertrauenstatbestand — der Grundbucheintrag — ganz unabhängig von dem Willen des Geschädigten in Betracht kommt. — Kann somit beim Erwerb von Scheinberechtigten von einer richtigen „Übertragung" nicht gesprochen werden, so wollen wir in folgendem ihn doch der Einfachheit halber mit unter diesem Ausdruck begreifen.

§ 30. Erlöschen der Belastungen bei der „Übertragung".

I. Der Grundsatz.

Wer Eigentum an einer beweglichen Sache durch Übertragung (§§ 28, 29) erwirbt, erwirbt es unter bestimmten Voraussetzungen frei von beschränkten dinglichen Rechten (Pfandrecht, Nießbrauch, § 936). Diese Lasten erlöschen alsdann durch die Übertragung. Erforderlich für das Erlöschen ist:

1. **Erwerb des Eigentums durch „Übertragung“.** Der Übergang kann sich vom Eigentümer oder Nichteigentümer vollziehen. Es muß aber auch beim Erwerb vom Eigentümer ein solcher voller Besitzwechsel stattgefunden haben, wie er für den Erwerb vom Nichteigentümer vorgeschrieben ist (vgl. § 29 I 1).

2. **Guter Glaube** in bezug auf das Nichtbestehen der Belastung (§ 936 II). Also weder Kenntnis noch grobfahrlässige Unkenntnis in bezug auf das dingliche Recht des Dritten (§ 932 II).

3. Die Sache darf dem **Dritten nicht abhanden** gekommen sein. Dies ist unter Analogie von § 935 anzunehmen. Beispiel: der Eigentümer E nimmt die Sache gewaltsam seinem Pfandgläubiger P fort und übereignet sie dem A, der das Pfandrecht ohne grobe Fahrlässigkeit nicht kennt. A erwirbt die Sache, belastet mit dem Pfandrecht. — Entsprechend muß aber auch hier die Ausnahme des § 935 für Geld, Inhaberpapiere und öffentlich versteigerte Sachen gelten.

II. Die Ausnahme.

Von dem an die Spitze gestellten Grundsatz gibt es eine Ausnahme: Wird nämlich das Eigentum durch Anspruchsabtretung übertragen (§§ 931, 934), so bleibt das dem dritten Besitzer zustehende dingliche Recht stets bestehen. Beispiel: Eine verpfändete Sache wird durch Anspruchsabtretung veräußert an einen Erwerber, der gutgläubig annimmt, daß das Pfandrecht erloschen sei. Dann erhält sich das Pfandrecht trotz des guten Glaubens des Erwerbers.

Hier zeigt sich die Kraft des unmittelbaren Sachbesitzes gegenüber dem leichtbeschwingten Eigentumsübergang durch Anspruchsabtretung.

§ 31. Die Ersitzung.

Infolge des weitgehenden Eigentumserwerbes vom Nichteigentümer (§ 30) konnte das BGB. die Ersitzung beweglicher Sache als etwas Außerordentliches ansehen und bei ihrer Reglung sich die außerordentliche Ersitzung des gemeinen Rechts zum Vorbild nehmen. Als Fälle, wo heute die Ersitzung noch praktische Bedeutung hat, kommen namentlich in Betracht der Erwerb von abhanden gekommenen Sachen, sowie der Erwerb vom Eigentümer, dem die Geschäftsfähigkeit oder ein Verfügungsrecht fehlt.

I. Voraussetzungen.

Die Ersitzung verlangt heute keinen Titel, sondern nur gutgläubigen zehnjährigen Eigenbesitz (§ 937).

1. Der **Eigenbesitz** (vgl. über ihn oben § 3 II) kann unmittelbarer oder mittelbarer sein. Er muß die ganze Ersitzungszeit hindurch vorhanden sein.

2. In bezug auf den **guten Glauben** ist zu unterscheiden: Starker guter Glaube ist beim Erwerb des Eigenbesitzes erforderlich, d. h. der Erwerber darf weder wissen noch infolge grober Fahrlässigkeit nicht wissen, daß ihm das Eigentum nicht zusteht. Schwacher guter Glaube reicht dagegen nach dem Beginn der Ersitzung aus, d. h. der Erwerber darf bis zum Ablauf der Ersitzungszeit nicht positiv erfahren, daß er nicht Eigentümer ist (scientia superveniens nocet) (§ 937 II).

3. **Ablauf von zehn Jahren.** Es wird aber dem Besitzer, der durch Rechtsnachfolge den Besitz erlangt hat, die Ersitzungszeit des Vorgängers angerechnet (accessio temporis) (§ 943), d. h. er beginnt eine abgekürzte, neue Ersitzung. — Dies gilt jedoch nicht für den Erben, dieser rückt in den Ersitzungsbesitz des Erblasser sein, er beginnt keine neue Ersitzung, für ihn kommt daher nur das Erfordernis des schwachen guten Glaubens (s. oben 2) in Betracht (streitig).

Beginn und Lauf der Frist sind gehemmt, solange die Verjährung des Eigentumsanspruchs gehemmt ist oder nicht vollendet werden kann (§ 939 in Verbindung mit §§ 202ff.): Die Ersitzung „ruht", nach Beseitigung der Hemmung läuft sie weiter, so daß starker guter Glaube nunmehr nicht mehr nötig ist.

Die Ersitzung wird unterbrochen, wenn der Ersitzende den Eigenbesitz verliert (Ausnahmen in § 940 II) oder der Eigentumsanspruch gegen ihn oder seinen Besitzmittler gerichtlich geltend gemacht wird. Nach der Unterbrechung kann nur noch eine ganz neue Ersitzung wieder beginnen (§§ 940—942).

II. Wirkungen.

Durch Vollendung der Ersitzung wird das Eigentum erworben. Hiermit erlöschen auch die beschränkten dinglichen Rechte Dritter an der Sache, vorausgesetzt, daß bei jedem von ihnen die Erfordernisse des guten Glaubens und des Ablaufs der Ersitzungszeit selbständig erfüllt sind (§ 945). Insoweit letzteres nicht der Fall ist, kann sich die Ersitzung der Lastenfreiheit erst nach der Eigentumsersitzung vollenden.

Der Ersitzende hat das Eigentum auf Grund des Rechtsinstitutes der Ersitzung also durch einen materiellen Rechtsgrund erworben. Ein Anspruch aus ungerechtfertigter Bereicherung gegen ihn kann nur bei ganz besonderen obligatorischen Beziehungen ausnahmsweise gegeben sein.

§ 32. Verbindung, Vermischung, Verarbeitung, Schuldurkundeneigentum, Einverleibung.

Es handelt sich um äußere Veränderungen von Sachen, bei denen eine Neuregelung der Eigentumsverhältnisse erfolgen muß. So entstehen besondere Erwerbs- und Verlustarten für das Fahrniseigentum. Das BGB. hat sich dabei vielfach an das römische Recht angeschlossen.

I. Verbindung.

1. **Arten und dingliche Rechtsänderung.** a) Verbindung einer beweglichen Sache mit einem Grundstück in der Weise, daß sie wesentlicher Bestandteil des Grundstücks wird (§ 946). Das Gesetz geht dabei davon aus, daß die bewegliche Sache und das Grundstück verschiedenen Eigentümern gehören. Es soll sich dann das Grundstückseigentum auf die bewegliche Sache erstrecken (Erweiterung oder Entfaltung des Grundeigentums). Dagegen muß das besondere Eigentum an der beweglichen Sache erlöschen, ebenso hören die bisherigen beschränkten dinglichen Rechte an ihr auf (§ 949 Satz 1). — Diese Reglung ist eine Konsequenz des Grundsatzes des BGB., daß wesentliche Bestandteile nicht Gegenstand besonderer Rechte sein können.

Somit erstreckt sich das Grundeigentum auf die mit ihm verbundenen fremden Bauwerke (Ausnahmen in § 95 BGB.), Pflanzen, Samen, Baumaterialien.

Die dingliche Änderung tritt zwingend und von Rechts wegen ein, es ist gleichgültig, wodurch die Verbindung hervorgerufen ist, ob der Verbindende redlich oder unredlich war. Infolgedessen sind auch vertragsmäßige Vorbehalte wirkungslos (z. B. ein Eigentumsvorbehalt an völlig eingebauten Maschinen). Schließlich ist der Eigentumsverlust insofern ein endgültiger, als bei einer späteren Trennung das alte Eigentum nicht wieder auflebt.

Gehört die bewegliche Sache dem Grundeigentumer, so muß § 946 und § 949 entsprechend gelten: das Sondereigentum und besondere beschränkte dingliche Rechte an der beweglichen Sache gehen unter.

b) Verbindung beweglicher Sachen miteinander in der Weise, daß beide wesentliche Bestandteile einer einheitlichen Sache werden (§ 947). Das Gesetz geht auch hier davon aus, daß die beweglichen Sachen verschiedenen Eigentümern gehören.

Beispiele: Bretter verschiedener Eigentümer werden zu einem Zaun zusammengefügt; ein fremdes Buch wird mit einem Einband versehen, ein fremdes Kleid wird mit Spitzen besetzt.

Nach der Regel des BGB. soll hier Miteigentum entstehen, die Miteigentumsteile bestimmen sich nach dem Wertverhältnis der verbundenen Sachen (§ 947 I). Die beschränkten dinglichen Rechte, die bisher an den Einzelsachen bestanden, setzen sich an den Anteilen fort (§ 949 Satz 2). — Ist dagegen eine der Sachen als Hauptsache anzusehen, so weitet sich das Eigentum an ihr zu einem Alleineigentum über die einheitliche Sache aus, die an ihr bestehenden beschränkten dinglichen Rechte erstrecken sich auf die hinzutretende Sache; das bisherigeEigentum und die beschränkten dinglichen Rechte an letzterer erlöschen (§ 947 II, § 949 Satz 3).

Bei der Frage, ob eine der Sachen als Hauptsache anzusehen ist, muß die Verkehrsanschauung entscheiden, insbesondere ist eine Sache dann Hauptsache, wenn sie als Hauptbestandteil der einheitlichen Sache erscheint. So entsteht bei einem Zaun aus mehreren Brettern regelmäßig Miteigentum, bei dem eingebundenen Buch Alleineigentum des Bucheigentümers, bei dem Spitzenkleid Alleineigentum des Kleideigentümers.

Auch hier tritt die dingliche Rechtsänderung zwingend und von Rechts wegen ein. Es gilt das oben unter a) Gesagte.

Gehören die verbundenen beweglichen Sachen demselben Eigentümer, so ergibt sich stets Alleineigentum an der einheitlichen Sache; war eine der Sachen als Hauptsache anzusehen, so erstrecken sich ihre beschränkten dinglichen Rechte auf die einverleibte, während die bisherigen beschränkten dinglichen Rechte an der einverleibten Sache untergehen; war dagegen keine der Sachen als Hauptsache anzusehen, so setzen sich die an ihnen bislang vorhandenen beschränkten dinglichen Rechte an einem entsprechenden Bruchteil der einheitlichen Sache (der also nicht Anteil eines Miteigentümers ist!) fort. Dies ergibt die entsprechende Anwendung von § 949.

2. **Ausgleichsrechte.** Das BGB. gibt den durch die dingliche Rechtsänderung der Verbindung Geschädigten (Eigentümer oder beschränkt dinglich Berechtigten) Ausgleichsrechte (§ 951). Dabei wird der Ausgleich durch Wertersatz begünstigt, um den durch die Verbindung geschaffenen Zusammenhang nicht wertzerstörend auseinanderzureißen. Im einzelnen ist hervorzuheben:

a) Stets hat der Benachteiligte einen obligatorischen Bereicherungsanspruch. Er geht aber nur auf Geld, nicht auf Wiederherstellung des früheren Zustandes; ist freilich die Trennung vollzogen, so liegt es im Sinn des Gesetzes den Anspruch auf Rückübereignung zuzulassen. Gegen wen der Anspruch sich richtet, ergibt sich aus den Rechtssätzen der ungerechtfertigten Bereicherung (beachte § 822). § 951 I.

b) Gegebenenfalls hat der Benachteiligte einen Anspruch auf vollen Schadensersatz aus unerlaubter Handlung (§ 823ff., z. B. der Dieb baut einen fremden Balken ein); hier geht gemäß § 249 allerdings der Anspruch zunächst auf Wiederherstellung des früheren Zustandes, aber § 251 II gibt die wirtschaftlich notwendige Milderung (§ 951 II).

c) Möglicherweise hat der Benachteiligte einen Anspruch wegen „Verwendungen" (z. B. aus § 683 oder § 994, vgl. hierzu unten § 36 VI) § 951 II.

d) Schließlich kann ihm ein Wegnahmerecht zustehen (§ 951 II). Es kommen verschiedene Fälle in Betracht; gemeinsam ist allen, daß hier das Wegnahmerecht in einem Abtrenungsrecht und einem Aneignungsrecht in bezug auf die abgetrennte fremde Sache besteht, welche dem Geschädigten das verlorene Eigentum wieder verschaffen (vgl. unten § 34 I 3).

Manche Personen haben ein bedingungsloses Wegnahmerecht in bezug auf eine Einrichtung, mit der sie die Sache versehen haben (so z. B. der Mieter § 547, der Entleiher § 601. Für die Ausübung ist § 258 maßgebend. Es kann durch Angebot des Wertes nicht verlegt werden).

Dagegen hat der Besitzer, wenn er eine Sache als wesentlichen Bestandteil verbunden hatte, ein Wegnahmerecht gegenüber dem Eigentümer, welches durch Wertersatz zurückgeschlagen werden kann (§ 997, § 258, unten § 36 VI 5).

Schließlich gibt § 951 II Satz 2 ergänzend noch ein Wegnahmerecht jedem, der ein dingliches Recht durch die Verbindung verloren hat, gleichviel ob er die Hauptsache besessen hat oder nicht, unter Hinweis auf § 997, so daß also auch hier eine Verlegung durch Wertersatz stattfinden kann. In bezug auf dieses ergänzend gegebene Wegnahmerecht ist vieles streitig. Richtiger Ansicht nach ist es ein persönlicher Anspruch, der sich gegen den richtet, der zur Zeit der Verbindung Eigentümer der Hauptsache war (nicht gegen den jeweiligen Eigentümer). Auch hier findet § 258 Anwendung, so daß, wenn der Wegnahmeberechtigte sich nicht im Besitz befindet, er einen Anspruch gegen den Verpflichteten auf Gestattung der Wegnahme hat.

II. Vermischung.

Werden bewegliche Sachen mehrerer Eigentümer miteinander derart vermischt (z. B. Flüssigkeiten) oder vermengt (z. B. Getreide, Samen), daß sie sich nicht oder nur mit unverhältnismäßigen Kosten trennen lassen, so gelten die gleichen Rechtssätze wie bei der Verbindung des § 947 (§ 948).

Dies gilt auch für Geld (anders nach gemeinem Recht, hier wurde derjenige, der fremdes Geld mit seinem vermischte, stets Alleineigentümer).

Entsprechendes wie bei der Verbindung mehrerer beweglicher Sachen gilt auch bei der Vermischung von Sachen, die demselben Eigentümer gehören. — Man überlege sich bei der Vermengung aber noch folgenden Fall: Es findet eine Vermengung von Mineralien statt; der weitaus größere Teil von ihnen ist nach bergrechtlichen Grundsätzen herrenlos, aber dem ausschließlichen Aneignungsrecht des Bergwerkseigentümers A (dem er durch Abbau entwendet worden ist) unterworfen, der kleinere Teil steht im Eigentum des B (vgl. dazu unten § 34 II 3).

III. Verarbeitung.

Das BGB. hat die Lehre von der Verarbeitung, die im römischen Recht zunächst streitig war, im späteren römischen und im gemeinen Recht aber ganz unvollkommen ausgebildet worden war, auf eine neue Grundlage gestellt. Maßgebend für den Eigentumserwerb ist nach ihm die schöpferische Arbeit.

1. Das BGB. legt folgenden Begriff der sogenannten Spezifikation zugrunde: Es wird aus einem fremden Stoff durch Verarbeitung oder Umarbeitung eine neue Sache hergestellt (§ 950).

Beispiele: Es wird Brot aus fremdem Mehl, es werden Röcke aus fremdem Tuch, Stiefel aus fremdem Leder, es wird eine Büste aus fremdem Material hergestellt.

Kraft ausdrücklicher Bestimmung ist der Verarbeitung die bloße Bearbeitung einer Oberfläche gleichgestellt wie Schreiben, Zeichnen, Malen, Drucken, Gravieren usw. (§ 950 I Satz 2).

Stets muß eine neue Sache hergesetellt sein. Was „neu“ ist, richtet sich nach der Verkehrsanschauung; einen Anhaltspunkt gibt meistens die Benennung mit einem neuen Namen und die Erheblichkeit der Veränderung (keine Spezifikation z. B. beim Einbinden eines Buches, beim Anstreichen eines Schrankes).

Die wichtigsten Rechtssätze für die Verarbeitung sind folgende:

a) Der Verfertiger erwirkt an der neuen Sache kraft seiner Arbeit das Eigentum. das Eigentum des Stoffeigentümers geht unter, ebenso erlöschen die bisherigen beschränkten dinglichen Rechte. Guter Glaube ist nicht erforderlich, auch der Dieb, welcher verarbeitet, wird Eigentümer.

Eine Ausnahme für den Eigentumserwerb gilt nur (§ 950), wenn der Wert der Verarbeitung erheblich geringer ist, als der Stoffwert (z. B. Getreide wird gedroschen, aus Gold wird eine kunstlose Schale hergestellt); hier bleibt der Stoffeigentümer Eigentümer und die beschränkten dinglichen Rechte erhalten sich (entsprechend § 949).

b) Die Spezifikation ist kein Rechtsgeschäft, sie ist eine Tathandlung (Realakt). Infolgedessen kommen die Vorschriften über Rechtsgeschäfte nicht zur Anwendung. Daher ist Geschäftsfähigkeit nicht erforderlich. Auch der Wahnsinnige, auch das Kind kann selbst spezifizieren. Infolgedessen sind auch die Grundsätze der Stellvertretung weder unmittelbar noch entsprechend anwendbar. Möglich ist aber eine Spezifikation unter Verwendung fremder Arbeit.

Ob jemand für sich selbst oder für einen anderen spezifiziert, entscheidet sich nach der Verkehrsanschauung. So kommen die Arbeiter und Angestellten grundsätzlich überhaupt nur als Gehilfen des Unternehmers in Betracht; daher spezifizieren sie in dem normalen Fall, daß die Stoffe dem Unternehmer gehören, überhaupt nicht; nur insoweit sie Stoffe, die dem Unternehmer nicht gehören, verarbeiten, liegt eine richtige Spezifikation vor, aber hier spezifizieren sie nicht für sich, sondern für den Unternehmer.

c) Es bestehen persönliche Ausgleichsansprüche für den Geschädigten aus ungerechtfertigter Bereicherung auf Vergütung in Geld, aus unerlaubter Handlung und wegen Verwendungen (§ 951).

2. Die Grundsätze der Spezifikation sind voll entsprechend anzuwenden, wenn jemand aus einem Stoff, der niemandem gehört, an welchem aber ein ausschließliches Aneignungsrecht besteht (Bergwerksmineralien, Jagdbeute), eine neue Sache herstellt. — Ferner aber auch auf den Fall, daß jemand aus einem Stoff, welcher ihm selbst gehört, eine neue Sache erschafft. Allerdings handelt es sich hier nicht um einen besonderen Eigentumserwerb, sondern um eine Umgestaltung des Gegenstandes des alten Eigentums, das sich fortsetzt, aber die entsprechende Anwendung wird wichtig, wenn beschränkte dingliche Rechte an dem Stoff bestehen. Diese erlöschen in demselben Grade, wie bei einer richtigen Spezifikation. Auch hier kann ein Gehilfendienst in Betracht kommen.

IV. Schuldurkundeneigentum.

Der Gedanke, wirtschaftlich Zusammengehöriges durch eine einheitliche dingliche Rechtslage zu umspannen, wie wir ihn bei der Verbindung und Vermischung kennen gelernt haben, zeigt sich auch bei der Reglung des Eigentums an Schuldurkunden. Die Schuldurkunde wird gewissermaßen als Zubehör des in ihr verbrieften Rechtes angesehen (§ 952). Zu den Schuldurkunden gehören alle Urkunden über Rechte, kraft deren eine Leistung gefordert werden kann. Sie können ein Forderungsrecht verbriefen (Schuldscheine) oder ein Sachenrecht (Hypothekenbriefe) oder ein Mitgliedschaftsrecht (Aktien, Kuxe). Dagegen kommen alle vollkommeneren Wertpapiere, d. h. die Inhaber- und Orderpapiere, für § 952 nicht in Betracht, weil bei ihnen sich nicht das Papier nach dem Recht, sondern das Recht nach dem Papier richtet. (Streitig, manche nehmen an, daß in bezug auf den ursprünglichen Erwerb § 952 für alle Wertpapiere gilt). Die sich aus § 952 ergebenden Rechtssätze sind:

1. Der ursprüngliche Gläubiger erwirbt, sobald die Forderung entstanden und die Schuldurkunde ausgestellt ist, von Rechts wegen das Eigentum an der Schuldurkunde. Es bedarf also nicht einer rechtsgeschäftlichen Übereignung (§ 929ff.). Doch kann die Vorschrift dann nicht gelten, wenn nach den Regeln der Spezifikation das Stoffeigentum den Vorrang hat (z. B. der Schuldner setzt auf die Rückseite einer Menzelschen Zeichnung den Schuldschein; hier bleibt das Eigentum am Kunstblatt, mag es nun einem Dritten oder dem Schuldner zustehen, unberührt, der Gläubiger erwirbt es nicht). Die Ansicht, daß § 952 den § 951 I Satz 2 auschalte, ist durchaus abzulehnen.

2. Wird die Forderung übertragen, so geht gleichfalls von Rechts wegen das Eigentum an der Schuldurkunde auf den neuen Gläubiger über. Es bedarf auch hier keiner rechtsgeschäftlichen Übereignung. Entsprechend erstreckt sich das Recht eines Dritten an der Forderung von selbst auf die Schuldurkunde (Pfandrecht, Nießbrauch). — Wenn es zur „Übertragung" der Forderung einer Übergabe der Urkunde bedarf (vgl. § 1154), muß natürlich für den Erwerb von Rechten an der Urkunde auch diese Übergabe (Besitz!) vollzogen sein.

V. Einverleibung.

Auf dem Gedanken der Erstreckung der dinglichen Rechtslage der Hauptsache auf das Zubehör beruht auch die sogenannte Einverleibung. Ist an einem Grundstück nebst Inventar ein Nießbrauch bestellt, so werden die neuen Inventarstücke, die der Nießbraucher anschafft, mit der Einverleibung in das Inventar Eigentum des Grundeigentümers (§ 1048). Die Einverleibung ist eine Rechtshandlung, welche die äußere objektive Zugehörigkeit herstellt; sie setzt Geschäftsfähigkeit des Nießbrauchers voraus. Die Einverleibung wirkt nur bei Sachen, die im Eigentum des Nießbrauchers stehen, nicht bei Sachen Dritter (auch Gutgläubigkeit des Grundeigentümers nützt nichts, da § 932 nicht zutrifft). — Eine entsprechende Einverleibung kennt das BGB. bei dem Pächter eines Grundstücks, der das Inventar des Verpächters zum Schätzungswert übernommen hat (§ 588 II).

§ 33. Erwerb von Sachbestandteilen, insbesondere Früchten.

I. Erwerb kraft Eigentums an der Stammsache.

Wesentliche Bestandteile werden erst mit der Trennung fähig, Objekte von Rechten zu sein. Prinzipiell gilt in bezug auf sie das römische Substanzialprinzip: Es entsteht an ihnen ein Eigentum dessen, dem die Stammsache zur Zeit der Trennung gehört (§ 953). Gleichgültig ist, wer die Trennung bewirkt hat, und ob der Eigentümer Besitz erwirbt.

Hiervon gibt es Ausnahmen. Siehe unter II, III, IV.

II. Erwerb kraft beschränkten dinglichen Rechts an der Stammsache (§ 954).)

An Stelle des Eigentümers erwirbt das Eigentum an wesentlichen Bestandteilen derjenige, welcher kraft beschränkten dinglichen Rechts zu ihrem Erwerb befugt ist, mit der Trennung. Es gehört hierher jeder, der ein dingliches Fruchtziehungsrecht an fremder Sache hat, insoweit das Fruchtziehungsrecht reicht. So der Nießbraucher § 1039, gebenenfalls der Erbbauberechtigte § 1013, der Grunddienstbarkeitsberechtigte § 1018 usw.

Auch hier ist gleichgültig, wer die Trennung bewirkt hat, und ob der Berechtigte Besitz erwirbt, ob er die Stammsache besitzt oder nicht. Besitzt er freilich die Stammsache nicht, so können ihm andere vorgehen. Siehe unter III, IV.

III. Erwerb des Eigenbesitzers oder Nutzungsbesitzers (§ 955).

Der Besitzer der Stammsache erwirbt die natürlichen Sachfrüchte mit der Trennung, wenn er sich gutgläubig für dinglich fruchtziehungsberechtigt hält. Zum guten Glauben gehört starker guter Glaube beim Besitzerwerb der Stammsache, nachher bis zur Trennung reicht schwacher guter Glaube im Sinn des Ersitzungsrechts (siehe oben § 31 I 2) aus. Als wichtigste Fälle kommen in Betracht der gutgläubige Eigenbesitzer, der wegen Nichtigkeit der Auflassung kein Eigentum und der gutgläubige Nießbrauchsbesitzer, der wegen Nichtigkeit der Nießbrauchbestellung keinen Nießbrauch erworben hat. — Nötig ist Besitz zur

Zeit der Trennung, doch ist eine Unterbrechung durch unfreiwilligen Besitzverlust entsprechend wie bei der Ersitzung unschädlich (§ 955 III). Es genügt mittelbarer Besitz.

Diese Erwerbsart bezieht sich nur auf die natürlichen Sachfrüchte, d. h. die Erzeugnisse und sonstigen Bestandteile, die bestimmungsgemäß gewonnen werden (Steine aus Steinbruch, Kies aus Kiesgruben), vgl. § 99 I, dagegen nicht auf sonstige Bestandteile, z. B. auf Steine eines Hauses, das der Besitzer abbricht.

Dem Besitzer geht gegebenenfalls ein anderer vor. Siehe unter IV.

IV. Erwerb kraft persönlichen Rechts.

1. **Gestattung durch einen Berechtigten** (§ 956). Ist jemandem ohne Einräumung eines dinglichen Rechts der Erwerb von Bestandteilen (insbesondere Früchten) von einem Berechtigten gestattet worden, so ist zu unterscheiden:

a) Dem Gestattungsempfänger ist der Besitz der Stammsache überlassen worden und er befindet sich weiter im Besitz. Dann erwirbt er, soweit die Gestattung reicht, die Bestandteile mit der Trennung. So namentlich der Pächter, dem die Pachtsache übergeben worden ist.

b) Der Gestattungsempfänger ist nicht im Besitz oder es hatte keine Überlassung durch den Gestattenden stattgefunden. Dann erwirbt er, soweit die Gestattung reicht, die Bestandteile erst mit seiner Besitzergreifung. Mit der Trennung fallen sie zunächst in das Eigentum desjenigen, der mit der Trennung erwirbt (oben I, II, III, IV 1a). Der Gestattungsempfänger hat also ein Aneignungsrecht an fremder Sache (vgl. unten § 34 I 3).

Im Hinblick auf beide Fälle erhebt sich die Frage: Wer ist zur Gestattung des Erwerbes berechtigt? Dies ist derjenige, welcher an sich die Bestandteile mit der Trennung erwerben würde.

Die juristische Konstruktion der Vorgänge ist streitig. M. E. sind alle Konstruktionen, die mit einem Übereignungsvertrage (§ 929 BGB.) operieren, nicht allein gekünstelt, sondern auch unrichtig. Zutreffend erscheint lediglich folgendes: Die Gestattung ist ein einseitiges empfangsbedürftiges Rechtsgeschäft. Sie begründet in dem Fall a) für den Gestattungsempfänger ein absolutes Anwartschaftsrecht auf das Eigentum mit der Trennung, und ist infolgedessen ein Verfügungsgeschäft. Im Fall b) wird dagegen für den Gestattungsempfänger nur ein persönliches Aneignungsrecht an einer fremden Sache geschaffen. Wenn das BGB. auch im Fall a) von einer Gestattung der „Aneignung" spricht, so ist das ganz ungenau.

Die Gestattung ist an sich widerruflich. Unwiderruflich ist sie aber, wenn der Gestattungsberechtigte zur Gestattung verpflichtet war (z. B. durch einen Pachtvertrag) und der überlassene Besitz noch fortdauert. Die Gestattung bindet dann auch jeden Rechtsnachfolger.

2. **Gestattung durch einen Nichtberechtigten** (§ 957). Die Gestattung durch einen Nichtberechtigten reicht für einen Eigentumserwerb des Gestattungsempfängers unter folgenden Voraussetzungen aus.

a) Der Gestattungsempfänger muß gutgläubig sein, im Fall 1a bei der Überlassung und Trennung entsprechend wie der gutgläubige Nutzungsbesitzer (oben III), im Fall 1b bei der Besitzergreifung.

b) Der Gestattende muß im Besitz der Stammsache sein. Dies steht nicht im Gesetz, ergibt sich aber aus dem allgemeinen Rechtsgedanken, daß ein äußerer Vertrauenstatbestand vorliegen muß, als solcher aber bei Fahrnis der Besitz in Betracht kommt.

Handelt es sich um (bewegliche) Stammsachen, die abhanden gekommen sind, so kann eine Gestattung durch einen Nichtberechtigten in bezug auf die mit abhandengekommenen Teile (auch Früchte) einen Eigentumserwerb des Gestattungsempfängers nicht herbeiführen (analog § 935; streitig in bezug auf die Früchte).

§ 34. Aneignung.

I. Aneignung im allgemeinen.

1. **Aneignung** ist Eigentumserwerb durch eigene einseitige Handlung. Bei beweglichen Sachen besteht sie in der Ergreifung des Eigenbesitzes. Man unterscheidet die freie Aneignung und die Aneignung kraft Aneignungsrechts. Bei ersterer steht die Aneignung jedermann offen, während bei letzterer ein bestimmter Berechtigter vorhanden ist. — Die Aneignung kann sich an herrenlosen oder an fremden Sachen vollziehen.

2. **Die Aneignung herrenloser Sachen.** Bei ihr steht die freie Aneignung im Vordergrund. Es gibt aber wichtige ausschließliche Aneignungsrechte. Hierüber ist unter II zu handeln.

3. **Die Aneignung fremder Sachen.** Freie Aneignung an fremden Sachen kennt das Reichsrecht nicht, landesrechtlich gibt es sie an fremden Tauben, die im Freien (d. h. auf landwirtschaftlichem oder gärtnerischem Gelände) betroffen werden (EG. Art. 139, so in Preußen; Ausnahme bei Brieftauben). Im übrigen kommen hier nur Aneignungsrechte in Betracht. Sie sind im einzelnen verschieden ausgeprägt. Wir lernten ein Aneignungsrecht kraft nachbarlichen Überhangsrecht (§ 911) kennen (oben § 24 III), es bezieht sich auf die abgeschnittenen Wurzeln und Zweige, es wirkt gegen jeden Dritten wie das Eigentum. Wir erinnern uns ferner an das Aneignungsrecht in bezug auf Bestandteile und Früchte kraft Gestattung an den Nichtbesitzer der Stammsache (§§ 956, 957, oben § 33 IV 1 b u. 2), es ist nur ein persönliches Recht. Es gehören schließlich hierher die Wegnahmerechte in bezug auf wesentliche Bestandteile in ihrer verschiedenen Ausgestaltung (oben § 32 I 2 d). In allen diesen Fällen erfolgt der Eigentumserwerb durch einseitige Besitzergreifung nach der Trennung (äußerlich werden Trennung und Besitzergreifung meistens zusammenfallen).

II. Aneignung von herrenlosen Sachen.

1. **Herrenlose Sachen.** Es gibt zwei Arten, solche, die noch in niemandes Eigentum gestanden haben (wie wilde Tiere in der Freiheit, Meereserzeugnisse), und solche, an denen ein früheres Eigentum erloschen ist.

Die Herrenlosigkeit tritt bei beweglichen Sachen, die im Eigentum stehen, ein

a) durch Aufgabe des Eigentums (Dereliktion § 959). Hierzu ist erforderlich, daß der Eigentümer den Besitz aufgibt in der Absicht auf das Eigentum zu verzichten. Die Dereliktion ist ein Rechtsgeschäft, das sich aus einer Willenserklärung, Eigentumsaufgabe, und einer Tathandlung, der Besitzaufgabe, zusammensetzt (streitig). Es gelten die Vorschriften über Geschäftsfähigkeit, Anfechtung wegen Willensmängel. Die Willenserklärung muß auf Eigentumsaufgabe gerichtet sein (daher z. B. keine Dereliktion bei der auf Schießständen verschossenen Munition). Nur das Eigentum erlischt, sonstige Rechte an der Sache bleiben bestehen.

b) Durch unfreiwilligen Besitzverlust bei gewissen Tieren.

Die Tiere sind entweder wilde oder zahme Tiere. Wilde Tiere sind solche, die gewöhnlich einer menschlichen Herrschaft nicht unterworfen sind (z. B. der Löwe, der Affe, die Heuschrecke, der Floh). Zahme Tiere sind die übrigen Tiere, insbesondere Haustiere. — Wilde Tiere sind herrenlos, solange sie sich in Freiheit befinden, doch sind wilde Tiere in Tiergärten (große Gehege gehören nicht hierher), Fische in geschlossenen Privatgewässern nicht herrenlos, sondern stehen in Besitz und Eigentum (§ 960).

Soweit wilde Tiere im Eigentum stehen, tritt Herrenlosigkeit ein:

α) bei gefangenen wilden Tieren, wenn sie ihre Freiheit wiedererlangen und der Eigentümer sie nicht unverzüglich verfolgt oder die begonnene Verfolgung aufgibt. Die Verfolgung braucht keine körperliche zu sein, es genügt z. B. Säulenanschlag („Mein Affe ist entsprungen" usw.), § 960 II;

β) bei gezähmten (wilden) Tieren, wenn sie die Gewohnheit ablegen an den ihnen bestimmten Ort zurückzukehren (z. B. ein gezähmtes Reh).

Zahme Tiere werden dagegen nur herrenlos, wenn sie derelinquiert werden; entlaufen sie, so sind sie nicht herrenlos, sondern verlorene Sachen.

Besonderheiten gelten für Bienen (§ 961ff.). Sie werden im allgemeinen wie gefangene wilde Tiere behandelt. Über Tauben siehe oben I, 3.

2. **Die freie Aneignung.** Sie ist bei herrenlosen Sachen die Regel.

a) Der Eigentumserwerb erfolgt durch Ergreifung des Eigenbesitzes (§ 958 I). Diese ist kein Rechtsgeschäft (streitig). Es genügt daher natürliche Willensfähigkeit, auch ein Geschäftsunfähiger kann wirksam okkupieren (vgl. oben § 4 I).

b) Ausnahmsweise wird das Eigentum vom Okkupanten nicht erworben, wenn die Aneignung gesetzlich (sei es reichs- oder landesgesetzlich) verboten ist (z. B. bei Singvögeln), oder wenn durch sie ein ausschließliches Aneignungsrecht eines anderen verletzt wird (§ 958 II). In diesen Fällen hat der Okkupant Eigenbesitz, aber Eigentum steht weder ihm noch jemandem anderen zu. Vielmehr bleibt die Sache herrenlos, bis sie von einem Gutgläubigen erworben wird (§ 935 trifft nicht zu, weil die Sache nicht im Besitz stand, also nicht abhanden gekommen ist), oder bis sie der Aneignungsberechtigte in Eigenbesitz nimmt.

Nun sind ausschließliche Aneignungsrechte dem Reichsrecht unbekannt, sie finden sich aber aus deutschrechtlicher Herkunft im Landesrecht. Wir wenden uns daher den landesrechtlichen ausschließlichen Aneignunsgrechten und ihrem Verhältnis zum Reichsrecht zu.

3. **Landesrechtliche ausschließliche Aneignungsrechte.** Von besonderer Bedeutung sind das Jagdrecht (es bezieht sich auf die „jagdbaren" Tiere), das Fischereirecht (es bezieht sich auf die herrenlosen Fische und gewisse gleichgestellte Tiere), das Bergwerkseigentum (es bezieht sich auf die dem Grundeigentümer entzogenen Mineralien). Ferner gehören hierher das Bergregal (soweit es besteht), das Bernsteinregal (Ost- und Westpreußen), das Schatzregal (vgl. unten § 35). Alle diese ausschließlichen Aneignungsrechte sind durch besondere landesrechtliche Vorbehalte aufrechterhalten: Jagd- und Fischereirecht durch Art. 69 EG., das Bergwerkseigentum durch Art. 67 EG., die Regalien durch Art. 73 EG. — Auf die Einzelheiten kann hier nicht eingegangen werden, es muß nur bemerkt werden, daß teilweise über die rechtliche Natur große Meinungsverschiedenheit besteht. So wird von manchen beim Bergwerkseigentum ein ausschließliches Aneignungsrecht geleugnet. Aber auch sonst ist die rechtliche Natur des ausschließlichen Aneignungsrechts bestritten. Meines Erachtens sind sie als dingliche Aneignungsrechte an herrenlosen Sachen (mit vielfachen Nebenrechten) zu bezeichnen. Das Bergwerkseigentum hat die Besonderheit, daß es wie eine unbewegliche Sache behandelt wird (vgl. das Erbbaurecht unten § 45).

Uns interessiert die Frage, inwieweit die reichsrechtliche Reglung, daß bei einer Okkupation durch einen Nichtberechtigten die Sache herrenlos bleibt, auch für die landesrechtlichen ausschließlichen Aneignungsrechte maßgebend ist, und ob die Landesrechte hieran gebunden sind. Diese Frage ist dahin zu beantworten, daß, wenn das Landesrecht nicht etwas anderes bestimmt, die Grundsätze des Reichsrechts zu Anwendung kommen, und dies ist tatsächlich beim Jagdrecht, Fischereirecht und Bergwerkseigentum völlig die Regel. Allein das Landesrecht ist nicht hieran gebunden, es kann den Eigentumserwerb auch anders bestimmen und namentlich dem Eigentumsberechtigten das Eigentum mit der Okkupation durch einen Unbefugten zusprechen. Eine Ausnahme besteht nur für das Jagd- und Fischereirecht insofern, als das Landesrecht hier an den Grundsatz des Reichsrechts, daß der unbefugte Okkupant bei einem ausschließlichen Aneignungsrecht nicht das Eigentum erwirbt, gebunden ist (nur so ist der

Hinweis des Art. 69 EG. auf § 958 II BGB. zu verstehen, der sich gegen verschiedene Landesrechte richtet; streitig). Auch auf dem Gebiet des Jagd- und Fischereirechts kann daher das Landesrecht vorschreiben, daß mit der Besitzergreifung durch einen Okkupanten der Aneignungsberechtigte das Eigentum erwirbt. Dies ist tatsächlich auch in Lübeck für das Jagdrecht bestimmt worden. — Im übrigen findet sich, insoweit die Aneignungsrechte in Regalien bestehen, öfter der Eigentumserwerb des Regalherrn bei jeder Besitzergreifung sanktioniert (so z. B. beim Bernsteinregal; der unbefugte Okkupant verschafft dem Staat Eigentum, er selbst hat die Stellung eines Finders).

§ 35. Fund.

I. Der gewöhnliche Fund.

Das BGB. hat sich bei der Regelung des Fundes stark an deutsches Recht angelehnt.

1. Finder ist derjenige, der eine verlorene Sache an sich nimmt (§ 965). „Verloren" ist jede Sache, die besitzlos aber nicht herrenlos geworden ist. Über Besitzverlust siehe oben § 5, über den Eintritt der Herrenlosigkeit siehe oben § 34 II 1. Eine „verlorene" Sache ist nicht stets eine „abhanden gekommene" Sache; Beispiel: Die von einem Verwahrer fortgeworfene Sache (§ 935 bezieht sich nur auf solche verlorene Sachen, die wirklich abhanden gekommen sind, vgl. oben § 29 I 3). Nötig ist ein „an sich nehmen". Das bedeutet „Besitz ergreifen" (das Wort „finden" in § 965 ist nicht allein überflüssig, sondern auch irreführend, es bedeutet „sinnlich wahrnehmen"). Eine „vorläufige Besitzergreifung" ist keine wahre Besitzergreifung.

2. Der Finder nimmt keine rechtsgeschäftliche Tätigkeit vor, daher können auch Geschäftsunfähige finden. Regelmäßig erscheint der Finder als auftragloser Geschäftsführer. Doch hat das BGB. die Stellung des Finders abweichend und selbständig geregelt. Es entsteht durch den Fund ein gesetzliches Schuldverhältnis zwischen dem Finder und dem Empfangsberechtigten, d. h. demjenigen, der die Herausgabe verlangen kann (Eigentümer, beschränkt dinglich Berechtigter, der Verlierer als solcher, vgl. § 969).

3. **Pflichten des Finders.** Der Finder ist mit zahlreichen Pflichten belastet („Du sollst nicht finden"). Einen Trost bietet ihm die Vorschrift, daß er nur für Vorsatz und grobe Fahrlässigkeit haftet (§ 968, aber er haftet für Erfüllungsgehilfen nach § 278).

a) Anzeigepflicht (§ 965). Anzeige an den ihm etwa bekannten Empfangsberechtigten, sonst an die Polizeibehörde. Bei einem Kleinfund (nicht über 3 Mark wert) kann die Anzeige an die Polizei unterbleiben. Die „Dreimarkgrenze" hat die ganze Zeit während der Geldentwertung ohne gesetzliche Abänderung bestanden, es gab also nur noch anzeigepflichtige Funde (?). Jetzt ist die „Reichsmark" maßgebend.

b) Verwahrungspflicht (§ 966), daneben Unterhaltspflicht, Fürsorgepflicht (bei Verderb öffentliche Versteigerung). Befreiung durch Ablieferung an die Polizei (§ 967).

c) Herausgabepflicht an den Empfangsberechtigten. Doch tritt Befreiung durch Herausgabe an den „Verlierer" ein (§ 969).

4. **Rechte des Finders.**

a) Ersatz der Aufwendungen kann er fordern, soweit er sie den Umständen nach für erforderlich halten durfte (§ 970).

b) Anspruch auf Finderlohn (§ 971). Das Gesetz hat sich mit Recht dem deutschen Recht angeschlossen. Die Höhe richtet sich nach dem Wert des Fundgegenstandes: Bis 300 Mark $5^0/_0$, vom Mehrwert $1^0/_0$; bei Tieren stets nur $1^0/_0$. — Der Anspruch geht verloren bei Verletzung der Anzeigepflicht und bei Kleinfunden bei Verheimlichung auf Nachfrage. Jetzt ist die „Reichsmark" maßgebend.

Der Finder hat wegen dieser Ansprüche ein Zurückbehaltungsrecht, möglicherweise auch ein Klagerecht gemäß § 1000ff. (siehe § 972).

c) Recht auf Eigentumserwerb siehe unter 5.

5. **Eigentumserwerb.** Der Finder erwirbt das Eigentum (lastenfrei) wenn 1 Jahr verstrichen ist, ohne daß dem Finder ein Empfangsberechtigter bekannt wird oder beim Wertfund sich ein solcher bei der Polizei meldet (§ 975). Über die Fristberechnung siehe § 975 II. Bei Verheimlichung auf Nachfrage tritt der Eigentumserwerb nicht ein.

Der Eigentumserwerb vollzieht sich so ohne vorhergehendes Aufgebot, ohne öffentliche Bekanntmachung, doch ist landesrechtlich für Bekanntmachung durch die Polizei kraft öffentlichen Rechts meistens gesorgt.

Vor dem Eigentumserwerb hat der Finder „ein Recht zum Erwerbe des Eigentums", eine Eigentumsanwartschaft; sie ist vererblich und veräußerlich. Die Veräußerung vollzieht sich wie die Übertragung bedingten Eigentums (§929ff.); dabei bleibt auch später der Veräußerer „Finder", haftet aber für den Erwerber gemäß § 278. — Die Eigentumsanwartschaft geht kraft Gesetzes auf die Gemeinde des Fundorts über, wenn der Finder auf sein Recht der Polizei gegenüber verzichtet (häufig, bei Ablieferung an die Polizei); in diesem Fall wird er aller Finderpflichten ledig (§ 976).

Trotz des Eigentumserwerbes können sich der Finder oder die Ortsgemeinde nicht ungestört ihres Eigentums erfreuen. Denn sie sind noch 3 Jahre hindurch (von dem Eigentumserwerb an gerechnet) einem persönlichen Bereicherungsanspruch der Geschädigten ausgesetzt (er geht auf Rückübertragung nach Bereicherungsgrundsätzen § 977). Dies ist eine völlig verfehlte Vorschrift.

II. Fund in öffentlichen Räumen (§§ 978—982).

Ein Sonderrecht gilt für Sachen, die in Geschäftsräumen oder Beförderungsmitteln einer öffentlichen Behörde (öffentlichen Schulen, Gerichts-, Verwaltungsgebäuden, Kirchen, öffentlichen Krankenhäusern; Aktenwagen usw.) gefunden werden. Gleichgestellt sind Geschäftsräume und Beförderungsmittel einer dem öffentlichen Verkehr dienenden Verkehrsanstalt (der Begriff der Verkehrsanstalt ist streitig; meines Erachtens ist die Ansicht richtig, welche darunter nur Transportanstalten versteht, weil es nicht im Sinne des Gesetzes liegen kann, die Rechte aus einem Funde weitgehend zu beschränken).

Bei solchen Funden trifft den Finder eine unverzügliche Ablieferungspflicht an die Behörde oder Verkehrsanstalt. Der Finder hat kein Recht auf Finderlohn. und keine Eigentumsanwartschaft. Die Behörde oder Verkehrsanstalt macht den Fund bekannt und schreitet nach fruchtlosem Ablauf der Anmeldungsfrist zur öffentlichen Versteigerung. Der Erlös tritt an Stelle der Sache. An ihm erwirbt die Behörde oder Anstalt nach Ablauf von 3 Jahren, falls sich inzwischen kein Empfangsberechtigter meldet, das Eigentum. Einem Anspruch wegen Bereicherung sind sie nach dem Eigentumserwerb nicht ausgesetzt.

III. Schatzfund (§ 984).

1. Schatz ist eine Sache, die einstmals im Eigentum gestanden hat, jedoch so lange verborgen gelegen hat, daß infolge hiervon der Eigentümer nicht mehr zu ermitteln ist (§ 984, vgl. l. 31 p. 1 D. 41, 1).

Menschliche Leichen, vorsintflutliche Tiere sind keine „Schätze", aber sie sind entsprechend zu behandeln, wenn für sie ein wissenschaftliches Interesse besteht.

Ein Schatz kann in einem Grundstück oder in einer beweglichen Sache (z. B. einem Schreibtisch oder Sofa) verborgen sein.

2. Das Eigentum wird erworben durch Entdeckung und Besitzergreifung. Es ist aber zu beachten: Die Entdeckung (Tathandlung) begründet eine

Eigentumsanwartschaft. Wird infolge der Entdeckung Besitz ergriffen, so vollzieht sich der Eigentumserwerb, gleichgültig ist, ob der Entdecker oder ein anderer Besitz ergreift.

Und zwar fällt das Eigentum im Augenblick der Besitzergreifung dem Entdecker und dem Eigentümer der Sache, in der der Schatz verborgen war, zu, es entsteht Miteigentum zu gleichen Teilen. Die Entdeckung, nicht die Besitzergreifung ist also das Verdienst (anders beim gewöhnlichen Fund). Beispiel: Der Schatzgräber A legt auf dem Grundstück des E einen Schatz bloß; infolge der Gemütserregung wird er ohnmächtig; B nimmt darauf den Schatz in Besitz (er „hebt" den Schatz). Hier erwerben A und E das Miteigentum am Schatz. — Hätte B den A nach der Bloßlegung erschlagen und den Schatz gehoben, so würde gleichfalls nicht B, sondern der Erbe des A Miteigentümer werden. — Wer in Gehilfendienst Schätze (Altertumsfunde) sucht und entdeckt, ist nicht Entdecker, sondern entdeckt für den Auftraggeber.

3. Landesrechtlich besteht ein Schatzregal (vgl. Art. 73 EG.), insbesondere in Schleswig. Auch werden durch Landesgesetz (Ausgrabungsgesetze, Denkmalschutzgesetze usw.) für Altertumsfunde die Grundsätze des BGB. über den Schatzfund modifiziert. Vgl. namentlich Preußisches Ausgrabungsgesetz vom 26. März 1914 (zum planmäßigen Suchen bedarf es der Genehmigung des Regierungspräsidenten. An den so entdeckten oder gelegentlich entdeckten Altertumsfunden haben Staat und Kommunalverbände ein Enteignungsrecht).

Viertes Kapitel.

Ansprüche aus dem Eigentum.

§ 36. Anspruch auf Herausgabe.

Gemäß dem Inhalt des Eigentums gebührt dem Eigentümer der Besitz der Sache. Daher kann er grundsätzlich, wenn ein anderer den Besitz erlangt, die Einräumung des Besitzes von dem anderen verlangen. Er hat den Anspruch auf Herausgabe der Sache (§ 985). Dieser entspricht der römischen rei vindicatio. Er ist ein dinglicher Anspruch, der mit dem Eigentum untrennbar verknüpft ist.

I. Voraussetzungen des Anspruchs.

1. Auf der Aktivseite ist erforderlich gegenwärtiges Eigentum. Der Kläger muß dies nachweisen. Es kommen ihm aber bei Grundstücken die Vermutung aus dem Bucheintrag (§ 891), bei beweglichen Sachen die Vermutungen des § 1001 I (darüber unten § 38) zugute. Der Kläger braucht nicht jeden Besitzes zu darben, da auch der mittelbare Besitzer den Anspruch hat; nur ein unmittelbarer Besitzer ist nicht aktiv legitimiert. Es ist daher unrichtig, wenn man formuliert, daß es sich um den Anspruch „des nicht besitzenden Eigentümers" gegen den besitzenden Nichteigentümer handele.

2. Auf der Passivseite ist erforderlich gegenwärtiger Besitz. Es kommt jeder Besitz in Betracht (Eigen-, Fremd-, Allein-, Mit-, Teilbesitz usw.), insbesondere geht die Klage nicht bloß gegen den unmittelbaren, sondern auch gegen den mittelbaren Besitzer (praktisch wichtig, wenn der Kläger den Besitzmittler des Besitzers der Sache nicht kennt), dagegen nicht gegen den Besitzdiener.

II. Ziel des Anspruchs

ist Herausgabe der Sache (ferner ihrer Nutzungen und Schadensersatz wegen Nichtherausgabe; hierüber unten III, IV). Die Klage ist eine Leistungs-, keine Feststellungsklage, aber in dem Urteil auf Herausgabe liegt die Konstatierung des Eigentums.

Richtet sich die Klage gegen den unmittelbaren Besitzer, so geht sie auf Einräumung des unmittelbaren Besitzes; Besonderheiten gelten, wenn der Beklagte Besitzmittler eines Besitzmittlers des Klägers ist (unten III) und beim Miteigentum (siehe unten § 41). — Richtet sich die Klage gegen den mittelbaren Besitzers, so geht sie auf Einräumung des mittelbaren Besitzes, d. h. auf Abtretung des Herausgabeanspruchs gemäß § 870 (Vollstreckung gemäß § 894 ZPO.). Wo es aber den mittelbaren Besitzer ein leichtes ist den unmittelbaren Besitz zu verschaffen (er hat z. B. die herauszugebenden Wertpapiere einem Bankier zur Verwahrung gegeben, kann auch die Klage gegen den mittelbaren Besitzer einfach auf Herausgabe lauten und die Vollstreckung richtet sich nach § 886 ZPO. (Streitig. Praktisch wird gegen den mittelbaren Besitzer alternativ geklagt werden.)

III. Verteidigung des Beklagten.

1. Einwendungen aus dem Recht zum Besitz.

a) Eigenes Besitzrecht gegenüber dem Kläger. Der Besitzer hat dem klagenden Eigentümer gegenüber die Einrede (?), daß er ihm gegenüber zum Besitz berechtigt ist (§ 986 I). Die Berechtigung kann sich auf ein dingliches Recht an der Sache stützen (z. B. Nießbrauch, Pfandrecht) oder auf ein obligatorisches Recht (Miete, Leihe). Das dingliche Recht mag ihm vom Kläger oder einem Vorgänger des Klägers eingeräumt sein. Das obligatorische Recht wirkt grundsätzlich nur, wenn es vom Kläger selbst herrührt. Es gibt aber für bewegliche Sachen eine allgemeine Ausnahme in § 986 II: Ist eine bewegliche Sache durch Abtretung des Anspruchs auf Herausgabe veräußert worden, so kann der Unterbesitzer dem neuen Eigentümer alle Einwendungen entgegensetzen, die ihm gegen den Herausgabeanspruch zustehen, insbesondere also auch ein Besitzrecht. Beispiel: E verleiht dem B eine bewegliche Sache auf 2 Monate, nach einem Monat veräußert er sie gemäß § 931 an K. Jetzt verlangt K sofort die Herausgabe der Sache von B. Dann hat B auch K gegenüber die Einrede des Leiherechts. Auf diese Weise entfaltet der Fahrnisbesitz auch bei obligatorischen Rechten eine dingliche Kraft (für dingliche Rechte vgl. noch § 936 III). Für Grundstücke kommt nur die Spezialvorschrift der Miete § 571 in Betracht.

b) Besitzrecht des Beklagten aus der Person seines Vormannes. Ist der Beklagte Besitzmittler, so kann er sich auch darauf berufen, daß sein Oberbesitzer dem Eigentümer gegenüber zum Besitze berechtigt ist (§ 986 I). Beispiel: K hat O Wertpapiere verpfändet. O gibt sie dem B zur Verwahrung. K klagt gegen B auf Herausgabe. B weist auf das Besitzrecht seines Oberbesitzers hin. — Etwas Besonderes gilt, wenn der Oberbesitzer zur Überlassung des Besitzes nicht befugt war. Beispiel: Der Mieter vermietet ohne Erlaubnis an den Untermieter (vgl. § 549); der Eigentümer klagt gegen den Untermieter auf Herausgabe. Hier kann sich der Eigentümer darauf berufen, daß der Oberbesitzer zur Überlassung des Besitzes nicht befugt war, und verlangen, daß die Sache an den Oberbesitzer zurückgegeben werde, dann aber, wenn dieser die Sache nicht übernehmen kann oder will, Herausgabe an sich selbst fordern (§ 986 I Satz 2).

2. Der Beklagte hat die Einrede des Zurückbehaltungsrechtes wegen Verwendungen (§ 1000, siehe unten VI 2).

3. Der Beklagte, der Besitzmittler eines anderen ist, kann die Einlassung auf den Prozeß vorläufig verweigern, indem er dem mittelbaren Besitzer den Streit verkündet (laudatio auctoris), so daß dieser an seiner Statt den Prozeß übernimmt (Näheres § 76 ZPO.).

IV. Haftung für Nutzungen.

Das BGB. regelt durch besondere Normen die Verpflichtungen des Besitzers zur „Herausgabe" von Nutzungen der Sache von seinem Besitzbeginn an bis zur

Rückgabe. Das Gesetz sucht durch verschiedene Unterscheidungen der Interessenlage gerecht zu werden, weil die Anwendung der allgemeinen Normen zu unangemessenen Ergebnissen führen würde, insbesondere würde ein gutgläubiger Nutzungsbesitzer für alle gezogenen Nutzungen nach Bereicherungsgrundsätzen haften. Freilich ist der Aufbau des Gesetzes ein außerordentlich unglücklicher.

Die dem Eigentümer zustehenden Ansprüche in bezug auf die Nutzungen sind Ansprüche aus seinem Eigentum. Über Nutzungen siehe § 100, es gehören zu ihnen nicht bloß die Früchte, sondern auch die sonstigen Gebrauchsvorteile (z. B. das Bewohnen eines Hauses).

1. **Der redliche Besitzer.** Der Besitzer ist redlich, wenn er beim Besitzerwerb der Sache die Nichtberechtigung zu seiner Nutzung weder kannte noch infolge grober Fahrlässigkeit nicht kannte und später die Nichtberechtigung nicht positiv erfährt (vgl. § 990, der aber nicht ganz erschöpfend gefaßt ist, siehe ferner den guten Glauben bei der Ersitzung oben § 31.).

Für den redlichen Besitzer gilt, vorausgesetzt daß nicht die Besonderheiten des deliktsmäßigen Besitzers vorliegen (siehe unten 3), folgendes:

a) Bis zum Eintritt der Rechtshängigkeit. Er darf alle bis dahin gezogenen Früchte ersatzlos behalten, also insbesondere nicht bloß die verbrauchten Früchte (fructus consumtos), sondern auch die unverbraucht vorhandenen (fructus exstantes) § 993 I, letzter Halbsatz. Doch haftet er nach den Grundsätzen der ungerechtfertigten Bereicherung in zwei Ausnahmefällen. Einmal für Übermaßfrüchte, d. h. für Früchte, die nach den Grundsätzen einer ordnungsmäßigen Wirtschaft nicht als Ertrag anzusehen sind (z. B. unwirtschaftlicher Holzschlag), § 993. Sodann, wenn er den Besitz unentgeltlich erworben hat, haftet er für alle gezogenen Früchte (soweit er noch bereichert ist, § 818 III) § 988.

b) Nach dem Eintritt der Rechtshängigkeit hat er alle Nutzungen, die er zieht, „herauszugeben" und haftet für die Nutzungen, welche er schuldhafter Weise nicht zog (§ 987 I und II). Vom Eintritt der Rechtshängigkeit an muß er sich sagen, daß er vielleicht im Prozeß unterliegt. Die Haftung für gezogene aber verbrauchte Früchte, für die schuldhaft nicht gezogenen Früchte, sowie die Haftung für Gebrauchsvorteile ist eine Verpflichtung zur Wertvergütung; der allgemeine Ausdruck „Herausgabe" ist daher eigentlich unsinnig.

2. **Der unredliche Besitzer.** Der Begriff ergibt sich aus dem oben festgelegten Begriff des redlichen Besitzers (vgl. § 990 BGB.). Insoweit er nicht deliktsmäßiger Besitzer ist (unten 3), haftet er

a) Von Anfang an in gleicher Weise wie der redliche Besitzer nach dem Eintritt der Rechtshängigkeit (§§ 990, 997). Rechtlich besteht insofern ein Unterschied, als der Anspruch auf Herausgabe der gezogenen vorhandenen natürlichen Sachfrüchte gegen den unredlichen Besitzer der dingliche Eigentumsanspruch ist, da dieser ja das Eigentum nicht erwirbt, während er sich gegenüber dem redlichen Besitzer als ein Anspruch auf Übertragung des Eigentums darstellt.

b) Ist er in Verzug mit Herausgabe der Stammsache gekommen (Mahnung, Verschulden), so wird seine Haftung verstärkt (§ 990 II). Er haftet nach Verzugsgrundsätzen auf Schadensersatz. Er hat daher den Gewinn zu ersetzen, den der Eigentümer hätte ziehen können, auch muß er für die zufällige Unmöglichkeit der Leistung (die gezogenen Früchte sind z. B. durch Feuer oder Wasser vernichtet worden) einstehen, außer wenn der Schaden auch bei rechtzeitiger Leistung eingetreten sein würde (§§ 286, 287). — Da der Mahnung die Klageerhebung gleichsteht (§ 284 I Satz 2), so wird der unredliche Besitzer regelmäßig nach der Rechtshängigkeit ebenso haften, aber der Verzug setzt auch ein Verschulden in bezug auf die Nichtherausgabe voraus, und dieses braucht beim unredlichen Prozeßbesitzer nicht vorzuliegen (er glaubt entschuldbar, daß ein anderer als der Kläger Eigentümer ist).

Ist der unredliche Besitzer Besitzmittler eines anderen, so haftet er nach § 990 nur, wenn die Voraussetzungen des § 990 auch bei seinem mittelbaren Besitzer vorlagen. (Beispiel: Ein redlicher Eigenbesitzer verpachtet an einen unredlichen Pächter; der Pächter wird vom Eigentümer auf Herausgabe belangt, § 991 I.)

3. **Der deliktsmäßige Besitzer.** Das ist derjenige, der sich den Besitz durch eine strafbare Handlung oder eine schuldhafte verbotene Eigenmacht verschafft hat (§ 992). Dies kann auch beim redlichen Besitzer vorliegen: Jemand hält sich für den Eigentümer, verschafft sich aber den Besitz durch Nötigung. Ein solcher Besitzer haftet nach den Grundsätzen über unerlaubte Handlungen. Er hat also alle Nutzungen zu ersetzen, die der Eigentümer hätte ziehen können, und haftet für Zufall (§§ 252, 848).

V. Haftung für Schäden.

Auch die Haftung des Besitzers für Schäden an der Sache in der Zwischenzeit von Besitzbeginn an bis zur Rückgabe ist durch besondere Normen geregelt. Die Anwendung der allgemeinen Rechtssätze würde zu unangemessenen Ergebnissen führen, insbesondere müßte ein redlicher unverklagter Besitzer für jede fahrlässige Einwirkung auf die Sache einstehen (§ 823). Durch die Sonderreglung ist die Haftung erschöpfend geregelt. — Auch diese Ansprüche des Eigentümers auf Schadenersatz sind Ansprüche aus seinem Eigentum.

1. **Der redliche Besitzer.** Für ihn gilt, vorausgesetzt daß er nicht deliktsmäßiger Besitzer ist (unten 3), folgendes:

a) Vor der Rechtshängigkeit ist er nicht zum Schadensersatz verpflichtet, auch wenn ihn ein Verschulden trifft. Quasi rem suam neglexit. Ausnahme: Der redliche Besitzer ist Besitzmittler eines anderen, er haftet dann dem klagenden Eigentümer für den verschuldeten Schaden insoweit, als er dafür seinem mittelbaren Besitzer verantwortlich ist. Beispiel: Der Nichteigentümer N verpachtet an den redlichen B, dieser beschädigt schuldhaft die Pachtsache. Hier kann der Eigentümer von B Ersatz verlangen (§ 991 II).

b) Nach der Rechtshängigkeit haftet er für jedes Verschulden (§ 989). Er muß mit einem Unterliegen im Prozeß rechnen. (Es gilt nicht Deliktsrecht, Verjährung nicht in 3 Jahren (§ 852), sondern in 30 Jahren.)

2. **Der unredliche Besitzer.** Er haftet, vorausgesetzt daß er nicht deliktsmäßiger Besitzer ist (unten 3)

a) Von Anfang an in gleicher Weise, wie der redliche nach der Rechtshängigkeit (§§ 990, 989).

b) Ist er in Verzug gesetzt, so haftet er für allen Schaden; auch für Zufall, außer wenn der Schaden auch bei sofortiger Herausgabe eingetreten wäre (§§ 990, 286, 287). In bezug auf die Klageerhebung gilt gleiches wie bei den Nutzungen (vgl. oben IV, 2b).

3. **Der deliktsmäßige Besitzer,** mag er redlich oder unredlich sein (vgl. oben IV, 3) haftet nach den Vorschriften über unerlaubte Handlungen, also für vollen Schaden und für Zufall (§ 992), vgl. oben IV, 3. Hier gilt auch sonst Deliktsrecht (also Verjährung in 3 Jahren, § 852).

VI. Ersatzansprüche wegen Verwendungen, Wegnahmerecht.

1. **Umfang der Ersatzansprüche.** Nach allgemeinen Grundsätzen würde der Besitzer Verwendungen nach den Grundsätzen der Geschäftsführung ohne Auftrag und der ungerechtfertigten Bereicherung ersetzt verlangen können. Doch würde dies namentlich für den redlichen Besitzer zu unangemessenen Ergebnissen führen. Daher hat das BGB. in Weiterbildung des römischen Rechtes auch hier besondere Normen aufgestellt. Es sind zu unterscheiden:

a) Notwendige Verwendungen. Es sind Verwendungen, die zur Erhaltung und ordnungsmäßigen Bewirtschaftung einer Sache erforderlich sind. Dahin gehören auch die Aufwendungen zur Bestreitung der Lasten der Sache (§ 995, z. B. Grundsteuern, Hypothekenzinsen), ferner Feuerversicherungsprämien, Notwegsrenten usw.

Der redliche Besitzer kann sie bis zur Rechtshängigkeit ohne weiteres, nach der Rechtshängigkeit nur nach den Grundsätzen der Geschäftsführung ohne Auftrag ersetzt verlangen (§ 994). Nach der Rechtshängigkeit ist daher im allgemeinen der wirkliche oder mutmaßliche Wille des Eigentümers zu berücksichtigen (z. B. der Kläger ist ein notorischer Geizhals). Doch gilt eine Besonderheit für die „gewöhnlichen" Erhaltungskosten; diese muß der redliche unverklagte Besitzer, der entgeltlich erworben hat, selbst tragen, da ihm gesetzlich die Nutzungen, aus denen sie bestritten zu werden pflegen, zufallen. Vgl. § 994 I Satz 2, § 995 Satz 2 (Gegensatz sind die Aufwendungen, welche wirtschaftlich den „Stammwert" belasten).

Der unredliche Besitzer kann sie von Anfang an nur nach den Grundsätzen der Geschäftsführung ohne Auftrag ersetzt verlangen (§ 994 II).

b) Sonstige Verwendungen. Der redliche Besitzer kann sie nur dann ersetzt verlangen, wenn sie vor dem Eintritt der Rechtshängigkeit gemacht sind und den Verkehrswert der Sache zur Zeit ihrer Rückgabe noch erhöhen (§ 996). Ist eine solche objektive Wertsteigerung zu dieser Zeit nicht vorhanden, sei es, daß eine solche nie bestanden hat (reine Luxusausgaben) oder später fortgefallen ist (das errichtete Haus ist abgebrannt), so erhält er keinen Ersatz.

Der unredliche Besitzer hat niemals einen Ersatzanspruch für sie.

Soweit hiernach keine Ersatzansprüche in Frage kommen, kann lediglich das Wegnahmerecht den Besitzern helfen (siehe unten 5).

2. **Zurückbehaltungsrecht.** Zur Deckung seines Ersatzanspruches hat der Besitzer ein Zurückbehaltungsrecht gegenüber dem Herausgabeanspruch (§ 1000). Es gelten die allgemeinen Regeln des Zurückbehaltungsrechts (§ 273). — Die Besonderheit des § 1000 ist nur die, daß er einen „fälligen" Anspruch nicht voraussetzt (vgl. § 1001).

3. **Selbständige Geltendmachung der Ersatzansprüche.** Sie ist im Interesse des Eigentümers beschränkt und nur zulässig, wenn der Eigentümer die Verwendungen genehmigt oder die Sache wiedererlangt (§ 1001). Die Genehmigung gilt als erteilt, wenn der Eigentümer die Sache, die ihm der Besitzer unter Vorbehalt des Ersatzanspruches anbietet, annimmt. Die Wiedererlangung (des Besitzes) kann der Eigentümer dadurch rückgängig machen, daß er die Sache dem früheren Besitzer zurückgibt, doch hat er das Rückgaberecht nicht mehr, wenn er die Verwendungen genehmigt hat (§ 1001).

4. **Selbstbefriedigungsrecht.** Wenn der Eigentümer nicht genehmigt und entweder die Annahme der Sache ablehnt oder (was nur sehr selten praktisch vorkommen wird) die wiedererlangte Sache zurückgibt, kann der Besitzer seine Ersatzansprüche nicht geltend machen. Das Gesetz gibt ihm für diese Fälle ein Selbstbefriedigungsrecht (§ 1003).

Voraussetzung für seine Entstehung ist aber, daß er vergeblich versucht haben muß, die Genehmigung des Eigentümers zu erlangen. Es bedarf hierzu eines umständlichen Verfahrens: Fristsetzung mit Fristablauf, unter Umständen Prozeß über die Höhe der Verwendungen und neue Fristsetzung. Nur wenn so die Genehmigung nicht zu erlangen ist (erlangt er sie, so hat er ja einen Anspruch, den er selbständig geltend machen kann), kann der Besitzer sich in pfandrechtsartiger Weise aus der Sache befriedigen (bei beweglichen Sachen bedarf er daher keines Vollstreckungstitels). Der Überschuß des Erlöses fällt an den Eigentümer, reicht der Erlös zur Deckung der Verwendungen nicht aus, so ist der Eigentümer zur Zahlung des Ausfalles nicht verpflichtet. Mit dem Eintritt des Selbstbefriedigungsrechts entsteht also für den Eigentümer eine reine Sachhaftung. Das Selbstbefriedigungsrecht richtet sich, wie der Anspruch wegen Verwendungen überhaupt, gegen den jeweiligen Eigentümer der Sache, aber es ist kein dingliches Recht und geht daher jüngeren Belastungen nicht vor.

5. **Das Wegnahmerecht.** Wenn der Besitzer mit der Sache eine andere als wesentlichen Bestandteil verbunden hat, so hat er ein Abtrennungs- und Aneignungsrecht (§ 997). Es steht jedem Besitzer zu. Kann der Besitzer Ersatz wegen Verwendungen fordern, so hat er außerdem das Wegnahmerecht nach seiner Wahl (facultas alternativa). Es gilt § 258. Dieses Wegnahmerecht richtet sich gegen den jeweiligen Eigentümer, ist aber kein dingliches Recht. Es gehört zu den Aneignungsrechten an fremden Sachen (vgl. oben § 34 I, 3 und § 32 I, 2d.)

Es ist in bestimmten Fällen ausgeschlossen, namentlich dann, wenn dem Besitzer der Wert ersetzt wird, ferner bei Schikane (Abreißen von Tapeten). Siehe § 997 II.

§ 37. Der Eigentumfreiheits- und der Abholungsanspruch.

I. Der Eigentumfreiheitsanspruch.

Der Eigentümer hat einen Anspruch gegen jeden, der sein Eigentum in anderer Weise als durch Entziehung oder Vorenthaltung des Besitzes beeinträchtigt (§ 1004). Es ist dies die actio negatoria des römischen Rechts.

Der Anspruch steht jedem Eigentümer ohne weiteres zu, mag er im Besitz sein oder nicht. Für den Beweis des Eigentums kommt ihm bei Liegenschaften die Vermutung aus dem Bucheintrag (§ 891), bei beweglichen Sachen die Vermutung des § 1006 (siehe unten § 38 I) zugute.

Der Anspruch richtet sich gegen Störer. Der Begriff ist derselbe wie bei der Besitzstörungsklage des § 862 (siehe oben § 8 III). Hauptfall sind auch hier Immissionen.

Der Anspruch ist auf Beseitigung der noch fortwirkenden Störung, bei vorübergehenden Störungen, wenn weitere zu befürchten sind, auf Unterlassung gerichtet. Es gilt gleiches wie bei der Besitzstörungsklage des § 862 (siehe oben § 8 III).

Im Gegensatz zur Besitzstörungsklage hat aber hier der Beklagte die Einrede des Störungsrechts, da es sich um einen petitorischen Anspruch handelt (§ 1004 II). Das Recht kann ein dingliches Recht sein (selbstverständlich), aber auch ein persönliches Recht, das dem betreffenden Eigentümer gegenüber besteht.

II. Der Abholungsanspruch.

Gemäß § 1005 hat der Eigentümer einer beweglichen Sache einen Abholungsanspruch gegen den Grundstücksbesitzer, auf dessen Grundstück sich die Sache befindet. Der Inhalt des Anspruchs ist der gleiche, wie bei dem Abholungsanspruch des Besitzers aus § 867. Der Unterschied beider Ansprüche liegt in den Voraussetzungen: Den Anspruch aus § 1005 stützt der Kläger einfach auf sein Eigentum, unabhängig vom Besitz. Siehe dagegen für den Anspruch aus § 867 oben § 8 IV.

Sonstige Ansprüche, die sich aus dem Eigentum ergeben, sind der Anspruch auf Grundbuchberichtigung, wenn ein anderer fälschlich als Eigentümer im Grundbuch eingetragen ist (§ 894, vgl. oben § 18 II), der Schadensersatzanspruch aus unerlaubter Handlung (§§ 823ff.), schließlich die Ansprüche, die sich als Erweiterungen des Eigentumsinhalts oder als Ausgleichsansprüche für Einschränkungen des Eigentumsinhalts darstellen (siehe oben das Nachbarrecht § 24 und § 23 II, 3).

Fünftes Kapitel.

Die Rechtsvermutung für den Fahrnisbesitzer und die Fahrnisklage aus früherem Besitz.

§ 38. Die Rechtsvermutung für den Fahrnisbesitzer.

I. Rechtsvermutung für den Eigenbesitzer.

1. Das BGB. stellt zugunsten des Eigenbesitzers einer beweglichen Sache in § 1006 zwei Vermutungen auf, welche auf die deutsche Gewere zurückgehen.

a) Es wird vermutet, daß der gegenwärtige Besitzer Eigentümer der beweglichen Sache sei (§ 1006 I). Dies bedeutet, daß vermutet wird, daß der Besitzer mit dem Besitz das Eigentum erworben habe. Er braucht also nicht, was er sonst müßte, eine bestimmte Erwerbstatsache für sein Eigentum zu behaupten und zu beweisen. Wird die Vermutung durch den Gegenbeweis widerlegt, daß er durch den Besitzerwerb nicht Eigentum erworben habe, so muß der Besitzer seinen sonstigen Eigentumserwerb beweisen. Wird dagegen die Vermutung nicht widerlegt, so besteht die weitere Vermutung, daß das entstandene Eigentum des Besitzers auch jetzt noch fortbestehe. — Somit ist § 1006 nicht ganz einwandfrei gefaßt, da man aus seinem Wortlaut schließen könnte, daß an den gegenwärtigen Besitz schlechtweg die Vermutung des Bestandes des Eigentums geknüpft sei (dann könnte die Vermutung nur durch den Gegenbeweis entkräftet werden, daß der Besitzer weder bei seinem Besitzerwerb noch sonst irgendwie das Eigentum erworben habe, ein völlig unmögliches Ergebnis). — Daß die Vermutung für den „Eigenbesitzer" gilt, ergibt sich aus §§ 1065, 1227.

Die Bedeutung der Vermutung zeigt sich namentlich bei der Geltendmachung der Ansprüche aus dem Eigentum. Bei dem Anspruch auf Herausgabe (§ 985) spricht die Vermutung für den Beklagten, Kläger muß beweisen, daß der Beklagte bei seinem Besitzerwerb das Eigentum nicht erworben habe. — Bei der negatorischen Klage (§ 1004) braucht der Kläger, wenn er im Besitz der beweglichen Sache ist, eine Erwerbstatsache für sein Eigentum weder zu behaupten noch zu beweisen. — Aber auch bei obligatorischen Ansprüchen hat die Vermutung Bedeutung, z.B. wenn der Eigentümer wegen Beschädigung aus § 823 klagt.

Besteht an einer beweglichen Sache mittelbarer Besitz, so gilt die Eigentumsvermutung nur zugunsten des mittelbaren Besitzers, nicht des unmittelbaren Besitzers, der ja erkennbar als Fremdbesitzer auftritt (§ 1006 III).

b) Es wird ferner zugunsten eines früheren Eigenbesitzers vermutet, daß er bei seinem Besitzerwerb Eigentum erworben habe. Solange diese Vermutung besteht, wird auch die Fortdauer des Eigentums vermutet, aber gegenüber dem gegenwärtigen Besitzer natürlich nur „für die Dauer des früheren Besitzes", § 1006 II (der Wortlaut des Gesetzes ist auch hier irreführend).

Die Bedeutung dieser Vermutung zeigt sich auch z. B. bei dem Anspruch des Eigentümers auf Herausgabe (§ 985). Hat er die Vermutung, die aus dem gegenwärtigen Besitz des Beklagten fließt (§ 1006 I), widerlegt, so setzt nun die Vermutung des § 1006 II für ihn ein.

2. Die Vermutungen versagen gegenüber einem Vorbesitzer, dem die Sache abhanden gekommen war (§ 1006, I. Satz 2). Da nämlich ein Eigentumserwerb an abhanden gekommenen Sachen auf dem normalen Wege der rechtsgeschäftlichen „Übertragung" nicht möglich ist (§ 935), so ergibt sich, daß der spätere Besitzer normalerweise das Eigentum an ihnen nicht erworben haben kann. Es muß daher seine Sache sein, einen außergewöhnlichen Eigentumserwerb nachzuweisen (vgl. oben § 29 I 3).

Beispiel: K ist eine bewegliche Sache abhanden gekommen, er klagt gegen ihren Besitzer B. Hat K das Abhandenkommen nachgewiesen, so entfällt für B die Vermutung des § 1006 I Satz 1. Es greift jetzt die Vermutung des § 1006 II mit ihren Folgerungen zugunsten des K ein; dem B bleibt der Nachweis, daß er trotzdem das Eigentum erworben habe, z. B. durch Ersitzung oder daß ihm die Sache noch früher als dem K abhanden gekommen war.

Dagegen gelten die Vermutungen schlechthin für Geld und Inhaberpapiere, auch wenn sie abhanden gekommen sind, da auch an letzteren ein gutgläubiger Eigentumserwerb durch Übertragung möglich ist (§ 935). — Öffentlich versteigerte Sachen konnten hier dem Geld und den Inhaberpapieren nicht gleichgestellt werden, da die Befreiung von dem Makel des Abhandenkommens durch eine öffentliche Versteigerung einer Sache nicht anzusehen ist, ihr Besitzer also sich nicht beklagen kann, wenn ihm der Nachweis obliegt, daß die Sache durch eine öffentliche Versteigerung hindurchgegangen ist, während es geradezu grotesk wäre, von dem anderen Teil den Nachweis zu verlangen, daß die abhanden gekommene Sache nicht durch eine öffentliche Versteigerung hindurchgegangen ist.

II. Rechtsvermutung für Nießbrauch- und Pfandbesitzer.

Besitzt jemand eine bewegliche Sache als Nießbraucher oder Pfandgläubiger, so wird entsprechend vermutet, daß er mit dem Besitzerwerb Nießbrauch oder Pfandrecht erworben habe. Für einen früheren Nießbrauchs- oder Pfandrechtsbesitzer aber gilt die Vermutung, daß er bei seinem früheren Besitzerwerb das entsprechende Recht erworben habe (§ 1065 und § 1227).

Dagegen gilt die Vermutung nicht für andere Personen, die in Ausübung eines Rechts (insbesondere eines obligatorischen Rechts) eine bewegliche Sache besitzen oder besessen haben.

III. Fahrnisvermutung und Bucheintrag.

Den Vermutungen, die so an den Fahrnisbesitz für das ihm entsprechende dingliche Recht (Eigentum, Nießbrauch, Pfandrecht) geknüpft sind, entspricht bei den Grundstücken die Eintragung im Grundbuch (§ 891, oben § 16 I). Beide — Fahrnisbesitz und Bucheintrag — geben so zugunsten dinglicher Rechte eine Vermutung und einen Vertrauenstatbestand (in letzterer Hinsicht vgl. oben § 16 II, § 29 und unten §§ 50, 60).

§ 39. Die Fahrnisklage aus früherem Besitz.

I. Allgemeines.

Das BGB. gibt in § 1007 dem früheren (gutgläubigen) Besitzer einer beweglichen Sache eine besondere Klage. Sie wurzelt im deutschen Recht (Klage aus älterer, unfreiwillig verlorener Gewere), und ist teilweise wirtschaftlich verwandt mit der römischen actio Publiciana.

Die Klage ist keine possessorische Klage, freilich stützt sie sich auf früheren Besitz, aber es sind in gewissem Umfang Einreden aus dem Recht zum Besitz dem Beklagten gestattet, und der Kläger kann demgegenüber seinerseits bestimmte Rechte zum Besitz geltend machen. Daher hat die Klage petitorischen Charakter. Da im Ergebnis derjenige siegt, der im Verhältnis der Parteien zueinander ein besseres Recht zum Besitz hat, kann man sie als Klage aus früherem Besitz gegen den Schlechterberechtigten bezeichnen (vielfach wird sie wegen ihres petitorischen Charakters als „Besitzrechtsklage" bezeichnet, doch ist das ungenau).

Der § 1007 BGB. ist nicht leicht verständlich, es haften ihm auch gesetzestechnische Fehler an. Wir versuchen ihn klarzulegen, indem wir zunächst die beiden Arten von Klagen unterscheiden, welche das Gesetz kennt: 1. Die Klage aus früherem Besitz gegen den bösgläubigen Besitzer (hierüber unten II); 2. die Klage aus früherem Besitz bei einer abhanden gekommenen Sache (hierüber unten III)

Es wird dann auf die Besonderheiten bei Geld und Inhaberpapieren hingewiesen (IV) und das Ziel der Klagen behandelt (V) werden. Schließlich wird das Hauptergebnis zusammengefaßt und die Bedeutung der Klage angegeben werden (VI).

II. Die erste Art: Klage aus früherem Besitz gegen den bösgläubigen Besitzer.

Wir nehmen hierfür als leitendes Beispiel folgenden Fall:

K gibt eine fremde Sache dem M zur Verwahrung, M veräußert sie an den bösgläubigen B. Jetzt klagt K gegen B.

1. Der Kläger (K) muß nachweisen seinen früheren Besitz, gegenwärtigen Besitz des Beklagten (B) und bösen Glauben des Beklagten (B) beim Besitzerwerb (§ 1007 I). Der Nachweis des bösen Glauben verlangt den Beweis, daß B beim Besitzerwerb gewußt oder infolge grober Fahrlässigkeit nicht gewußt hat, daß er zum Besitz nicht berechtigt sei. — Auf beiden Seiten genügt mittelbarer Besitz.

2. Der Beklagte hat folgende Einwendungen:

a) Er habe nachträglich ein Besitzrecht erlangt (§§ 1007 III Satz 2, 986) z. B. er sei Erbe des Eigentümers geworden, oder er habe ein Pfandrecht oder Mietsrecht von ihm erworben.

Dem Kläger steht gegebenenfalls der Gegenbeweis offen, daß er ein Besitzrecht gegenüber dem Beklagten hat. B weist z. B. nachträgliches Eigentum nach, K weist dem gegenüber nach, daß ihm der Eigentümer vor dem Eigentumserwerb durch B ein Pfandrecht eingeräumt hatte.

b) Der Kläger sei bei seinem Besitzerwerb nicht im guten Glauben gewesen (§ 1007 III Satz 1). Z. B. K habe dem Eigentümer die Sache gestohlen, oder er habe von dem Eigentümer die Sache erworben, dieser sei aber geisteskrank gewesen, und K habe das gewußt.

Gelingt dieser Nachweis, so stehen sich zwei Bösgläubige gegenüber. K kann nicht durchdringen, weil er kein besseres Recht zum Besitz hat.

c) Der Kläger habe den Besitz „aufgegeben" (§ 1007 III).

Aufgabe bedeutet „freiwilliger Besitzverlust". Was darunter zu verstehen ist, ergibt sich aus der Besitzlehre (vgl. oben § 5). Hiernach deckt sich „freiwilliger Besitzverlust" nicht mit „Nichtabhandenkommen". Für den mittelbaren Besitzer insbesondere liegt trotz Nichtabhandenkommens ein unfreiwilliger Besitzverlust vor, wenn der Besitzmittler wider Willen des mittelbaren Besitzers den Besitz aufgegeben hat. Daher genügt der Nachweis des Nichtabhandenkommens nicht immer.

In unserem Falle kann daher der Beklagte sich nicht einfach darauf berufen, daß ein Abhandenkommen nicht vorliegt, vielmehr muß er nachweisen, daß für den mittelbaren Besitzer kein unfreiwilliger Besitzverlust eingetreten ist, sondern ein freiwilliger. Dies könnte so geschehen, daß er nachweist, daß K der Veräußerung zugestimmt habe.

Der Gedanke des Gesetzes ist der, daß der Kläger sich bei einer „Aufgabe" freiwillig von jedem Besitz gelöst hat und daher selbst einem Bösgläubigen gegenüber nicht mehr auf ihn zurückgreifen kann.

Die gegebene Auslegung ist nicht unbestritten, manche setzen Aufgabe des Besitzes und Nichtabhandenkommen gleich.

III. Die zweite Art: Klage aus früherem Besitz bei abhanden gekommenen Sachen (§ 1007 II).

Sie richtet sich gegen jeden Erwerber der Sache, auch gegen einen Gutgläubigen. Auf beiden Seiten kann auch mittelbarer Besitz in Betracht kommen.

Wir nehmen als leitendes Beispiel folgenden Fall:

K hat eine fremde Sache, die dem Eigentümer gestohlen ist, in Besitz, er verliert sie, X findet sie und veräußert sie an B (der gutgläubig ist). Jetzt klagt K gegen B.

1. Der Kläger (K) muß nachweisen seinen früheren Besitz, gegenwärtigen Besitz des Beklagten (B), und daß ihm die Sache abhanden gekommen ist.

2. Der Beklagte (B) hat folgende Einwendungen:

a) Er habe ein Besitzrecht (§ 1007 III, vgl. oben I, 2a), sei es Eigentum, Pfandrecht, Miete usw. Er kann es nachträglich erlangt haben (Erbrecht, Ersitzung, Vertrag) oder gleichzeitig beim Besitzerwerb (gutgläubiger Erwerb in öffentlicher Versteigerung), oder er kann es auch vorher schon gehabt haben (Beispiel: Ein Eigentümer findet seine Sache, die ein Verwahrer von ihm verloren hat. Der Verwahrer klagt gegen den Eigentümer).

Das BGB. spricht (verwirrend) beim gutgläubigen Besitzer in § 1007 II ausdrücklich nur vom Eigentum, aber die anderen Rechte ergeben sich aus § 1007 III (§ 986).

b) Der Kläger sei bei seinem Besitzerwerb nicht in gutem Glauben gewesen (§ 1007 III Satz 1; vgl. oben I, 2b).

c) Die Sache sei ihm vor dem Besitzerwerb des Klägers abhanden gekommen (§ 1007 II). B weist nach, daß er die Sache vor dem Besitzerwerb des K besessen und daß ihm die Sache gestohlen worden ist. — Dieser Einwand steht nur dem gutgläubigen Beklagten zu, der Kläger hat aber die Replik, daß der Beklagte bei dem Erwerb des ihm später abhanden gekommenen Besitzes schlechtgläubig war.

d) Der Einwand, daß der Kläger den Besitz „aufgegeben" habe (§ 1007 III), ist hier undenkbar. Es handelt sich bei dieser zweiten Klage um eine dem Kläger abhanden gekommene Sache. Eine solche kann aber niemals „freiwillig aufgegeben" sein. Die Fassung des BGB. ist daher ganz verkehrt. Der Einwand der „Aufgabe" durfte nicht in Abs. III, sondern mußte in Abs. I, § 1007 stehen.

IV. Geld und Inhaberpapiere.

Bei ihnen ist nur die erste Art der Klage zugelassen (§ 1007 II Satz 2). Denn der Gutgläubige erlangt hier ein Besitzrecht, auch wenn sie abhanden gekommen sind (vgl. oben § 39 I, 2).

V. Ziel.

Die Klagen gehen entsprechend der rei vindicatio auf Herausgabe der Sache, der Nutzungen, auf Schadensersatz, andererseits hat der Beklagte entsprechend die Rechte wegen Verwendungen (§ 1007 III).

VI. Zusammenfassung, Bedeutung der Klage.

1. Sieht man von der Besonderheit des Geldes und der Inhaberpapiere ab, so läßt sich das Ergebnis so zusammenfassen: Jeder Besitzer einer beweglichen Sache, der bei seinem Besitzerwerb gutgläubig in bezug auf seine Berechtigung zum Besitz gewesen ist, kann bei unfreiwilligem Besitzverlust die Sache von einem Bösgläubigen, und wenn der unfreiwillige Verlust ein Abhandenkommen enthält, von jedem Besitzer herausverlangen. Der Beklagte kann die Herausgabe verweigern, wenn ihm im Verhältnis zum früheren Besitzer ein Recht zum Besitz zusteht, sowie beim Abhandenkommen, wenn er gutgläubig ist und ihm der Besitz vor der Besitzzeit des anderen abhanden gekommen ist.

2. Die Ansichten über die Bedeutung des § 1007 sind geteilt. Meines Erachtens kommt ihm eine hervorragende Bedeutung zu, wenn er sich auch nicht immer praktisch auswirken kann. Er ist tatsächlich in vielen Fällen gegeben, wo der Vindikationsanspruch (§ 985) versagt, insbesondere steht er jedem früheren Besitzer, nicht bloß dem Eigentümer zu, er ist aber auch in vielen Fällen gegeben, wo der possessorische Schutz der Besitzentziehungsklage fortfällt (es fehlt z. B. an der verbotenen Eigenmacht oder die Ausschlußfrist ist abgelaufen). Gegenüber dem Vindikationsanspruch hat er den Vorzug, daß er, wenn das Eigentum streitig ist, schneller zum Ziel führen kann. Auf alle Fälle wird er praktisch als subsidiäres Hilfsmittel mit der Vindikationsklage verbunden werden.

Sechstes Kapitel.

Mehrheiten von Eigentümern.

§ 40. Allgemeines.

Mehrere können an einer Sache als Eigentümer in verschiedener Weise beteiligt sein.

1. **Miteigentum nach Bruchteilen.** Mehreren steht an einer Sache (Grundstück oder Fahrnis) das Eigentum in der Weise zu, daß jeder einen Bruchteil des Eigentums als ein für sich bestehendes Sachenrecht hat. Der Bruchteil ist ein ideeller, d. h. auf Vorstellung beruhender Teil. Das Miteigentum nach Bruchteilen ist vom BGB. im Anschluß an das römische Recht mit einigen Abwandlungen als „Miteigentum" im technischen Sinn geregelt. Über dieses unten § 41 I.

2. **Eigentum zur gesamten Hand.** Mehrere haben an einer Sache (Grundstück oder Fahrnis) das Eigentum in der Weise gemeinschaftlich, daß ein Gesamteigentum entsteht, bei welchem die Mitanteile gebunden und nicht für sich bestehende Sachenrechte sind. Das Eigentum zur gesamten Hand wurzelt im deutschen Recht und ist im BGB. innerhalb der Gemeinschaften zur gesamten Hand anerkannt. Über dieses unten § 41 II.

3. **Das geteilte Eigentum.** Das Eigentum kann auch in der Weise geteilt sein, daß jeder Eigentümer einen gesonderten Komplex von Befugnissen der Totalherrschaft hat. Man spricht von Obereigentum und Untereigentum. Es spielte im mittelalterlichen deutschen Recht eine hervorragende Rolle (Lehnswesen), ist aber in moderner Zeit meistens abgeschafft und abgestorben. Das BGB. kennt es nicht, es findet sich aber noch gelegentlich in Vorbehaltsmaterien der Landesrechte (z. B. bei der Erbpacht vgl. unten § 46).

Im modernen Reichsrecht kommen Erscheinungen vor, die zwar wirtschaftlich ähnlich sind, aber rechtlich nicht als Ober- und Untereigentum aufgefaßt werden dürfen (z. B. bei den Heimstätten, siehe oben § 1 I 3a δ und unten § 44); ganz verfehlt ist es, heute von einem Obereigentum des Staates sprechen zu wollen.

Die richtige dogmatische Vorstellung bereitet häufig Schwierigkeiten, manche Schriftsteller verwerfen es als ein juristisches Unding. Man erkennt das Wesen von Ober- und Untereigentum, wenn man sich klarmacht, daß hier die in der Totalherrschaft enthaltenen Befugnisse geteilt sind. Jeder erhält einen Befugnisanteil als Totalherrschaft. Der Unterschied gegenüber den beschränkten dinglichen Rechten ist der, daß bei diesen der Berechtigte nur eine Teilherrschaft innerhalb einer ihm nicht zustehenden Totalherrschaft hat. Die rechtliche Konsequenz des Unterschiedes zeigt sich klar und deutlich beim Eintritt der Herrenlosigkeit. Während ein beschränktes dingliches Recht durch die Herrenlosigkeit der Sache nicht berührt wird, erweitern sich Ober- und Untereigentum bei dem Wegfall eines von ihnen als Totalherrschaften zu Volleigentum.

4. **Bestandteilseigentum.** Ein besonderes Eigentum an wesentlichen Bestandteilen einer Sache ist nach dem BGB. unmöglich (vgl. § 93). Das dem deutschen Recht bekannte Stockwerkseigentum kann auch nach Landesrecht nicht mehr neu begründet werden (Art. 182 EG., das beim Inkrafttreten des BGB. bestehende ist aufrechterhalten worden).

5. **Das sog. fiduziarische Eigentum.** Häufig wird jemandem Eigentum nur zu bestimmten Zwecken übertragen, insbesondere als Sicherheit (Sicherungsübereignung, vgl. unten § 60) oder zur Verwaltung, wobei er vertragsmäßig in verschiedener Weise gebunden wird. Über die rechtliche Natur der fiduziarischen Übereignung besteht ein ungeschlichteter Streit. Viele wollen bei ihr eine Mehrheit von Eigentümern annehmen; dabei sprechen manche von einem „formellen" und einem „materiellen" Eigentum, manche geben jedem das Volleigentum, beschränken es aber in seinen Wirkungen, so daß das eine Volleigentum (des Fiduziars)

gegenüber jedermann, außer dem anderen (dem Fiduzianten), wirke, während das andere Volleigentum (des Fiduzianten) nur im Verhältnis zu dem Fiduziar in Betracht käme. Meines Erachtens sind alle Konstruktionen, welche eine Mehrheit von Eigentümern annehmen, abzulehnen. Vielmehr wird bei der fiduziarischen Übereignung der Fiduziar Alleineigentümer, aber der Fiduziant hat im Hinblick auf bestimmte Fälle, die gewohnheitsrechtlich anerkannt sind, eine Eigentumsanwartschaft (daher insbesondere ein Aussonderungsrecht im Konkurs des Fiduziars).

§ 41. Miteigentum nach Bruchteilen und Eigentum zur gesamten Hand.

I. Miteigentum nach Bruchteilen.

Das BGB. hat es in §§ 1008ff. und 741ff. als „Miteigentum" geregelt. Es kommt da in Betracht, wo keine Gemeinschaften zur gesamten Hand vorliegen. Gesetzliche Fälle aus dem BGB. sind uns aus der Lehre von der Verbindung und Vermischung (oben § 32) und vom Schatzfund (oben § 35 III) bekannt.

Jeder Miteigentümer hat einen Bruchteil als gesondertes Stück Miteigentum. Er hat ihn als ein für sich bestehendes Sachenrecht. Freilich rein individualrechtlich ist das Miteigentum im modernen Recht nicht ausgestaltet worden, vielmehr fordern die Interessen der anderen Miteigentümer Beachtung, und so erfährt es Abwandlungen durch das Gemeinschaftsrecht.

1. Da jeder Miteigentümer ein gesondertes Eigentum hat, muß bei Grundstücken jeder Bruchteil für jeden Miteigentümer im Grundbuch eingetragen werden (§ 48 GO.).

2. Jeder Eigentümer kann über seinen Anteil allein verfügen (§ 747). Jeder kann also seinen Anteil frei veräußern, aufgeben, belasten (soweit dies möglich ist). Bei Grundstücken bedarf es der Eintragung im Grundbuch. Jeder Anteil unterliegt ferner einer besonderen Zwangsvollstreckung.

Über die ganze Sache können freilich nur alle gemeinsam verfügen (§ 747).

3. **Benutzung und Verwaltung.** Jedem Miteigentümer gebührt ein entsprechender Bruchteil der Früchte, jeder hat ein Gebrauchsrecht, insoweit es die anderen nicht beeinträchtigt (§ 743). Die Verwaltung steht überhaupt nur allen gemeinschaftlich zu (außer bei notwendigen Maßnahmen, § 744).

Eine weitere gemeinschaftliche Färbung erhält das Miteigentum durch die Vorschrift, daß die Art der Verwaltung und Benutzung durch Stimmenmehrheit geregelt werden kann, und zwar bindend für den Sondernachfolger (§§ 745, 746). Bei Grundstücken bedarf es zur Wirkung gegen Sondernachfolger der Eintragung im Grundbuch (als Belastung der Anteile, § 1010).

4. Jeder Miteigentümer hat die Ansprüche des Eigentümers in bezug auf seinen Anteil sowohl Dritten, wie den anderen Miteigentümern gegenüber. Aber jeder Miteigentümer kann auch die Ansprüche aus dem Eigentum in Ansehung der ganzen Sache gegen Dritte geltend machen, freilich nur entsprechend wie ein Gläubiger des § 432 auftreten, also lediglich Leistung an alle Miteigentümer oder Hinterlegung für alle fordern, § 1011 (hier bricht wieder der Gemeinschaftsgedanke durch).

5. Jeder Miteigentümer kann Aufhebung der Gemeinschaft fordern (§ 749, grundsätzliche Naturalteilung, wenn nicht angängig Erlösteilung). Aber Vereinbarungen, welche die Aufhebung ausschließen, sind (abgesehen von einem wichtigen Grunde) gültig und binden den Sondernachfolger (bei Grundstücken Eintragung, § 1010), §§ 750ff.

6. Da die Miteigentümer zusammen über die ganze Sache verfügen können, so können sie auch die ganze Sache zugunsten eines Miteigentümers belasten. In diesem Fall ist die ganze Sache belastet, nicht etwa sind es nur die Miteigentumsanteile der nicht begünstigten Miteigentümer (§ 1009 I). Es bestehen dann Rechte an der eignen Sache.

II. Eigentum zur gesamten Hand.

Es ist anerkannt als Ausfluß der Gemeinschaften zur gesamten Hand, welche das BGB. kennt, nämlich bei der Gesellschaft (§§ 705, 718), dem nicht rechtsfähigen Verein (§ 54), den ehelichen Gütergemeinschaften, der Miterbengemeinschaft (§§ 2032 ff.). Alles Eigentum nämlich, welches in diese Gemeinschaften gehört, ist Eigentum zur gesamten Hand. Im Handelsrecht gibt es weitere Formen der Gemeinschaften zur gesamten Hand.

Hier tritt das Gemeinschaftsverhältnis derart energisch in den Vordergrund, daß es Anteile als für sich bestehende Sachenrechte ausschließt. Es entsteht ein wahrhaft gemeinschaftliches Eigentum, bei welchem der Schwerpunkt in der verbundenen Gemeinschaft der Genossen liegt. Bei den einzelnen Gemeinschaftsformen ist die Stärke der Verbundenheit verschieden ausgeprägt. Allgemein läßt sich soviel sagen:

1. Der Einzelne als solcher hat stets nur einen gebundenen Anteil am Gesamteigentum. Er ist kein für sich bestehendes Sachenrecht. Er erscheint als Ausstrahlung des Anteils an der Vermögensgemeinschaft im ganzen, muß aber scharf von ihm getrennt werden.

Daher ist der Anteil als solcher jeder Verfügung entzogen. Weder der einzelne Genosse, noch die Genossen zusammen können über ihn verfügen, er ist unpfändbar (vgl. §§ 719, 1442, 2033 II). Er kommt auch nicht als Bruchteil im Grundbuch zur Erscheinung (§ 48 GO., es wird im Grundbuch das „Rechtsverhältnis" bemerkt). Dem Anteil stehen keine Eigentumsansprüche zur Seite: Mit ihm ist kein Teilungsanspruch verknüpft.

Insoweit eine Veräußerung des Anteils am ganzen Vermögen zulässig ist (vgl. § 2033), liegt in einer solchen keine Veräußerung des Anteils an den einzelnen Gegenständen (es bedarf daher z. B. keiner besonderen Übereignung), vielmehr findet hier ein kraft Gesetzes eintretendes Einwachsen in den Anteil statt.

Insoweit ein Teilungsanspruch bei den Vermögensgemeinschaften gegeben ist (vgl. §§ 2042 ff.), wurzelt dieser in dem Anteil am Vermögensganzen, er geht auf Aufhebung der gesamten Gemeinschaft und beeinflußt nur von hier aus die Anteile an den einzelnen Gegenständen.

Eigentümlich ist den Anteilen am Gesamteigentum, daß sie einer fortwährenden Verschiebung unterliegen durch Ausscheiden und Eintreten von Genossen, und daß sie ihrem Wert nach negativ sein können.

Die mit dem Anteil verknüpften Berechtigungen ergeben sich aus der Gemeinschaftsordnung.

2. Die Genossen in ihrer Verbundenheit haben die grundsätzliche Zuständigkeit in bezug auf das Gesamteigentum. Sie haben zusammen die Verfügungsmacht über die ganze Sache oder einen Bruchteil der Sache. Ihnen stehen die Eigentumsansprüche zu. Sie regeln Verwaltung und Benutzung der Sache. — Aber diese grundsätzliche Zuständigkeit kann durch die Gemeinschaftsordnung gesetzlich oder vertragsmäßig durchbrochen sein, namentlich auch durch Einzelrechte der Genossen. So kann z. B. einzelnen Genossen eine Machtbefugnis zu Verfügungen für die Gesamtheit gesetzlich oder vertragsmäßig beigelegt sein.

Siebentes Kapitel.

Das neue Reichssiedlungsrecht.

§ 42. Einleitung.

Schon vor dem Weltkriege wurde die Mehrung des Mittel- und Kleinbesitzes durch einige Landesgesetze erstrebt, insbesondere durch die preußische Ansiedlungs- und Rentengütergesetzgebung (seit 1886). Infolge des unglücklichen Krieges wurde der Ruf nach innerer Kolonisation lauter und dringender. Das Programm für die neue Gesetzgebung wurde in Art. 155 der Reichsverfassung aufgestellt. Es befaßt sich auch mit dem Wohnungswesen und der Auflösung der Familienfideikommisse, welche dem Landesrecht anbefohlen wird.

Die neuere Gesetzgebung über die Wohnungsmiete und die Pacht (vgl. namentlich Kleingarten- und Kleinpachtlandordnung vom 31. Juli 1923) fällt außerhalb des Rahmens des Sachenrechts, da es sich trotz starker Verdinglichung um schuldrechtliche Verhältnisse handelt. Die Auflösung der Familienfideikommisse scheidet gleichfalls für uns aus, weil sie ganz dem Landesrecht angehört.

Für uns kommen zunächst die beiden Reichsgesetze in Betracht, welche auf Grund des Art. 155 ergangen sind:

1. Das Reichssiedlungsgesetz vom 11. August 1919.
2. Das Reichsheimstättengesetz vom 10. Mai 1920.

Das erste Gesetz enthält allgemeine Vorschriften für die Beschaffung von Siedlungsland und die Besiedlung; es zeigt starke Eingriffe in das bestehende Eigentum. So können wir es zweckmäßig hier am Schluß der Lehre vom Eigentum behandeln. Das zweite Gesetz aber schafft eine besondere Art der Besiedlung, die Heimstätte. Bei ihr liegt ein stark gebundenes Eigentum vor, so daß ihre Einbeziehung in den Abschnitt über das „Eigentum" angemessen ist. Sie bildet gleichzeitig den passenden Übergang zu dem neuen Abschnitt „Lasten", da wir an dessen Spitze das Erbbaurecht stellen, welches der Heimstäte wirtschaftlich verwandt ist und gleichfalls zum Siedlungsrecht gehört.

§ 43. Landbeschaffung und Besiedlung im allgemeinen.

Das Reichsgesetz vom 11. August 1919 (RSG.) wird durch landesrechtliche Ausführungsgesetze ergänzt (vgl. Preuß. AusfGesetz vom 15. Dezember 1919). Reichsgesetzliche Ergänzungen bieten die Gesetze vom 7. Juni und 18. August 1923, welche hauptsächlich zugunsten der aus Polen vertriebenen deutschen Ansiedler erlassen worden sind. Siehe noch Ges. über das Enteignungsrecht von „Festungsgemeinden" v. 27. April 1920.

Die Gesetzgebung bezweckt dreierlei: 1. die Schaffung neuer Ansiedlerstellen in der Größe von selbständigen Ackernahrungen; 2. eine entsprechende Hebung bestehender Kleinbetriebe; 3. die Begründung von Pacht- und Eigenstellen für landwirtschaftliche Arbeiter.

Wir stellen den dritten Punkt zurück (über ihn unten III.) und befassen uns nur mit den ersten beiden Punkten. Hier ist allgemein folgendes zu beachten:

1. Für die Landbeschaffung, Besiedlung (Ausgabe) kommen die gemeinnützigen Siedlungsunternehmungen in Betracht (§ 1 RSG.). Die Einzelstaaten haben solche Unternehmungen, soweit sie nicht bestehen, einzurichten; sie bestimmen den Umfang der Geschäftsbezirke (Ansiedlerbezirke). Die rechtliche Struktur ist freigestellt (z. B. Landgesellschaften in der Form einer G. m. b. H.). Hiernach sind gewerbsmäßige Unternehmungen ausgeschaltet, aber es können Behörden und öffentliche Anstalten als Siedlungsunternehmungen anerkannt werden (in Preußen die Kulturämter). Die Einzelstaaten haben die Aufsicht, bei welcher Vertrauensleute der Siedler zu beteiligen sind.

2. Für die Landbeschaffung werden außerdem durch das Gesetz besondere Organisationen geschaffen: Die Landlieferungsverbände (§ 12). Sie müssen in denjenigen Ansiedlerbezirken gebildet werden, in denen mehr als $10^0/_0$ der landwirtschaftlichen Nutzfläche auf „große" Güter entfällt; ein großes Gut ist ein Gut, das 100 Hektar oder mehr umfaßt (dies ist in den östlichen Provinzen Preußens, in der Provinz Sachsen und in Schleswig-Holstein der Fall.) Die Verbände bestehen aus den Eigentümern der großen Güter, sie sind juristische Personen des

öffentlichen Rechts. — Die Landbeschaffung der Landlieferungsverbände ist in mannigfacher Weise in den Dienst der Siedlungsunternehmungen gestellt.

Wir betrachten im folgenden zunächst die Landbeschaffung, alsdann die Besiedlung. Bei der Landbeschaffung gehen wir vom Standpunkt des Siedlungsunternehmens aus, welches ja das Land zum Zweck der Ausgabe erhalten soll.

I. Die Landbeschaffung durch das Siedlungsunternehmen.

Der Landerwerb wird dem Unternehmen durch folgende Vorschriften erleichtert:

1. Staatsdomänen sind nach Ablauf der Pachtverträge ihm zum Kauf anzubieten, und zwar zum Ertragswert (§ 2 RSG.). Ein privatrechtlicher Anspruch wird hierdurch für das Unternehmen nicht begründet.

2. In bezug auf Moor- und Ödland hat es ein Enteignungrecht (§ 3 RSG.).

3. Es hat ein Vorkaufsrecht in seinem Bezirk in bezug auf alle landwirtschaftlichen Grundstücke im Umfang von 25 Hektar aufwärts und Teilen von solchen Grundstücken (§§ 4ff. RSG.). — Das Vorkaufsrecht ist ein dingliches Recht, es wird im Grundbuch nicht eingetragen. Es geht allen anderen Vorkaufsrechten vor. Für das Vorkaufsrecht gelten die Vorschriften des dinglichen Vorkaufsrechts des BGB. (siehe unten § 51) mit einigen wichtigen Abwandlungen. Insbesondere ist es nicht nur bei einem Kauf gegeben, sondern bei jedem Vertrag, der auf entgeltliche Veräußerung gerichtet ist, ferner auch bei der Zwangsversteigerung (§ 11 RSG.). Es kann aber nicht ausgeübt werden bei Veräußerungen an eine juristische Person des öffentlichen Rechts, an den Ehegatten und gewisse nahe Verwandte oder Verschwägerte (§ 6 II RSG.). Es wirkt ferner unter bestimmten Voraussetzungen nicht, wenn der Erwerber ein früher enteigneter Berufslandwirt ist (§ 11a, vgl. Gesetz vom 7. Juni 1923, Art. 2 Ziffer 2). — Mit dem Erwerb erlöschen die eingetragenen Vorkaufsrechte und Vormerkungen auf Auflassung (§ 9 RSG.).

4. **Vertraglicher Erwerb von einem Lieferungsverband oder durch seine Vermittlung.** Der Landlieferungsverband hat auf Verlangen des Siedlungsunternehmens ihm geeignetes Land aus dem Bestand der großen Güter zu einem angemessenen Preise zu beschaffen (§ 13 RSG.). Die Beschaffung wird entweder so erfüllt, daß der Verband dem Unternehmen einen Verkäufer stellt oder selbst als Verkäufer eines von ihm erworbenen Gutes auftritt. Das Verlangen kann nicht mehr erhoben werden, wenn $^1/_3$ des Bestandes der großen Güter bereitgestellt oder die landwirtschaftliche Nutzfläche der großen Güter nicht mehr als $10^0/_0$ der gesamten Nutzfläche des Ansiedlungsbezirkes beträgt. — Doch ist die Verpflichtung der Verbände durch das Gesetz vom 7. Juni 1923 darüber hinaus auf die Bereitstellung von im ganzen 40000 Hektar für das Jahr 1923 gesteigert worden zugunsten der aus Polen vertriebenen deutschen Ansiedler.

Der Landlieferungsverband hat gewisse Machtmittel, um sich Land sei es zur sofortigen Überlassung an das Siedlungsunternehmen sei es auf Vorrat zu beschaffen.

a) Er hat ein Vorkaufsrecht an allen großen Gütern an Stelle des Siedlungsunternehmens (§ 14 RSG.). Es ist auf Verlangen des letzteren auszuüben.

b) Er hat ein Enteignungsrecht bei dringendem Bedürfnis (§§ 15ff. RSG.). Über die Enteignung entscheidet ein Ausschuß, der aus einem behördlich bestimmten Vorsitzenden und je zwei Vertretern des Verbandes und des Siedlungsunternehmens besteht. Als Entschädigung kann auch eine als Reallast einzutragende tilgbare Naturalwertrente in Betracht kommen.

Die Landlieferungsverbände sollen von dem Erwerb von Mustergütern möglichst absehen. Dagegen sollen sie in erster Linie, und namentlich auch durch Enteignung, erwerben Güter, die während des Krieges von Nichtlandwirten erworben worden sind, oder die innerhalb der letzten 20 Jahre mehrfach veräußert worden sind, ferner Güter, die schlecht oder nicht persönlich bewirtschaftet werden, und Teile von Gütern, die Bauernland waren und in den letzten 30 Jahren aufgekauft worden sind (Rückgängigmachung des Bauernlegens).

Das Siedlungsunternehmen ist zur Abnahme gegen den Erwerbspreis verpflichtet, wenn es dem Erwerb zugestimmt hat (sei es durch das Verlangen der Ausübung des Vorkaufsrechts oder durch Zustimmung zum Enteignungsverfahren oder in sonstiger Weise), vgl. § 18 RSG.

II. Die Besiedlung.

1. Die Art der Besiedlung ist den Siedlungsunternehmen freigestellt, die Ausgabe kann erfolgen zu Eigentum, zu Pacht, als Rentengut, als Heimstätte u. a.

2. **Wiederkaufsrecht an der Ansiedlerstelle.** Das Siedlungsunternehmen hat ein gesetzliches Wiederkaufsrecht an der neuen Ansiedlerstelle (§ 20 RSG.). Es ist eine dingliche Belastung des Grundstücks. Das Wiederkaufsrecht greift Platz, wenn der Ansiedler die Stelle ganz oder teilweise veräußert oder aufgibt, oder wenn er sie nicht dauernd bewohnt oder bewirtschaftet. Doch gelten auch hier als Ausnahmen die Veräußerungen an juristische Personen des öffentlichen Rechts, an den Ehegatten oder nahe Verwandte und Verschwägerte. Das Nähere über das Wiederkaufsrecht soll im Ansiedlungsvertrage festgesetzt werden. Fraglich könnte sein, ob das Wiederkaufsrecht auch bei einer Dereliktion des Grundstücks Platz greift. Man wird es bejahen müssen; das ausschließliche Aneignungsrecht des Staates (§ 928 BGB.) muß insoweit zurücktreten. — Vgl. unten § 52.

3. **Hinausschiebung der Besiedlung.** a) Wenn das Siedlungsunternehmen ein durch Enteignung erworbenes Grundstück nicht innerhalb von 10 Jahren zu Siedlungszwecken verwendet, hat der frühere Eigentümer innerhalb eines Jahres ein Wiederkaufsrecht. Es ist eine dingliche Belastung des Grundstücks, die im Grundbuch eingetragen wird. Es sollen die Vorschriften des BGB. §§ 497ff. entsprechend gelten (§ 21 RSG.). Vgl. unten § 52.

b) Hat ein Siedlungsunternehmen oder an seiner Statt ein Landlieferungsverband das Vorkaufsrecht ausgeübt, und wird das Grundstück nicht innerhalb von 10 Jahren zu Siedlungszwecken verwendet, so haben diejenigen, deren eingetragene Vorkaufsrechte oder Vormerkungen erloschen waren, einen Anspruch gegen das Siedlungsunternehmen, daß es vor einer anderweiten Veräußerung ihnen zum Kauf angeboten wird (§ 9 II RSG.). Vgl. unten § 51.

III. Die Ansiedlung landwirtschaftlicher Arbeiter.

1. Landgemeinden und Gutsbezirke können verpflichtet werden, Land zur Pachtung an landwirtschaftliche Arbeiter auf deren Wunsch zu geben (bis zu 5%) des Flurlandes). Die Landgemeinden können nötigenfalls durch Zwangspachtung oder Enteignung eingreifen, wobei Abtretung und Aufteilung ganzer Wirtschaftseinheiten ausgeschlossen ist. Das Nähere ist durch die Einzelstaaten zu regeln (§§ 22ff. RSG.).

2. Bei der Besiedlung von Gütern oder Domänen soll das Siedlungsunternehmen die dort ansässigen landwirtschaftlichen Arbeiter auf Wunsch in Eigen- oder Pachtstellen ansiedeln. Für die Arbeiter und Angestellten, die nicht angesiedelt werden können, ist eine Wohnungsfürsorge und in gewissem Umfang bei Arbeitslosigkeit eine Unterstützung durch das Siedlungsunternehmen vorgesehen (§ 25a, vgl. Ges. vom 7. 6. 1923 Art II).

3. Bei der Ansiedlung soll nachbarlicher Zusammenhang mit einer Bevölkerung gleichartigen religiösen Bekenntnisses gewahrt werden (§ 25b, vgl. Ges. vom 7. 6. 1923 Art II).

§ 44. Die Heimstätte.

Der Ursprung der Heimstättenbewegung liegt in Nordamerika (seit 1839 Homestead-Gesetze), seit 1882 greift sie auf Europa über. Der zugrunde liegende Gedanke ist verschieden. Entweder soll mit der Heimstätte eine dem Zugriff der Gläubiger entzogene Besitzung geschaffen werden, oder es ist der Siedlungsgedanke maßgebend zur Verbesserung der Bodenkultur. In Nordamerika sind beide Grundgedanken durch die Gesetzgebung beachtet worden, in Europa ist in den einen Ländern (Frankreich, Schweiz) der erste, in den anderen Ländern der zweite (Österreich, deutsche Entwürfe 1890, 1905) maßgebend gewesen. Während des Weltkrieges trat in Deutschland die Heimstättenbewegung neu hervor in dem Gedanken an eine Fürsorge für die Kriegsteilnehmer und in den Plänen für neues Siedlungsland. Nach der Revolution wurde die Heimstätte unter dem Gesichtspunkt der sozialen Bodenverteilung und Bodennutzung, der Wohnungs- und Heimfürsorge betrachtet und ein Heimstättengesetz verheißen (Art. 155 RV.).

Das Reichsheimstättengesetz vom 10. 5. 1920 (RHStG.) versucht diese Gedanken zu verwirklichen, der Landesgesetzgebung ist für den weiteren Ausbau ein erheblicher Spielraum gelassen. (Vgl. Preuß. Ges. vom 18. 1. 1924.) Wir betrachten im folgenden die Grundzüge des deutschen Reichsgesetzes.

I. Begründung von Heimstätten.

Es gibt zwei Arten der Begründung:

1. Die **Ausgabe einer Heimstätte.** Als Heimstätte können ausgegeben werden Grundstücke, die aus einem Einfamilienhause mit Nutzgarten bestehen (Wohnheimstätten), ferner landwirtschaftliche oder gärtnerische Anwesen, die von einer Familie selbst bewirtschaftet werden können (Wirtschaftsheimstätten) § 1RHStG. Auch Erbbaurechte können als Heimstätten begründet werden (§ 26 RHStG.) — Als „Ausgeber" können nur in Betracht kommen das Reich, die Länder, die Gemeinden, Gemeindeverbände. Die oberste Landesbehörde kann auch andere öffentliche Verbände oder gemeinnützige Unternehmungen als „Ausgeber" zulassen (§ 1 RHStG.). Als „Heimstätter" kann sich jeder melden, doch sind vorzugsweise zu berücksichtigen Kriegsteilnehmer, Witwen der im Kriege Gefallenen und kinderreiche Familien (§ 2 RHStG.).

Die Ausgabe erfolgt durch Übertragung zu Eigentum, also durch Auflassung und Eintragung. Im Grundbuch wird außerdem die Heimstätteneigenschaft und der Ausgeber eingetragen (§ 4 RHStG.). Die Eigenschaft als Heimstätte kann nur zur ausschließlich ersten Rangstelle eingetragen werden (§ 5 RHStG.). Außerdem wird der Bodenpreis (ohne Baulichkeiten und Verbesserungen) eingetragen; er ist in dem Kausalvertrage, der der Übereignung zugrunde liegt, festzustellen (Kapital oder Rente) (§ 6 RHStG.).

Zwecks Landbeschaffung zur Heimstättenausgabe ist die Enteignung zugelassen unter den Voraussetzungen, welche für die Enteignung von Siedlungsland und von Bauland für Wohnungen gelten (§ 28 RHStG.).

2. Die **Auftragung zur Heimstätte.** Ein Eigentümer kann sein Grundstück, welches den Anforderungen für eine Heimstätte entspricht, einem „Ausgeber" als Heimstätte auftragen (§ 25 RHStG.). Dies vollzieht sich durch Eintragung im Grundbuch. Nötig ist ein Antrag des Eigentümers und Zustimmung des „Ausgebers". Auch hier wird die Heimstätteneigenschaft, der „Ausgeber" und der „Bodenpreis" eingetragen. Als „Ausgeber" kann auch hier nur eingetragen werden, wer die Fähigkeit zu einer richtigen Ausgabe (oben unter 1) hat. Diese Auftragung erinnert an die mittelalterlichen Auftragungen zu Lehn oder sonstiger Leihe.

II. Stellung des Heimstätters nach der Eintragung.

Der Heimstätter hat Eigentum an der Heimstätte. Allein es ist ein gebundenes und belastetes, andererseits ein besonders befriedetes Eigentum. Dabei ergreift die Heimstätteneigenschaft auch das Zubehör, insoweit es dem Heimstätter gehört (§ 8 RHStG.).

1. Der Heimstätter ist **gebunden**

a) durch die reichsgesetzlichen Rechte des Ausgebers. Mit diesen Rechten erscheint das Grundstück belastet. Es sind beschränkte dingliche Rechte an fremder Sache (vgl. oben § 40 unter 3). Der Ausgeber hat hiernach

α) Eine Verfügungshoheit. Jede Teilung, Abveräußerung, jede Vergrößerung (Vereinigung oder Zuschreibung), jede Belastung bedarf grundsätzlich der Zustimmung des Ausgebers (vgl. §§ 9, 10, 17, 19 RHStG.). Für die Vollveräußerung besteht ein Vorkaufsrecht (siehe *β*). Wichtige Besonderheiten gelten für Grundpfandrechte. Diese dürfen überhaupt nur in der Form von unkündbaren Tilgungsschulden eingetragen werden (§ 17 II RHStG.). Es kann aber für sie eine Verschuldungsgrenze eingetragen werden, dann ist die Zustimmung des Ausgebers innerhalb dieser Grenze nicht erforderlich (§ 18 RHStG.).

β) Ein Vorkaufsrecht. Es gilt für alle Verträge, die auf Veräußerung der Heimstätte gerichtet sind (Kauf, Tausch, Schenkungsversprechen), ferner bei einem Verkauf in der Zwangsvollstreckung (§§ 11ff. RHStG.). Man kann es daher eigentlich als Näherrecht bezeichnen. Es ist ausgeschlossen bei einem Verkauf an den Ehegatten und nahe Verwandte und Verschwägerte. Es gelten die meisten Vorschriften des dinglichen Vorkaufsrechts des BGB. Besonderheiten ergeben sich namentlich für das Entgelt, welches vom Ausgeber zu zahlen ist. Es soll hier als Höchstpreis der eingetragene Bodenpreis in Betracht kommen, unter Hinzurechnung der Baulichkeiten und Verbesserungen. (Verhinderung der Bodenspekulation!) — Wenn der Ausgeber von seinem Vorkaufsrecht Gebrauch macht, so kann er einfach einen Dritten bezeichnen, an den die Heimstätte aufzulassen ist (§ 16 RHStG.). — Bei einer Dereliktion (§ 928 BGB.) wird es entsprechend anzuwenden sein.

γ) Einen sog. *Heimfallsanspruch.* Der Ausgeber kann verlangen, daß ihm die Heimstätte übertragen wird, wenn der Heimstätter sie nicht dauernd selbst bewohnt oder bewirtschaftet, oder wenn er grobe Mißwirtschaft treibt (§§ 12ff. RHStG.). Wird der Anspruch ausgeübt, so hat der Ausgeber grundsätzlich einen Kaufpreis zu zahlen, für den der gleiche Höchstpreis in Betracht kommt, wie beim Vorkaufsrecht. Es handelt sich also um ein Wiederkaufsrecht. Es hat dingliche Wirkung entsprechend wie das Vorkaufsrecht (nach der Ausübung Vormerkungswirkung). Auch hier kann der Ausgeber dem Heimstätter einfach einen Dritten zur Auflassung überweisen (§ 16 RHStG.). — Das Wiederkaufsrecht des Siedlungsunternehmens gilt hier nicht (§ 34 RHStG.).

b) Die oberste Landesbehörde kann weitere dingliche Gebundenheiten und Belastungen anordnen. Sie kann insbesondere alle Verfügungen über das Grundstück von einer behördlichen Genehmigung abhängig machen. Sie kann Vorkaufsrechte für andere Personen begründen, den Heimfallsanspruch auf weitere Fälle ausdehnen. Vgl. § 22 RHStG.

c) Durch Landesgesetz kann auch eine erbrechtliche Gebundenheit des Heimstätters herbeigeführt werden. Es können Vorschriften über das Erbrecht erlassen, insbesondere ein Anerbenrecht begründet werden (§ 24 RHStG.). Vgl. die „Heimstättenfolge" des preuß. Ges. vom 18. 1. 1924 § 13ff.

2. Der Heimstätter hat ein **besonders befriedetes Eigentum.** Wegen „persönlicher" Schulden ist eine Zwangsvollstreckung in die Heimstätte unzulässig (§ 20 RHStG.). Wegen dinglicher Schulden (Grundpfandrechten, Reallasten) ist sie erlaubt, soweit sie gültig bestellt worden sind (vgl. oben 1 a *α* und 1 b).

Über die Beendigung der Heimstätteneigenschaft siehe unten IV.

III. Stellung des Ausgebers nach der Eintragung.

Sie ergibt sich zu einem großen Teil aus dem, was über die Stellung des Heimstätters gesagt ist. Hiernach hat der Ausgeber einen Inbegriff von Rechten, der als eine einheitliche Belastung der Heimstätte erscheint. Zu erwähnen bleibt hiernach noch folgendes:

1. Der Ausgeber kann den Inbegriff seiner Rechte auf einen anderen übertragen; aber nur an jemanden, der zur Ausgabe von Heimstätten fähig ist (§ 4 I Satz 3 RHStG.). Die oberste Landesbehörde kann die Übertragbarkeit beschränken (§ 22 III RHStG.).

2. Der Ausgeber, der eine Heimstätte durch Ausübung des Vorkaufsrechts oder des Heimfallsanspruches erworben hat, sie aber innerhalb eines Jahres nicht wieder ausgibt, kann von dem Einzelstaat genötigt werden, daß sie dem Staat oder einem von diesem bezeichneten Dritten gegen Wertzahlung übertragen wird. Will das Land hiervon keinen Gebrauch machen, so steht das Abnahmerecht dem Reich zu. Vgl. § 21 II III RHStG. (Leihezwang!).

3. Landesgesetzlich können dem Ausgeber Pflichten auferlegt werden, auf Verlangen des Heimstätters die Heimstätte zu erwerben, natürlich gegen Wertzahlung, entsprechend wie beim Heimfallsanspruch. Kommt der Ausgeber dem nicht nach, so hat das Land bzw. das Reich ein Eintrittsrecht an Stelle des Ausgebers (vgl. § 23 RHStG.).

Über die Beendigung der Heimstättereigenschaft siehe unter IV.

IV. Beendigung der Heimstätte.

Die Eigenschaft als Heimstätte kann nur mit Zustimmung der obersten Landesbehörde gelöscht werden. § 21 I RHStG. Außerdem ist aber zur Löschung eine Bewilligung des Ausgebers (§ 875 BGB.) und, solange der Heimstätter Eigentümer ist, eine Zustimmung des Heimstätters erforderlich. Die Ansicht, daß stets eine Erklärung des Ausgebers gemäß § 875 BGB. genüge, erscheint nicht zutreffend. Denn es handelt sich nicht bloß um eine Belastung des Grundstücks, sondern um die Begründung einer Eigenschaft des Grundstücks, die dem Eigentümer auch bestimmte Vorzugsrechte gewährt. Man wird daher annehmen müssen, daß es im Sinn des Heimstättengesetzes liegen muß, den § 875 BGB. (vgl. § 4 Satz 2 RHStG.) in verständiger Weise zu ergänzen (vgl. auch § 26 der VO. über das Erbbaurecht v. 15. 1. 1919). Dies ergibt auch deutlich der § 21 II RHStG., der jetzt noch zu erwähnen ist. Geht, so heißt es hier, bei der obersten Landesbehörde ein Antrag auf Zustimmung zur Löschung ein, so kann sie innerhalb von drei Monaten verlangen, daß die Heimstätte ihr oder einem von ihr bezeichneten Dritten gegen Wertzahlung übertragen wird. Bei Nichtausübung dieses Rechtes tritt das Reich an ihre Stelle (§ 21 IV RHStG.).

Wird die Eigenschaft als Heimstätte gelöscht, ohne daß das Land oder das Reich von ihren Rechten Gebrauch machen, so hat ein früher enteigneter Grundbesitzer das Wiederkaufsrecht gegen den Ausgeber entsprechend dem Reichssiedlungsgesetz (§ 34 II RHStG., hierzu oben § 43 II 3a).

Vierter Abschnitt.

Die beschränkten dinglichen Rechte.

(Belastungen.)

Eine Übersicht über die beschränkten dinglichen Rechte ist in der Einleitung gegeben (siehe oben § 1 unter I 3). Die folgende Darstellung befaßt sich nur mit den Haupttypen des Reichssachenrechts.

Erstes Kapitel.

Das Erbbaurecht und gleichgestellte Nutzungsrechte.

§ 45. Das Erbbaurecht.

I. Allgemeines.

1. Erbbaurecht ist das veräußerliche und vererbliche Recht an einem Grundstück, auf oder unter der Oberfläche des Grundstücks ein Bauwerk zu haben. § 1012 BGB. und § 1 der VO. v. 15. 1. 1919. Der genauere Inhalt des Rechts wird uns später beschäftigen (unter III).

2. Geschichtlich geht das Erbbaurecht auf die römische Superfizies zurück, es weist aber namentlich in seiner modernsten Gestalt erhebliche Unterschiede ihr gegenüber auf. Die Verfasser des BGB. glaubten, daß es entsprechend der bisherigen Entwicklung nur wenig Verbreitung finden würde, und regelten es in §§ 1012—1017 in einer summarischen Weise. Allein es wurde sehr bald unter Führung der Bodenreformer (Damaschke) für eine Gesundung des großstädtischen Wohnungsbaus verwendet. Städte und manche Staaten gaben Baugrundstücke zu befristetem Erbbaurecht aus, und versuchten so der Bauspekulation entgegenzutreten und mittlere und kleinere Eigenhäuser für den Mittelstand und Arbeiter zu schaffen. Dabei zeigte sich freilich die Unzulänglichkeit der gesetzlichen Reglung. Insbesondere erwies sich das Erbbaurecht, obschon es sich als ein fast an das Eigentum heranreichendes dingliches Recht darstellte, als Kreditbasis als völlig unzureichend. Reformbestrebungen, welche einsetzten, zeitigten die Veröffentlichung eines Entwurfes eines Reichsgesetzes über das Erbbaurecht im Reichsanzeiger v. 3. 3. 1918. Dieser Entwurf wurde von der Reichsregiernng als Verordnung über das Erbbaurecht unter dem 15. Januar 1919 mit Gesetzeskraft verkündet, welche durch das Übergangsgesetz v. 4. 3. 1919 als bindende Rechtsnorm bestätigt worden ist (ErbbauV.). Die VO. legt das Hauptgewicht darauf, das Erbbaurecht als eine bessere Kreditbasis auszugestalten. Dies ist ihr freilich nur zum Teil geglückt.

In bezug auf das Inkrafttreten der VO. ist zu merken, daß für Erbbaurechte, die am 22. 1. 1919 bestanden, das alte Recht gilt, für künftige Erbbaurechte dagegen die §§ 1012—1017 BGB. aufgehoben und durch die Vorschriften der VO. ersetzt worden sind (§ 35 Erbbau V.).

3. Das Erbbaurecht wird auch von der neuen Reichssiedlungsgesetzgebung berücksichtigt. Insbesondere kann ein Erbbaurecht auch als Heimstätte ausgegeben werden. Siehe unten III u. V.

II. Rechtliche Natur.

Das Erbbaurecht ist ein höchst eigentümliches Recht.

Es ist zunächst, wie sein Begriff zeigt (oben I 1), eine Belastung des Grundstücks, also ein beschränktes dingliches Recht, ein Nutzungsrecht an fremder Sache. Die Ansicht, daß beim Erbbaurecht Untereigentum und Obereigentum vorliege, ist unhaltbar; insbesondere gilt bei Aufgabe des Eigentums § 928 BGB. (s. dagegen beim geteilten Eigentum oben § 40 unter 3).

2. Es wird, obschon es ein Recht ist, wie ein Grundstück behandelt (§ 1017 I BGB., § 11 ErbbauV.). Es erscheint also als eine „liegenschaftliche Gerechtigkeit."

Infolgedessen kann es wie eine Liegenschaft belastet werden, namentlich mit Hypotheken und Reallasten; es kann Zubehör, es kann Bestandteile wie ein Grundstück haben, es kann als „Heimstätte" in Betracht kommen (oben I 3).

3. Es ist stets Personalrecht, nie Realrecht; es steht also einer individuell bestimmten Person zu (vgl. oben § 1 I 3c). Es ist aber nie höchstpersönlich, sondern veräußerlich und vererblich. Allerdings kann die Veräußerung an die Zustimmung des Grundeigentümers gebunden werden (zur Verhinderung von Spekulationsverkäufen). Siehe §§ 5ff. ErbbauV. und unter III.

III. Inhalt.

1. Der Erbbauberechtigte hat das Recht, ein Bauwerk auf oder unter dem Grundstück zu „haben". Als „Bauwerk" kommt nicht nur ein Gebäude, sondern jede bauliche Anlage in Betracht (Mauer, selbständige Keller, Denkmal, Brunnen, Brücke). Auf einen „Teil" eines Bauwerks (Stockwerk) kann es nicht gerichtet sein (§ 1014 BGB. § 1 ErbbauV.).

Es kann vertraglich auch auf einen Teil des Grundstücks erstreckt werden (Hof, Garten), der für das Bauwerk im engsten Sinn nicht erforderlich ist, § 1 II ErbbauV. (vgl. § 1013 BGB.).

In bezug auf das Recht des Erbbauberechtigten am Bauwerk ist hervorzuheben:

a) nach BGB. bestand ein tiefgreifender Unterschied zwischen dem Bauwerk, welches der Erbbauberechtigte selbst errichtet hatte, und dem Bauwerk, das er bereits vorfand. Ersteres stand in seinem Sondereigentum (§ 95) und war richtiger Ansicht nach wesentlicher Bestandteil des Erbbaurechts. Letzteres blieb wesentlicher Bestandteil des Grundstücks und im Eigentum des Grundeigentümers, der Erbbauberechtigte hatte an ihm nur ein Erbbaurecht. Es ist klar, daß bei der letztgedachten Gestaltung sich Konflikte in bezug auf das Bauwerk zwischen den Hypothekengläubigern des Grundstücks und des Erbbaurechts ergeben mußten; das Erbbaurecht erschien nicht als sichere Kreditbasis.

b) Daher hat die ErbbV. § 12 bestimmt, daß das Bauwerk in jedem Fall wesentlicher Bestandteil des Erbbaurechts ist und infolgedessen stets im Eigentum des Erbbauberechtigten steht. Ein vorhandenes Bauwerk wird daher auch von allen Belastungen des Grundstücks mit der Entstehung des Erbbaurechts frei. Während des Bestehens des Erbbaurechts kann es somit am Bauwerk nur noch Erbbaurechtshypotheken, aber keine Grundstückshypotheken mehr geben. Hierdurch ist der Realkredit des neuen Erbbaurechts gehoben.

2. Der Erbbauberechtigte hat ein veräußerliches und vererbliches Recht. Allein es braucht ihm nicht für die Ewigkeit eingeräumt zu sein. Vielmehr kann es als ein befristetes Recht bestellt werden. Regelmäßig geschieht dies auch, um die Bodenspekulation zu verhindern. Die Zeitbestimmungen schwanken zwischen 60—100 Jahren. — Nach dem BGB. konnten Erbbaurechte auch unter Bedingungen begründet werden. Mit Recht verbietet aber die Erbbau V. § 1 IV eine auflösende Bedingung (z. B. für den Fall des Konkurses, der Zahlungssäumnis, der

Grundstücksvernachlässigung) bei Nichtigkeit des Erbbaurechts; ein solches in der Luft schwebendes Erbbaurecht ist nicht beleihbar.

3. Der gesetzliche Rahmen des Inhalts des Erbbaurechts kann nach der ErbbV. durch besondere Vereinbarungen erweitert werden. Die wichtigsten werden in §§ 2ff. ErbbauV. aufgeführt. Es gehören hierher z. B. Abreden, welche die Errichtung, die Instandhaltung, die Versicherung des Bauwerks, die Tragung von Abgaben, die Verpflichtung des Erbbauberechtigten zur Zahlung von Vertragsstrafen betreffen, ferner Abreden, welche dem Grundeigentümer einen „Heimfallsanspruch" (s. unten V, 2) oder eine Verfügungshoheit (Zustimmung zu Veräußerungen und Belastungen des Erbbaurechts) einräumen oder dem Erbbauberechtigten ein „Erneuerungsvorrecht" (siehe unten VII. 3) geben.

Indem solche Abreden als Inhalt des Erbbaurechts erklärt werden, haben sie insofern dingliche Wirkungen, als sie eine Gebundenheit des jeweiligen Eigentümers und des jeweiligen Erbbauberechtigten an sie herbeiführen. Dies bedeutet einen wesentlichen Fortschritt, da bisher solche Abreden nur schuldrechtliche Bedeutung unter den Vertragschließenden hatten und nicht ins Grundbuch eingetragen werden konnten.

Als Inhalt des Erbbaurechts sind sie ferner den am Erbbaurecht Berechtigten gegenüber wirksam.

Diese dingliche Wirkung setzt aber ihre Eintragung im Grundbuch voraus (siehe unten IV 1 d).

IV. Entstehung.

1. Abgesehen von der Buchersitzung (§ 900 BGB.) entsteht das Erbbaurecht durch Rechtsgeschäft gemäß § 873 BGB.: Einigung und Eintragung. Besonderheiten sind:

a) Die Einigung bedarf nach der ErbbauV. § 11 keiner Form mehr; nach dem BGB. § 1015 war die Form der Auflassung (gleichzeitige Anwesenheit vor dem Grundbuchamt) vorgeschrieben. — Unter einer auflösenden Bedingung kann das Erbbaurecht nicht mehr bestellt werden (oben III 2).

b) Die Eintragung erfolgt nach der ErbbauV. § 14 stets auf einem besonderen Grundbuchblatt (Erbbaugrundbuch), s.oben § 12 III 2; nach bisherigem Recht (§ 7 GO.) wurde nur auf Antrag ein solches angelegt. Außerdem bedarf es einer Eintragung auf dem Grundbuchblatt des Grundstücks, welches mit dem Erbbaurecht belastet wird, wobei auf das Erbbaugrundbuch zur näheren Kennzeichnung Bezug zu nehmen ist.

c) Das Erbbaurecht kann nur zur ausschließlich ersten Rangstelle bestellt werden, § 10 ErbbauV. Es muß also unter den Lasten des Grundstücks an erster Stelle stehen. Dies ist im Interesse der Beleihbarkeit des Erbbaurechts vorgeschrieben, damit es nicht durch eine Zwangsversteigerung wegen vorgehender Lasten erlöschen kann. — Ausgenommen sind nur solche Rechte, welche stets gegen Dritte wirken (z. B. Überbaurenten § 914).

d) Einigung und Eintragung müssen sich auf die besonderen Abreden beziehen, damit diese zum Inhalt des Erbbaurechts emporgehoben werden (s. oben III 3).

2. Dem dinglichen Vertrage geht ein Kausalgeschäft voran, welches regelmäßig ein Kauf ist (§ 313 BGB.). Meistens wird als Entgelt ein Erbbauzins verabredet. Die ErbbauV. enthält über ihn nähere Bestimmungen (§ 9). Hiernach muß er für die ganze Erbbauzeit nach Zeit und Höhe im voraus bestimmt sein (im Interesse der Kreditgeber des Erbbauberechtigten). Es wird regelmäßig nicht als nur schuldrechtliche Abrede, sondern durch Einigung und Eintragung als Reallast auf dem Erbbaurecht begründet. Der Anspruch auf den Erbbauzins muß stets dem jeweiligen Grundeigentümer (als Realrecht) zustehen (somit erstrecken sich auf ihn auch die Hypotheken des Grundstücks). Niemals ist dagegen der Erbbauzins „Inhalt" des

Erbbaurechts; denn dies würde die Beleihbarkeit des Erbbaurechts hindern, weil er alsdann den Kreditgebern des Erbbauberechtigten gegenüber unbedingt wirken würde, während er als Reallast des Erbbaurechts im Range gegenüber Hypotheken, die nur als erstrangige bestellt werden, zurücktreten kann.

V. Übertragung.

1. Die Übertragung erfolgt nach der ErbbauV. § 11 durch formlose Einigung und Eintragung (Ausschaltung des § 925); die Eintragung erfolgt im Erbbaugrundbuch (§ 14 Erbbau V.). — Nach BGB. § 1017 II war die Form der Auflassung nötig. — Eine Übertragung unter einer Bedingung oder Zeitbestimmung ist nichtig (§ 1017 II BGB. und § 11 I Satz 2 ErbbauV.). Der schuldrechtliche Vertrag bedarf der Form des § 313 BGB. (§ 11 II ErbbauV.). — Die Übertragung kann an die Zustimmung des Grundeigners gebunden werden (§§ 5ff. ErbbauV. mit gewissen Kautelen zugunsten des Erbbauberechtigten).

2. Ein **Anspruch** auf Übertragung des Erbbaurechts kann dem Grundeigentümer vertragsmäßig eingeräumt werden: Heimfallsanspruch. Eine solche Abrede gehört zu den Abreden, die als „Inhalt" des Erbbaurechts in Betracht kamen (§ 2 Ziffer 4 ErbbauV., siehe oben III 3). Beim Heimfallsanspruch müssen die Voraussetzungen genau angegeben sein, unter denen er eintritt. Häufig wird er für den Fall der Vernachlässigung des Bauwerks oder der Zinssäumigkeit verabredet. Doch kann Zahlungsverzug den Heimfallsanspruch nur begründen bei einem Verzuge mit mindestens zwei Jahresbeträgen (§ 9 III ErbbauV.) — Der Heimfallsanspruch steht zwingend als Realrecht dem jeweiligen Grundstückseigentümer zu (§ 3 ErbbauV.). Er kann ferner grundsätzlich nur gegen eine angemessene Entschädigung ausgeübt werden. Doch kann vertraglich Höhe und Zahlungsort, ja sogar der Ausschluß jeder Vergütung verabredet und zum „Inhalt" des Erbbaurechts gestempelt werden (§ 32 ErbbauV.). Wenn das Erbbaurecht zur Befriedigung des Wohnungsbedürfnisses minderbemittelter Bevölkerungskreise bestellt ist, müssen mindestens zwei Drittel des Wertes des Erbbaurechts vergütet werden (§ 32 II ErbbauV.).

Der Heimfallsanspruch ist also ein vertragliches Wiedererwerbsrecht zugunsten des jeweiligen Grundeigners, das sich regelmäßig als ein Wiederkaufsrecht darstellt (anders bei der Heimstätte, hier besteht ein gesetzliches Wiederkaufsrecht, s. oben § 44 II 1 a γ).

Mit dem „Heimfall" bleibt daher das Erbbaurecht als Recht an der eignen Sache bestehen; dementsprechend bleiben auch die das Erbbaurecht belastenden Grundpfandrechte und Reallasten bestehen, sonst würde der Heimfallsanspruch jede Beleihbarkeit des Erbbaurechts hindern. Stehen allerdings diese Rechte dem Erbbauberechtigten selbst zu, so erlöschen sie, weil sonst der Erbbauberechtigte durch Eintragung hoher Grundschulden den Heimfallsanspruch entwerten könnte (§ 33 II ErbbauV.).

Ist ein Erbbaurecht als „Heimstätte" ausgegeben, so ist grundsätzlich der Heimfallsanspruch der ErbbauV. und nicht der Heimfallsanspruch des Heimstättengesetzes maßgebend (§ 26 III RHStG.; umgekehrt ist es bei den Verfügungshoheitsrechten).

VI. Belastungen.

Das Erbbaurecht wird entsprechend wie ein Grundstück belastet durch Einigung und Eintragung (§ 1017 BGB., § 11 ErbbauV.); nach der ErbbauV. § 14 erfolgt die Eintragung im Erbbaugrundbuch. Die wichtigsten Belastungen sind der Erbbauzins (siehe oben IV, 2) und Hypotheken.

Im bisherigen Recht war es zweifelhaft, ob Hypotheken von Erbbaurechten als mündelsichere Anlage gelten konnten. Die ErbbauV. hat dies reichsrechtlich dahin geklärt, daß mündelsicher sein sollen „Tilgungshypotheken“, wenn sie die Hälfte des Wertes des Erbbaurechts nicht übersteigen und die Tilgungszeit nicht kürzer ist als die Erbbaurechtszeit (§§ 18—20 ErbbauV.). Solche Tilgungshypotheken dürfen auch als Anlagewerte für Hypothekenbanken und private Versicherungsunternehmungen in Betracht kommen (§ 21 ErbbauV.).

VII. Beendigung.

1. **Gründe.** Das Erbbaurecht endigt

a) durch rechtsgeschäftliche Aufhebung, und zwar nach den Vorschriften der beschränkten dinglichen Rechte (§ 875 BGB.). Es ist daher erforderlich die Aufgabeerklärung des Erbbauberechtigten und Löschung (gegebenen Falls ist auch § 876 BGB. zu beachten). Die ErbbauV. schreibt aber außerdem die Zustimmung des Grundeigentümers als materielles Erfordernis vor (§ 26), da dieser an der Aufrechterhaltung ein Interesse haben kann;

b) durch Zeitablauf;

c) durch Buchversitzung (§ 901 BGB.);

d) durch Enteignung.

Dagegen endigt das Erbbaurecht nicht durch Zwangsversteigerung des Grundstücks (§ 25 ErbbauV.), durch Untergang des Bauwerks (§ 1016 BGB., § 13 ErbbauV.), ferner nicht durch Vereinigung mit dem Grundstückseigentum (vgl. oben V, 2 beim Heimfall). — Nicht anwendbar sind auf das Erbbaurecht §§ 927, 928 BGB. (vgl. § 11 ErbbauV.; der richtigen Ansicht nach schon nach bisherigem Recht). — Vgl. auch noch § 26 IV RHStG.

2. **Wirkungen.** Mit dem Erlöschen des Erbbaurechts werden die Bestandteile des Erbbaurechts von Rechts wegen Bestandteile des Grundstücks (§ 12 III ErbbauV.). Der Grundeigentümer wird daher Eigentümer des Bauwerks. Der Erbbauberechtigte hat kein Wegnahmerecht (§ 34 ErbbauV.). Er hat auch im allgemeinen keinen Anspruch auf Wertersatz.

Eine Ausnahme gibt es nur für den Fall der Beendigung durch Zeitablauf (oben 1 b). Hier entsteht grundsätzlich eine Entschädigungsforderung des Erbbauberechtigten gegen den Grundeigentümer in bezug auf das Bauwerk (§§ 27ff. ErbbauV.). Sie kann freilich durch eine Vereinbarung ausgeschlossen oder ihrer Höhe oder Art nach festgesetzt werden, welche auch zum „Inhalt“ des Erbbaurechts emporgehoben werden kann; nur bei einem Erbbaurecht, das auf minderbemittelte Bevölkerungskreise abgestellt ist, muß eine Entschädigung in Höhe von mindestens zwei Drittel des Wertes des Bauwerkes gezahlt werden. — Die Entschädigungsforderung ist eine persönliche Forderung, welche aber auch durch eine dingliche Verhaftung des Grundstücks gesichert wird; die Verhaftung des Grundstücks ist eine Belastung mit der Rangstelle des Erbbaurechts (§ 28 ErbbauV.). So entsteht ein eigenartiges dingliches Recht am Grundstück. — Es ist ferner bestimmt, daß sich die Hypotheken, Grundschulden, Rentenschuldenrückstände und Reallastenrückstände auf diese dinglich gesicherte Entschädigungsforderung erstrecken (§ 29 ErbbauV.). — Der Grundeigentümer kann dadurch seine Entschädigungspflicht abwenden, daß er dem Erbbauberechtigten vor dem Ablauf des Erbbaurechts dessen Verlängerung für die voraussichtliche Dauer des Erbbaurechts anbietet, die Ablehnung des Angebots soll Erlöschen des Entschädigungsanspruches herbeiführen (§ 27 III ErbbauV.). Die unbestritten herrschende Lehre nimmt an, daß in diesem Fall auch die Realberechtigten ihre Rechte an der Entschädigungsforderung verlieren. Allein dies kann unmöglich im Sinn des Gesetzes liegen. Man wird vielmehr ihre Rechte an der für sie aufrechtzuerhaltenden Entschädigungsforderung in Erweiterung des in § 29 ErbbauV. ausgesprochenen Rechtssatzes dann anerkennen müssen, wenn die Entschädigungsforderung mit zum Inhalt des Erbbaurechts gehörte.

3. **Erneuerungsvorrecht.** Dem Erbbauberechtigten kann als „Inhalt des Erbbaurechts" ein Vorrecht eingeräumt sein, das ihm nach Ablauf des Erbbaurechts einen Anspruch auf Neubestellung eines Erbbaurechts gibt (§ 2 Ziffer 6 ErbbauV.). Der Erbbauberechtigte kann dies Vorrecht geltend machen, sobald innerhalb von 3 Jahren seit dem Ablauf des Erbbaurechts der Grundeigentümer mit einem Dritten einen Vertrag über die Bestellung eines Erbbaurechts an dem Grundstück abgeschlossen hat. Der frühere Erbbauberechtigte kann alsdann den Dritten zurückdrängen und Bestellung des mit dem Dritten vereinbarten Erbbaurechts für sich fordern. Das Vorrecht wird ähnlich behandelt wie ein dingliches Vorkaufsrecht (§ 31 ErbbauV.). Der Ausdruck „Erneuerungsvorrecht" ist ungenau.

VIII. Schutz.

Das Erbbaurecht wird entsprechend wie das Eigentum dinglich geschützt (§ 1017 II BGB., § 11 II ErbbauV.). Der Erbbauberechtigte hat daher einen dinglichen Anspruch gegen den, welcher ihm den Besitz des Grundstücks vorenthält (§§ 985ff.) und einen Anspruch gegen jeden, der ihn in seinem Recht stört (§ 1004 BGB.).

§ 46. Gleichgestellte Nutzungsrechte.

Gewisse vererbliche und veräußerliche Nutzungsrechte an Grundstücken sind in bestimmten Umfang dem Erbbaurecht gleichgestellt.

1. Die **Erbpacht.** Es ist das bäuerliche Leiheverhältnis, bei welchem der Bauer ein vererbliches und veräußerliches Nutzungsrecht am Grund und Boden gegen Zahlung eines Erbpachtzinses erhält. Es wurzelt seinem Kern nach im deutschen Recht.

a) Das BGB. hat es (mit Einschluß des Büdner- und Häuslerrechts, hier handelt es sich um kleine Stellen) dem Landesrecht überlassen (Art. 63 EG. z. BGB.). Doch ist vorausgesetzt, daß in dem betreffenden Staat zur Zeit des Inkrafttretens des BGB. tatsächlich Erbpachtverhältnisse bestanden. Dem Landesrecht war bei der Reglung freier Spielraum gelassen, doch griff die reichsrechtliche Vorschrift ein, welche den § 1017 BGB. für entsprechend anwendbar erklärte. Die Erbpacht mußte demnach als liegenschaftliche Gerechtigkeit behandelt werden und ihr Erwerb und Schutz sich nach den Vorschriften über das Eigentum richten (wie beim Erbbaurecht). — Gleichzeitig bestimmte die Grundbuchordnung, Art. 84, daß die Erbpacht grundbuchrechtlich entsprechend dem Erbbaurecht geregelt werden konnte.

Die Landesrechte haben in verschiedenem Umfang von dem Vorbehalt Gebrauch gemacht. Dabei haben sie die Erbpacht entweder mehr als ein Recht am fremden Grundstück (wie das Erbbaurecht) oder mehr als Untereigentum aufgefaßt. Besondere Bedeutung hat die Erbpacht in Mecklenburg.

b) Die VO. über das Erbbaurecht hat die künftigen Erbbaurechte sowohl materiellrechtlich wie grundbuchrechtlich neu geregelt (oben § 45). An diesen Änderungen sollen auch die Erbpachtrechte entsprechend teilnehmen oder doch teilnehmen können. Vgl. §§ 36 u. 37 ErbbauV.

c) Erbpachtrechte können (in den Ländern, wo sie bestehen) durch die Landesgesetzgebung die Eigenschaft einer „Heimstätte" erhalten entsprechend dem Erbbaurecht (§ 27 RHStG.).

2. **Abbaurechte nicht bergrechtlicher Mineralien** in Gestalt von vererblichen und veräußerlichen Rechten an Grundstücken werden durch Art. 68 EG. z. BGB. der landesrechtlichen Reglung überlassen. Dabei werden Vorschriften über das Erbbaurecht für entsprechend anwendbar erklärt. Hiermit stand Art. 84 der GBO. in Einklang. — Die VO. über das Erbbaurecht greift in gleicher Weise ein, wie bei der Erbpacht (siehe oben 1 b). — Es gehören hierher namentlich die sächsischen Kohlenabbaugerechtigkeiten.

3. Auf den **Vorbehaltsmaterien** kann eine weitere Gleichstellung durch Landesrecht erfolgen.

Man beachte, daß es liegenschaftliche Gerechtigkeiten gibt, die wie Grundstücke behandelt werden, aber sich nicht als Nutzungsrechte an Grundstücken darstellen (z. B. Fähr-, Fischerei-, Apothekergerechtigkeiten). Vgl. oben § 12 III 2.

Zweites Kapitel.

Die Dienstbarkeiten.

§ 47. Allgemeines.

I. Begriff und rechtliche Natur.

Dienstbarkeit ist das dingliche Recht, das auf unmittelbare aber beschränkte Nutzung einer Sache gerichtet ist.

1. Die Nutzung muß eine unmittelbare sein. Daher kann die Dienstbarkeit nur zu einem Dulden (z. B. bei einem Wegerecht oder Wohnungsrecht) oder Unterlassen (z. B. bei einer Baubeschränkung), aber nicht zu einem Tun (z. B. zur Lieferung von Kartoffeln) verpflichten (anders die Reallast, unten § 53).

2. Die Nutzung muß beschränkt sein. Entweder ihrem Umfang nach: Teilnutzung (z. B. ein Wegerecht), oder der Dauer nach: Verknüpfung mit der Person des Berechtigten (z. B. beim Nießbrauch). Auch beide Beschränkungen können vorhanden sein. Anders das Erbbaurecht, das auf volle Nutzung geht und vererblich und veräußerlich ist.

3. Die Dienstbarkeit ist ein dingliches Recht, hierdurch unterscheidet sie sich von persönlichen Nutzungsrechten (z. B. der Pacht).

Der Begriff der Dienstbarkeit entstammt dem römischen Recht, das ihn als „Servitut" herausgestellt hat. Der einheitliche Begriff hat heute nur theoretischen Wert, da für die verschiedenen Arten der Dienstbarkeiten durchaus verschiedene Rechtssätze gelten.

II. Arten.

Das BGB. kennt drei Arten von Dienstbarkeiten. Dabei hat die 2. und 3. Art und die 1. und 2. Art manche charakteristische Gemeinsamkeit.

1. **Grunddienstbarkeiten** (§ 1018—1029). Sie sind Grundstückslasten zugunsten des jeweiligen Eigentümers eines anderen Grundstücks. Es sind die römischen „Prädialservituten". Über sie in § 48.

2. **Beschränkte persönliche Dienstbarkeiten** (§ 1091—1093). Es sind Grundstückslasten zugunsten einer individuell bestimmten Person: Personalservitut. Über sie in § 49.

3. Der **Nießbrauch** (§ 1030—1090). Er steht einer individuellen Person zu: Personalservitut. Er ist nicht auf Grundstücke beschränkt. Über ihn in § 50.

Man merke sich nun: Die 2. und 3. Art haben gemeinsam: Sie sind als Personalservituten höchstpersönliche Personalrechte, dagegen sind die Grunddienstbarkeiten notwendig Realrechte.

Die 1. und 2. Art haben gemeinsam, daß sie Grundstückslasten sind und auf eine Teilnutzung gehen. Dagegen ist der Nießbrauch an allen Sachen und an anderen Vermögensgegenständen möglich, er geht ferner auf die Nutzung im ganzen.

§ 48. Die Grunddienstbarkeiten.

I. Allgemeines.

Das BGB. hat die Grunddienstbarkeiten nur durch einige Vorschriften geregelt, welche die Grundlinien abgeben. Die Einzelheiten sind im Interesse der Schonung alter lokaler Gewohnheiten den Landesrechten überlassen. So sind insbesondere Wege-, Weide- und Waldgerechtigkeiten eingehend in den Landesgesetzen normiert. Auch ist dem Landesrecht die Ablösung, die Untersagung und Beschränkung von Dienstbarkeiten gestattet (Art. 113ff. EG. z. BGB.). Es bleiben ferner alte Grunddienstbarkeiten in größerem Umfang dem alten Recht unterworfen (Art. 187 EG. z. BGB).

II. Begriff.

Er setzt voraus (§§ 1018, 1019):

1. Ein **herrschendes** und ein **dienendes** Grundstück. Das herrschende Grundstück kann nur ein einheitliches Grundstück sein; ihm dient die Dienstbarkeit, daher „Grund"-Dienstbarkeit = Dienstbarkeit für ein Grundstück. Berechtigtes Subjekt ist der jeweilige Eigentümer des herrschenden Grundstücks (Realrecht). — Das dienende Grundstück ist mit der Dienstbarkeit belastet, es kann auch ein realer Teil eines Grundstücks sein. — Grundstücksgleiche Rechte (wie Erbbaurechte) können sowohl herrschendes wie dienendes Grundstück sein.

2. Die Grunddienstbarkeit muß einen **bestimmten Inhalt** haben:

a) sie muß auf eine Teilnutzung gehen. Diese Teilnutzung kann nur dreifacher Art sein, § 1018 (siehe unten III);

b) sie muß für die Benutzung des herrschenden Grundstücks Vorteil bieten, „praedio utilis" sein, § 1019 (siehe unten III).

Nicht erforderlich ist, daß die beiden Grundstücke benachbart sind (Vizinität).

III. Inhalt.

1. Die **dreifache** Art der Nutzung kann bestehen (§ 1018):

a) in einem Einwirkungsrecht des Berechtigten (er darf das dienende Grundstück in einzelnen Beziehungen benutzen). Er hat z. B. ein Wegerecht oder Weiderecht. Der Eigentümer des dienenden Grundstücks muß hier dulden (pati);

b) in einem Verbietungsrecht des Berechtigten (er darf verbieten, daß gewisse Handlungen auf dem dienenden Grundstück vorgenommen werden dürfen). Er kann z. B. das Verbauen der Aussicht oder das Bauen überhaupt oder in bestimmter Art verbieten. Der Eigentümer des dienenden Grundstücks muß hier unterlassen (non facere);

c) in dem Ausschluß einer Befugnis, die sich kraft Nachbarrechts an sich aus dem Eigentum des dienenden Grundstücks ergibt. Es werden z. B. an sich zulässige Immissionen aus dem dienenden Grundstück ausgeschlossen, oder es wird das Verbietungsrecht des dienenden Grundstücks gegenüber an sich unzulässigen Immissionen aus dem herrschenden Grundstück ausgeschlossen (vgl. § 906 und oben § 24).

2. Die Grunddienstbarkeit kann somit nur auf ein Dulden oder ein Unterlassen nicht dagegen auf ein Tun (facere) des Eigentümers des dienenden Grundstücks gerichtet sein. Möglich ist aber, daß der Nebeninhalt der Grunddienstbarkeit in einem Tun besteht (Erweiterung der römischen servitus oneris ferendi).

a) Wenn zur Ausübung der Grunddienstbarkeit eine Anlage auf dem belasteten Grundstück gehört, so kann deren Unterhaltung dem Eigentümer des dienenden Grundstücks durch Vereinbarung auferlegt werden (§ 1021). Beispiel: Wasserleitungsrecht in den Nachbargraben: Unterhaltung des Grabens.

b) Gesetzlich besteht im Zweifel eine Unterhaltspflicht, wenn die Grunddienstbarkeit in dem Recht besteht, eine bauliche Anlage auf einer baulichen Anlage des Nachbargrundstücks zu halten (§ 1022). Beispiel: Wasserleitung auf einem Pfeiler: Unterhaltung des Pfeilers.

Diese Unterhaltspflichten sind reallastähnliche Pflichten, sie sind aber unselbständig und gehören zum Inhalt der Dienstbarkeit.

3. Die Grunddienstbarkeit muß für die Benutzung des herrschenden Grundstücks einen Vorteil bieten (§ 1019).

Der Vorteil muß also dem Grundstück als solchem zugute kommen, und nicht bloß den individuellen Neigungen des einen oder andern Grundeigentümers. Dabei entscheidet der gesamte Charakter des herrschenden Grundstücks. Es genügt ferner ein idealer oder ästhetischer Vorteil. Beispiele: Für ein Villengrundstück bietet Vorteil die Belastung des Nachbargrundstücks mit dem Recht, daselbst Tennis spielen, spazieren gehen, Obst pflücken zu dürfen. Für ein Fabrikgrundstück bietet Vorteil z. B. die Benutzung des Nachbargrundstücks zur Gewinnung von Bodenbestandteilen, oder der Ausschluß eines Konkurrenzbetriebes auf dem Nachbargrundstück. — Der Vorteil des herrschenden Grundstücks entscheidet auch über den Umfang (das Maß) der Grunddienstbarkeit, bei ungemessenem Umfang kommt das jeweilige Bedürfnis des herrschenden Grundstücks nach Maßgabe seines Charakters zur Zeit der Bestellung der Dienstbarkeit in Betracht.

Bei einem Verstoß gegen diese Vorschriften ist die Grunddienstbarkeit nichtig oder gemäß § 139 teilweise nichtig.

IV. Begründung.

1. Zur **rechtsgeschäftlichen** Bestellung ist erforderlich Einigung und Eintragung (§ 873). — Es ist außerdem die Bestellung einer Eigentümergrunddienstbarkeit nach Analogie des § 1196 möglich (abweichend die herrschende Lehre). — Landesrechtlich ist die Begründung kulturschädlicher Grunddienstbarkeiten vielfach verboten (Forstrecht, Jagdrecht, Weiderecht).

2. Durch **Ersitzung** nur gemäß § 900 (Buchersitzung).

3. Grunddienstbarkeiten, die zur Zeit des Inkrafttretens des BGB. **bestanden,** wurden dem Eintragungszwang nicht unterworfen (Art. 187 EG. z. BGB.). Es gibt infolgedessen auch heute noch viele unsichtbare Grunddienstbarkeiten, die selbst einem gutgläubigen Erwerber des belasteten Grundstücks gegenüber erhalten bleiben.

V. Ausübung.

Der Berechtigte muß bei Ausübung der Dienstbarkeit das Interesse des Eigentümers des belasteten Grundstücks tunlichst schonen (suo jure civiliter uti), § 1020. Hier enthalten die Landesgeseteze vielfache Einzelheiten (s. B. bei Weiderechten: Hütungsvorschriften).

In Zusammenhang hiermit steht § 1023, welcher dem Verpflichteten unter bestimmten Voraussetzungen ein Verlegungsrecht gewährt. — Auch bei Veränderungen der Grundstücke durch Teilungen wird auf die beiderseitigen Interessen gebührend Rücksicht genommen (vgl. §§ 1025, 1026).

VI. Beendigung.

Grunddienstbarkeiten erlöschen vor allem durch rechtsgeschäftliche Aufhebung (§§ 875, 876), durch Buchversitzung (§ 901), durch eine hemmende Anlage sogar trotz Eintrag im Grundbuch (Näheres in § 1028), durch Zwangsversteigerung des dienenden Grundstücks, durch Enteignung, durch „Ablösung" nach Maßgabe der Landesgesetze (Art. 113 EG. z. BGB.).

VII. Schutz.

1. Der Berechtigte hat einen **dinglichen Anspruch gegen Störungen** entsprechend dem Eigentumsfreiheitsanspruch (§ 1004), § 1027. — Schadensersatz und Herausgabe von Nutzungen richten sich nach allgemeinen Grundsätzen.

2. Der Grundstücksbesitzer genießt für eine eingetragene Grunddienstbarkeit **Besitzschutz** (§ 1029).

Vorausgesetzt ist, daß die Dienstbarkeit innerhalb eines Jahres vor der Störung wenigstens einmal ausgeübt worden ist.

Der Grundbesitzer hat hiernach als Grunddienstbarkeitsbesitzer im Fall einer Beeinträchtigung der Dienstbarkeit alle Rechte entsprechend wie ein Sachbesitzer, er hat also die Gewaltrechte, den Besitzstörungs- und den Besitzentziehungsanspruch.

Es handelt sich somit um die Anerkennung eines Rechtsbesitzes (oben § 10); man muß dabei beachten, daß der Schutz dem bloßen Besitzer des Grundstücks zugute kommt, und daß die Grunddienstbarkeit nur eingetragen sein muß, aber nicht zu Recht zu bestehen braucht.

§ 49. Die beschränkten persönlichen Dienstbarkeiten.

I. Allgemeines.

1. Es handelt sich um die Belastung eines Grundstücks entsprechend wie bei der Grunddienstbarkeit, nur muß die Berechtigung mit einer bestimmten Person verknüpft sein (§ 1091). Auch die beschränkten persönlichen Dienstbarkeiten gehen also auf eine Teilnutzung, die dreifacher Art sein kann (vgl. oben § 48 III 1).

Sie finden sich nicht so selten, wie mitunter angenommen wird, insbesondere begegnen sie als Dienstbarkeiten zugunsten einer Gemeinde, oder des Fiskus oder einer Aktiengesellschaft.

2. Es gelten die Rechtssätze über Grunddienstbarkeiten (§ 1090 II) mit folgenden Besonderheiten:

a) Die Dienstbarkeit braucht ihrer Art nach dem Berechtigten keinen Vorteil zu bieten (§ 1019 I ist nicht entsprechend anwendbar). Auch der Umfang richtet sich nur im Zweifel nach dem persönlichen Bedürfnis des Berechtigten (§ 1091).

b) Sie ist unübertragbar; sie kann jedoch der Ausübung nach einem anderen überlassen werden, aber nur, wenn die Überlassung vom Eigentümer gestattet ist (§ 1092).

c) Sie ist unvererblich (§§ 1091, 1061); sie erlischt also wie der Nießbrauch notwendig mit dem Tode des Berechtigten oder dem Untergang der juristischen Person.

II. Das Wohnungsrecht (§ 1093).

Das BGB. hat eine Art der beschränkten persönlichen Dienstbarkeiten besonders geregelt: das sog. Wohnungsrecht. Es ist auf die ausschließliche Benutzung eines Gebäudes oder Gebäudeteils als Wohnung gerichtet. Es findet sich bei bäuerlichen Gutsüberlassungen.

1. Es werden **teilweise** die Vorschriften über den **Nießbrauch** für anwendbar erklärt § 1093 I Satz 2. — Vom Nießbrauch unterscheidet es sich dadurch, daß es lediglich auf ein persönliches Wohnen abgestellt ist, während der Nießbrauch alle Nutzungen gewährt, insbesondere auch die Möglichkeit der Vermietung und Verpachtung. — Entsprechend dem Nießbrauch gibt das Wohnungsrecht ein Recht auf Sachbesitz (§ 1036 I), es wird ferner ein gesetzliches Schuldverhältnis zwischen dem Grundeigentümer und Wohnungsberechtigten begründet, aus dem sich insbesondere Erhaltungspflichten und Ansprüche wegen Verwendungen ergeben.

2. Im übrigen gelten die Vorschriften über die persönlichen Dienstbarkeiten (also z. B. § 1092 Satz 2 und nicht § 1059 Satz 2). Doch kann der Berechtigte seine Familie und seine Bedienung aufnehmen (§ 1093 II; geringe Abweichung von § 1091).

§ 50. Der Nießbrauch.

I. Begriff.

1. Der Nießbrauch ist eine **persönliche Dienstbarkeit,** welche das Recht auf die gesamten Nutzungen eines Vermögensgegenstandes gewährt.

Als Vermögensgegenstände kommen in Betracht Sachen (Fahrnis und Grundstücke) und Rechte. Bei dem Nießbrauch an Sachen ergibt sich ein durchgreifender Unterschied zwischen nicht verbrauchbaren und verbrauchbaren Sachen. Besonderheiten weist auch der „Nießbrauch an einem Vermögen" (genauer: Nießbrauch an den einzelnen Gegenständen eines Vermögens) auf.

Hiernach unterscheiden wir und behandeln unter III. den Nießbrauch an einer nicht verbrauchbaren Sache, unter IV. den Nießbrauch an verbrauchbaren Sachen, unter V. den Nießbrauch an Rechten, unter VI. den Nießbrauch an einem Vermögen.

2. Nicht unter den Begriff des Nießbrauchs fällt die **„Nutznießung" des Familienrechts** (insbesondere die ehemännliche und elterliche Nutznießung). Doch werden manche Sätze des Nießbrauchs hier entsprechend angewendet. Das Nähere gehört in das Familienrecht (vgl. oben § 1 I 2).

II. Bedeutung im Wirtschaftsleben.

Die Bedeutung des Nießbrauchs ist nicht sehr groß. Er findet sich in einer dreifachen Anwendung:

1) Es begegnet ein Nießbrauch zu Versorgungszwecken (Versorgungsnießbrauch. Er beruht regelmäßig auf einer letztwilligen Anordnung und erscheint als Nießbrauch an einem Vermögen (Sondervermögen: Nachlaß). Namentlich: der Ehemann setzt die Kinder als Erben ein und vermacht der Ehefrau den Nießbrauch am Nachlaß. Doch wird dies in neuerer Zeit erheblich zurückgedrängt durch das Institut der Vorerbschaft (§§ 2100ff.).

2) Es findet sich bei bäuerlichen Gutsübergaben ein bei der Eigentumsübertragung vorbehaltener Nießbrauch. Er ist dann ein Nießbrauch an einem Grundstück. — Doch sind die besonderen Formen des Bauernrechts (Altenteilsverträge) sehr viel häufiger.

3) Es findet sich der Nießbrauch zur Sicherung einer Forderung (Sicherungsnießbrauch). Dies ist der häufigste Fall. Er hat sich im großstädtischen Kreditwesen Bahn gebrochen. Der Kreditgeber eines Hauseigentümers läßt sich als Sicherheit einen Nießbrauch an dem Haus bestellen und erhält so unmittelbar die Mietsgelder als Nutzungen. Oft wird dem Kreditgeber gleichzeitig eine Hypothek bestellt, wobei Anrechnung der Mietszinsen auf die Hypothekenforderung und Beendigung des Nießbrauchs beim Erlöschen der Hypothekenforderung verabredet wird. Diese Verquickung von Nießbrauch und Hypothek dient als Ersatz des antichretischen Grundstückspfandes, doch ist infolge der höchstpersönlichen Natur des Nießbrauchs (Überlassung nur der Ausübung nach, Beendigung durch den Tod) der Ersatz nur unvollkommen. Vgl. noch unten § 55 III 4.

III. Der Nießbrauch an einer nicht verbrauchbaren Sache.

1. **Entstehung.**

Zu unterscheiden sind Grundstücke und bewegliche Sachen.

a) Bei Grundstücken kommt in Betracht

α) die rechtsgeschäftliche Begründung durch Einigung und Eintragung (§ 873, beachte auch § 892). Der Erwerber erlangt auch den Nießbrauch am Zubehör entsprechend § 926 (§ 1031);

β) die Buchersitzung (§ 900).

Möglich ist auch Entstehung kraft Surrogation (§ 1075, ohne Einigung und Eintragung).

b) Bei beweglichen Sachen kommt in Betracht:

α) die rechtsgeschäftliche Begründung durch Einigung und Übergabe. An Stelle der Übergabe reichen die gleichen Ersatzmittel aus wie bei dem Eigentumserwerb (§ 1032).

Der Erwerb vom Nichteigentümer vollzieht sich entsprechend wie der Eigentumserwerb (§ 1032 Satz 2).

β) Die Ersitzung durch zehnjährigen gutgläubigen Nießbrauchsbesitz (§ 1033).

Möglich ist auch hier die Entstehung kraft Surrogation gemäß § 1075.

2. **Das Herrschaftsrecht des Nießbrauchers.**

Der Nießbraucher hat ein Herrschaftsrecht an der Sache, das einen bestimmten Inhalt hat. Er hat:

a) ein Recht auf Sachbesitz (§ 1038). Der Besitz soll ihm die Gewinnung von Nutzungen ermöglichen. Dieses Recht wirkt jedem gegenüber;

b) er hat ein Nutzungsrecht. Dieses erstreckt sich auf die gesamten Nutzungen, also die natürlichen und juristischen Früchte und die sonstigen Gebrauchsvorteile der Sache (§ 100) und ihrer Bestandteile. Nur einzelne Nutzungen können bei der Bestellung ausgenommen werden (§ 1030 II).

Zu den Nutzungen gehören z. B. die Mietzinsen, das Recht, die Sache zu vermieten, die natürlichen Sachfrüchte, nicht dagegen der Schatz (§ 1040) und das Bezugsrecht einer Aktie.

Der Nießbraucher erwirbt das Eigentum an den natürlichen Sachfrüchten mit der Trennung, auch an den Übermaß- und Raubfrüchten (§ 954); doch „gebühren" ihm die letzteren nicht, und er schuldet Ersatz (vgl. § 1039).

c) Er hat das Recht, tatsächlich auf die Sache einzuwirken, doch muß er die wirtschaftliche Bestimmung der Sache aufrechterhalten (§ 1036 II) und darf die Sache nicht umgestalten oder wesentlich verändern (§ 1037). Vgl. auch § 1038.

Dagegen hat der Nießbraucher kein Verfügungsrecht (Dispositionsnießbrauch), doch kann es rechtsgeschäftlich neben dem Nießbrauch besonders eingeräumt sein, und gesetzlich steht dem Nießbraucher eines Grundstücks nebst Inventar eine Verfügungsmacht über die einzelnen Inventarstücke zu (§ 1048).

3. **Das gesetzliche Schuldverhältnis zwischen Nießbraucher und Eigentümer.**

a) Aus dem gesetzlichen Schuldverhältnis erwachsen Pflichten und Ansprüche. — Die Pflichten betreffen die Erhaltung der Sache (einschließlich der Versicherung vgl. §§ 1041—1046), die Bestreitung der sog. Ertragslasten (§ 1047), die Sicherheitsleistung und Sequestration (§§ 1051—1054), die Rückgabe der Sache nach Beendigung des Nießbrauchs (§ 1055). Jede schuldhafte Verletzung der Pflichten erzeugt eine Schadensersatzpflicht des Nießbrauchers; für die gewöhnliche Abnutzung ist er nicht verantwortlich (§ 1050); für Übermaß- und Raubfrüchte schuldet er auch ohne Verschulden Wertersatz nach Beendigung des Nießbrauchs und muß dafür Sicherheit leisten (§ 1039). — Die Ansprüche des Nießbrauchers betreffen Verwendungen auf die Sache nach den Grundsätzen der Geschäftsführung ohne Auftrag, auch hat er bei einer Einrichtung ein Wegnahmerecht (§ 1049).

b) Das Schuldverhältnis besteht zwischen dem Nießbraucher und Eigentümer. Normalerweise ist der Eigentümer gleichzeitig der „Besteller." Allein beide brauchen sich nicht zu decken, so wenn der Nießbrauch durch einen Gutgläubigen vom Nichteigentümer erworben ist oder wenn später ein Eigentümer — Besteller sein Eigentum an einen Dritten überträgt. Zum Schutz des Nießbrauchers ist daher bestimmt, daß ihm gegenüber der Besteller als Eigentümer „gilt" (§ 1058); daher befreit ihn z. B. die Rückgabe an den Besteller.

c) Die gesetzlichen Pflichten und Ansprüche des Nießbrauchers können vertraglich (bei Grundstücken durch Einigung und Eintragung) abgeändert oder aufgehoben werden, insoweit sie nicht dem Nießbrauch als unbedingt wesentlich erscheinen.

4. **Übertragung.** Der Nießbrauch ist unbedingt unübertragbar. Dagegen kann die „Ausübung des Nießbrauchs" einem anderen überlassen werden (§ 1059). Es besteht dann das Nutzungsrecht des Erwerbers nur so lange, als der Nießbrauch besteht, denn die Substanz des Rechtes ist beim Nießbraucher geblieben. Nach der herrschenden Lehre erhält der Erwerber damit ein obligatorisches Recht, das aber durch den Besitz eine gewisse dingliche Kraft erhält. — Handelt es sich um die Überlassung eines Nießbrauchgrundstücks an einen Mieter oder Pächter, so tritt bei Beendigung des Nießbrauches der Eigentümer in dies Miet- und Pachtverhältnis ein (vgl. § 1056).

5. **Beendigung.** Der Nießbrauch wird aus verschiedenem Grunde beendet; insbesondere notwendig durch den Tod des Nießbrauchers (1061, ist eine juristische Person Nießbraucher, so erlischt er mit ihrem Untergang), durch rechtsgeschäftliche Aufhebung (vgl. §§ 1062, 1064), durch Vereinigung des Eigentums und des Nießbrauchs in einer Person bei beweglichen Sachen (doch wird er auch hier unter gewissen Voraussetzungen aufrechterhalten, vgl. § 1063; bei Grundstücken erhält er sich stets § 889), durch Untergang der Sache, durch Buchversitzung (§ 901).

6. **Schutz.**

a) Der Nießbraucher hat einen dinglichen Schutz, welcher dem Eigentumsschutz entspricht (§ 1065, vgl. oben § 36ff.). Er hat also den Herausgabeanspruch gegen einen Besitzer entsprechend §§ 985ff. (einschließlich Nutzungen und Schadensersatz), sowie den negatorischen Anspruch aus § 1004 bei bloßen Störungen in seinem Nutzungsrecht, und den Abholungsanspruch des § 1005. Beim Fahrnisnießbrauch gelten die Vermutungen des Fahrnisbesitzes (siehe oben § 38 II).

b) Der Nießbraucher, der den Besitz erlangt hat, hat den Besitzschutz.

7. Möglich ist ein Nießbrauch an einem Bruchteil der Sache, insbesondere einem Miteigentumsanteil, siehe § 1066.

IV. Der Nießbrauch an einer verbrauchbaren Sache.

Wird ein Nießbrauch an verbrauchbaren Sachen (vgl. § 92 BGB.) bestellt, so geht das Eigentum auf den Nießbraucher über. Er ist bei Beendigung des „Nießbrauchs" (z. B. Tod des Bestellers) zum Wertersatz verpflichtet, und zwar nach dem Wert zur Zeit der Bestellung. Hier entsteht ein Schuldverhältnis nur zwischen Nießbraucher und Besteller. Es handelt sich in Wahrheit nicht um einen richtigen Nießbrauch, sondern um einen „uneigentlichen" Nießbrauch. — — Zweckmäßiger würde es sein, wenn der Nießbraucher nicht das Eigentum, sondern nur ein freies Verfügungsrecht erhielte (so bei der „Nutznießung" des Ehemanns an verbrauchbaren Sachen des eingebrachten Gutes, vgl. § 1346 Ziffer 1).

V. Der Nießbrauch an Rechten.

1. **Allgemeines.** Als Gegenstand des Nießbrauchs kann auch ein Recht in Betracht kommen (§ 1068). Es entsteht dann ein „Recht an einem Recht". Über die Konstruktion herrscht Streit. Am einfachsten und natürlichsten ist m. E. die Auffassung, daß auch hier ein dingliches Recht vorhanden ist, welches eine Teilherrschaft an dem Recht selbst gewährt, indem dieses als unkörperlicher Gegenstand vorgestellt wird. Diese Teilherrschaft muß nach Maßgabe der Art und des Inhalts des Rechts ihre verschiedene Färbung erhalten. — Praktisch begegnet ein Nießbrauch an einem einzelnen Recht selten, doch ist zu beachten, daß er in dem Vermögensnießbrauch enthalten ist (vgl. unten VI.).

Gegenstand eines Nießbrauchs kann lediglich ein übertragbares Recht sein (§ 1069 II). Es sollen für den Rechtsnießbrauch die Vorschriften über den Sachnießbrauch entsprechend gelten, doch ergeben sich eine Reihe von Besonderheiten (§ 1068 II). Hervorzuheben ist, daß der Bestellungsvertrag sich nach den Grundsätzen der Übertragung des Rechtes richtet (§ 1069 I, bei einer gewöhnlichen Forderung genügt also formloser Vertrag, bei Rechten an Grundstücken bedarf es der Einigung und Eintragung). Es ist ferner die rechtsgeschäftliche Aufhebung oder Änderung des Rechtes an die Zustimmung des Nießbrauchers gebunden (§ 1071, der Berechtigte kann somit den Untergang des Nießbrauchsobjekts nicht allein herbeiführen).

2. **Nießbrauch an Forderungen.** Gewisse Sonderregeln sind für den Forderungsnießbrauch aufgestellt. Sie gelten für alle Forderungen, auch die durch Pfandrecht und Hypothek gesicherten Forderungen, wobei diese akzessorischen Pfandrechte von dem Nießbrauch der Forderung mit ergriffen werden. Sie sollen aber auch Anwendung finden auf den Nießbrauch an Grundschulden und Rentenschulden (§ 1080). Zu unterscheiden sind unverzinsliche und verzinsliche Forderungen:

a) bei unverzinslichen Forderungen hat der Nießbraucher ein selbständiges Verbrauchsrecht: Er kann allein einziehen und kündigen (§ 1074). Wird dem Nießbraucher geleistet, so erwirbt kraft Surrogation der Gläubiger den geleisteten Gegenstand, der Nießbraucher den Nießbrauch an ihm. Nur verbrauchbare Sachen werden Eigentum des Nießbrauchers nach den Grundsätzen des uneigentlichen Nießbrauchs, so daß er Wertersatz schuldet (§ 1075);

b) bei einer verzinslichen Forderung stehen die Zinsansprüche ohne weiteres dem Nießbraucher allein zu und die Zinsen gehören ihm allein. Das Kapital aber wird einer gemeinsamen Bindung unterworfen. Der Schuldner kann es nur gemeinschaftlich an Gläubiger und Nießbraucher leisten und ihnen gemeinschaftlich kündigen. Entsprechend kann jeder von beiden diese Leistung an beide fordern, und sie können nur gemeinschaftlich kündigen (§ 1077). — Das eingezogene Kapital soll dann wieder verzinslich angelegt und an der so begründeten Forderung dem Nießbraucher neu der Nießbrauch bestellt werden (§ 1079).

3. **Nießbrauch an Wertpapieren.** An dem Recht aus einem Rectapapier wird der Nießbrauch bestellt durch Einigung und Übergabe des Papiers (§ 1069), an einem Orderpapier entsteht der Nießbrauch durch Einigung und Übergabe des indossierten Papiers. Für Inhaberpapiere und Orderpapiere mit Blankoindossement enthält das BGB. Sondernormen in §§ 1081—1084. Der Nießbrauch entsteht durch Einigung und Übergabe des Papiers, aber als Übergabeersatz gibt es auch die Einräumung des Mitbesitzes. Dem Nießbraucher fallen die Zinsen und Dividenden zu, daher kann er den Alleinbesitz der Zins- und Dividendenscheine verlangen. Dagegen steht der Besitz an dem Stammpapier und dem Erneuerungsschein nur dem Eigentümer und Nießbraucher gemeinschaftlich zu.

VI. Der Nießbrauch an einem Vermögen.

Das BGB. kennt einen „Nießbrauch an einem Vermögen". Allein es ist nur ein Anlauf zu der richtigen Erkenntnis des Vermögens als Einheit, denn das Gesetz versichert uns sofort (§ 1085), daß es sich dabei grundsätzlich nur um einen Nießbrauch an den einzelnen Gegenständen des Vermögens handelt. Infolgedessen bedarf es bei der Bestellung des Vermögensnießbrauchs der Umständlichkeit, daß der Nießbrauch an jedem einzelnen Gegenstand besonders bestellt werden muß (an der Fahrnis durch Einigung und Übergabe, an den Grundstücken durch Einigung und Eintragung, an den übertragbaren Rechten durch Abtretung). Und auch sonst hat der Nießbraucher nur eine Summe von Nießbrauchsrechten an den einzelnen Gegenständen. Der Gedanke der Vermögenseinheit kommt lediglich in bezug auf die Regelung der Schulden des Bestellers zum Vorschein (§§ 1086—1088).

1. Die **Gläubiger des Bestellers,** deren Forderungen vor der Bestellung des Nießbrauchs entstanden sind, können auch Befriedigung aus den Nießbrauchgegen-

ständen suchen, ohne daß der Nießbraucher auf Grund seiner dinglichen Rechte widersprechen könnte (§ 1086). Der Besteller muß dabei zur Leistung, der Nießbraucher zur Duldung der Zwangsvollstreckung verurteilt sein (§ 737 ZPO.). Für Zinsen oder ähnliche wiederkehrende Leistungen haftet der Nießbraucher darüber hinaus zwingend persönlich (§ 1088).

2. Der **Besteller** kann vom Nießbraucher Rückgabe der zur Bezahlung seiner Schulden erforderlichen Gegenstände verlangen (§ 1087). Handelt es sich um Zinsen oder ähnliche wiederkehrende Leistungen, so kann der Besteller die Erfüllung vom Nießbraucher selbst beanspruchen (§ 1088 III).

Die Vorschriften über den Vermögensnießbrauch sollen entsprechend bei einem Nießbrauch an einem Nachlaß gelten (§ 1089). Sie sind der richtigen Ansicht nach auch entsprechend auf den Nießbrauch an einem Sondervermögen, insbesondere einem Erwerbsgeschäft, anzuwenden.

Drittes Kapitel.

§ 51. Das Vorkaufsrecht.

I. Allgemeines.

Vorkaufsrecht ist das Recht, einen Gegenstand käuflich zu erwerben, sobald er an einen anderen verkauft wird. Es gibt gesetzliche und vertragliche Vorkaufsrechte.

Das BGB. kennt nur ein gesetzliches Vorkaufsrecht, welches den Miterben in bezug auf die Anteile am Nachlaß als solchen mit absoluter (dinglicher) Wirkung zusteht (§ 2034). Bei den vertraglichen Vorkaufsrechten unterscheidet es zwischen „persönlichem“ und „dinglichem“ Vorkaufsrecht. Das persönliche Vorkaufsrecht ist in §§ 504ff. geregelt, es ist ein entgeltliches Erwerbsrecht, welches lediglich eine persönliche Gebundenheit und Verpflichtung des anderen Teils hervorbringt, aber keine Belastung darstellt, so daß es nicht an der Sache haftet und keine dingliche Kraft gegenüber Dritten äußert. Es ist sowohl an Grundstücken, wie an beweglichen Sachen möglich — Das dingliche Vorkaufsrecht ist in §§ 1094ff. geregelt. Es ist ein entgeltliches dingliches Erwerbsrecht, aber nur an Grundstücken möglich.

Das Landesrecht und das neueste Reichsrecht kennen gesetzliche dingliche Vorkaufsrechte an Grundstücken. Die landesrechtlichen entstammen z. T. dem älteren deutschen Recht. Die wichtigsten landesrechtlichen und reichsrechtlichen Vorkaufsrechte sind in den Dienst einer angemessenen Bodenverteilung in öffentlichem Interesse gestellt. Insbesondere sind sie ein Bestandteil des neuen Siedlungsrechts (vgl. oben §§ 43, 44).

Ihre rechtsgeschichtliche Wurzel haben die dinglichen Vorkaufsrechte in dem „Näherrecht“ des deutschen Rechts.

Wir betrachten im folgenden das vertragliche dingliche Vorkaufsrecht des BGB. (unter II.); auf die gesetzlichen Vorkaufsrechte des neuen Reichssiedlungsrechts soll nochmals kurz hingewiesen werden (unter III).

II. Das vertragliche dingliche Vorkaufsrecht des BGB.

1. **Begriff.** Es ist ein dingliches Recht an einem Grundstück, welches dem Berechtigten gegenüber dem Grundeigentümer ein Vorkaufsrecht gibt (§ 1094).

Sein Gegenstand kann nur ein Grundstück oder ein grundstücksgleiches Recht (z. B. Erbbaurecht) sein, ferner ein Miteigentumsanteil an einem Grundstück (§ 1095). Im Zweifel erstreckt es sich auf das mitverkaufte Zubehör (§ 1096).

Es kann, wenn man auf die Person des Berechtigten sieht, Personalrecht (und ist dann im Zweifel höchstpersönlich) oder Realrecht eines anderen Grundstücks sein (§ 1094 II). Eine Umwandlung von Personalrecht in Realrecht oder umgekehrt ist nicht möglich (§ 1103).

2. **Rechtliche Natur.** Es ist ein besonderes dingliches Recht, eine Belastung des Grundstücks. Und zwar ist es ein entgeltliches dingliches Erwerbsrecht mittels Übereignung (oben § 1 unter I 3aβ). Kraft seiner Dinglichkeit erzeugt es eine dingliche Gebundenheit und Verpflichtung des jeweiligen Grundstückseigentümers und entfaltet seine Wirkungen gegen Dritte. Und weil es ein dingliches Recht ist, so gelten für es auch besondere Rechtssätze für beschränkte dingliche Rechte. Infolgedessen wird trotz mancher Gemeinsamkeiten das dingliche Vorkaufsrecht von dem persönlichen Vorkaufsrecht durch eine tiefe Kluft getrennt, und auch ein persönliches Vorkaufsrecht, das durch eine Vormerkung gesichert ist, ist etwas durchaus anderes (insbesondere gelten für ein vorgemerktes Vorkaufsrecht nicht die Rechte an Grundstücken, vgl. oben § 17 IV, es ist ferner bei ihm nur der Besteller verpflichtet, es kommt nicht die Sondernorm der §§ 1094 II, 1097 Satz 2, 1100ff. zur Anwendung). — Weil es ein begrenztes dingliches Recht, also ein Herrschaftsrecht an einer Sache ist, darf man es auch nicht als ein Gestaltungsrecht bezeichnen.

3. **Inhalt.** Das dingliche Vorkaufsrecht hat insofern einen ähnlichen Inhalt wie das persönliche, als es auf bevorzugten Erwerb des Grundstücks im Fall eines Verkaufs gerichtet ist (§ 1098). Allein abgesehen von der dinglichen Ausgestaltung sind auch sonst einige Verschiedenheiten vorhanden. So ist es nicht bloß im Fall eines gewöhnlichen Verkaufes, sondern auch bei einem Verkauf durch den Konkursverwalter gegeben (§ 1098). Es kann ferner für mehrere oder für alle Verkaufsfälle eingeräumt werden (§ 1097). Im übrigen ist es an die vom Gesetz gegebenen Schranken gebunden und der freien Ausgestaltung entzogen.

4. Die **Ausübung und ihre Wirkungen.**

a) Die Ausübung ist zulässig, sobald von dem jeweiligen Grundeigentümer ein Kaufvertrag über das Grundstück mit einem Dritten geschlossen ist (§§ 1098, 504). Sie erfolgt durch eine einseitige, formfreie Willenserklärung gegenüber dem Grundeigentümer (§§ 1098, 504). Diese Willenserklärung erzeugt ein Kaufverhältnis zwischen dem Grundeigentümer und Vorkaufsberechtigten. Somit ist dem Vorkaufsberechtigten zwecks Durchführung seines Vorkaufsrechts ein Gestaltungsrecht verliehen.

b) Das durch die Ausübung entstehende Kaufverhältnis soll nach Maßgabe der Bestimmungen zustande kommen, die der Grundeigentümer in dem Verkauf mit dem Dritten vereinbart hat (§§ 1098, 505 II). Deshalb ist auch der Grundeigentümer nicht bloß zu einer Mitteilung des Verkaufes, sondern auch seines Inhalts verpflichtet (§§ 1098, 510). — Aus dem „Kaufverhältnis" entspringt der Anspruch auf Übereignung und zur Zahlung des Kaufpreises. Beide sind noch näher zu betrachten.

α) Der *Anspruch auf Übereignung* steht dem Vorkaufsberechtigten zu und ist gegen den verkaufenden Grundeigentümer gerichtet. Aber er ist mit einer dinglichen Kraft dadurch ausgestattet, daß bereits dem Vorkaufsrecht die Wirkung einer Vormerkung zur Sicherung dieses künftigen Anspruches beigelegt ist (§ 1098 II). Wenn daher der verkaufende Grundeigentümer das Grundstück dem dritten Käufer übereignet hat, so ist diese Übereignung dem Vorkaufsberechtigten gegenüber unwirksam: Letzterer kann sie als ungeschehen behandeln und von dem verkaufenden Grundeigentümer Auflassung, von dem Käufer aber Zustimmung zu dieser Auflassung fordern (vgl. oben § 7 II über die Wirkung der Vormerkung).

β) Der *Anspruch auf Zahlung des Kaufpreises* steht dem verkaufenden Grundeigentümer zu und ist gegen den Vorkaufsberechtigten gerichtet. Doch wird auch die Kaufpreisschuld von der dinglichen Wirksamkeit des Vorkaufsrechts beeinflußt, wenn das Grundstück dem Käufer bereits zu Eigentum übertragen war: Hat der Käufer den Kaufpreis schon bezahlt, so kann er Erstattung nur vom Vorkaufsberechtigten verlangen, während letzterer von der Kaufpreisschuld gegenüber dem verkaufenden Grundeigentümer frei wird. Zugunsten des Erstattungsanspruchs besteht ein Zurückbehaltungsrecht (§§ 1100—1102).

5. **Beendigung.** Das Vorkaufsrecht erlischt wie jedes beschränkte dingliche Grundstücksrecht (insbesondere §§ 875, 901), ferner durch wirksame Ausübung, oder durch Nichtausübung, wenn es z. B. nur auf einen Verkaufsfall abgestellt war. Siehe noch § 1104.

III. Die gesetzlichen dinglichen Vorkaufsrechte des Reichssiedlungsrechts.

Nach dem Reichssiedlungsgesetz haben das Siedlungsunternehmen und der Landlieferungsverband ein gesetzliches Vorkaufsrecht an den „großen" Gütern ihres Bezirkes (oben § 43). Nach dem Heimstättengesetz hat der Ausgeber ein Vorkaufsrecht an der Heimstätte (oben § 44). Bei diesen gesetzlichen Vorkaufsrechten ist der Vorkaufsberechtigte erheblich gegenüber dem Vorkaufsberechtigten des bürgerlichen Rechts begünstigt. So greift das Vorkaufsrecht des Reichssiedlungsgesetzes nicht bloß beim Verkauf, sondern bei jedem entgeltlichen Veräußerungsgeschäft ein und bei der Zwangsversteigerung. Und das Vorkaufsrecht des Ausgebers der Heimstätte ist sogar bei jedem, auch dem unentgeltlichen Veräußerungsgeschäft gegeben. — Der Vorkaufsberechtigte ist ferner in verschiedener Weise in bezug auf den Rang seines Rechtes (Reichssiedlungsgesetz) und in bezug auf das von ihm zu zahlende Entgelt (insbesondere bei der Heimstätte besteht ein Höchstpreis) bevorzugt. — Von dem Vorkaufsrecht zu unterscheiden sind gesetzliche Rechte auf ein Kaufangebot vor einer anderweiten Veräußerung, da sie den Abschluß eines Kaufvertrages nicht zur Voraussetzung haben (vgl. RSG. § 9 II oben § 43 II 3b).

§ 52. Das dingliche Wiederkaufsrecht.

Wiederkaufsrecht ist das Recht auf Rückerwerb eines Gegenstandes durch Kauf. Es gibt gesetzliche und vertragliche, es gibt persönliche und dingliche Wiederkaufsrechte.

Das BGB. kennt nur ein vertragliches, persönliches Wiederkaufsrecht, welches in einem Kaufvertrage vorbehalten wird (§§ 497ff.).

Das Landesrecht konnte auf den Vorbehaltsgebieten auch gesetzliche und dingliche Wiederkaufsrechte schaffen. Hiervon wurde bei den Rentengütern Gebrauch gemacht, indem bei ihnen ein vertragliches dingliches Wiederkaufsrecht zugelassen wurde (Preuß. AG. z. BGB. Art. 29, tatsächlich wurde es auch regelmäßig begründet).

Das Reichssiedlungsrecht kennt ein gesetzliches dingliches Wiederkaufsrecht des Siedlungsunternehmens an der Ansiedlerstelle (RSG. § 20, oben § 43 II 2) und des früheren Eigentümers gegenüber dem Siedlungsunternehmen nach Ablauf von 10 Jahren bei Nichtverwendung zur Siedlung (RSG. § 21, oben § 43 II 3). — Auch ist regelmäßig der Heimfallsanspruch bei der Heimstätte ein gesetzliches dingliches Wiederkaufsrecht (siehe oben § 44 II 1 aγ) und der Heimfallsanspruch beim Erbbaurecht ein vertragliches dingliches Wiederkaufsrecht (siehe oben § 45 V 2).

Das dingliche Wiederkaufsrecht ist eine Belastung des Grundstücks zugunsten des Wiederkaufsberechtigten. Es ist entsprechend dem Vorkaufsrecht ein dingliches entgeltliches Erwerbsrecht mittels Übereignung. Es wird ausgeübt durch eine einseitige rechtsgestaltende Erklärung gegenüber dem jeweiligen verpflichteten Grundeigentümer, welche ein Kaufverhältnis zwischen diesem und dem Wiederkaufsberechtigten hervorbringt. Es wirkt nach der Ausübung dinglich gegen Dritte entsprechend dem dinglichen Vorkaufsrecht. Doch sind die Voraussetzungen für seine

Ausübung andere als beim Vorkaufsrecht. Es setzt nicht notwendig den Abschluß eines Veräußerungsvertrages, ja nicht einmal die Absicht einer Veräußerung voraus. Vielmehr sind die Rechtsgründe für die Ausübung bei den einzelnen Wiederkaufsrechten verschieden, unter ihnen kann allerdings auch eine Veräußerung in Betracht kommen.

Viertes Kapitel.

§ 53. Die Reallasten.

I. Begriff.

Reallast ist die Belastung eines Grundstücks mit dem Recht auf Entrichtung wiederkehrender Leistungen aus dem Grundstück (§ 1105).

Außer Grundstücken kommen grundstücksgleiche Rechte in Betracht. Bruchteile sind nur belastbar, wenn sie Miteigentumsanteile sind (§ 1106). — Die Leistungen können auf Naturalien, auf Geld oder auf Handlungen gehen; sie können zeitlich unbeschränkt sein (ständige Reallasten); ihr Umfang kann fest bestimmt sein. Regelmäßig wiederkehrende, fest bestimmte Reallasten auf vertretbare Sachen heißen Grundrenten. Da die Leistungen aus dem Grundstück erfolgen sollen, ist das Grundstück und hiermit der jeweilige Grundstückseigentümer verschuldet und verhaftet (vgl. unten III u. V). — Außer den privatrechtlichen Reallasten, die hier allein in Frage stehen, gibt es zahlreiche öffentlichrechtliche Reallasten (z. B. Kirchen-, Schul-, Wege-, Deichlasten). — Keine richtigen Reallasten sind die unselbständigen Lasten, welche den Eigentumsinhalt beschränken, wie die Überbau- und Notwegsrenten (vgl. oben § 25 V u. VI).

Die der Belastung entsprechende Berechtigung wird am besten mit Reallastberechtigung bezeichnet. Diese kann Personal- oder Realrecht sein; es gilt Gleiches wie beim dinglichen Vorkaufsrecht (vgl. §§ 1105 II, 1110, 1111 I mit §§ 1094 II, 1103; hierzu oben § 51 II 1).

Der Begriff der Reallast entstammt dem deutschen Recht.

II. Gesetzliche Regelung und wirtschaftliche Bedeutung.

1. **Gesetzliche Regelung.** Das BGB. hat die Reallasten nur durch einige, wenige Vorschriften geordnet. Der weitgehendste Spielraum ist dem Landesrecht überlassen. Zunächst ist allgemein dem Landesrecht die Ablösung, Untersagung und Beschränkung von Reallasten vorbehalten (entsprechend wie bei den Dienstbarkeiten Art. 113ff. EG. z. BGB., vgl. oben § 48 I). Außerdem aber hat das Landesrecht gewisse wichtige Reallasten auf den Vorbehaltsmaterien eingehend geregelt (Rentengüter).

2. **Wirtschaftliche Bedeutung.** Die Reallasten haben im mittelalterlichen deutschen Recht eine gewaltige Rolle gespielt, insbesondere in den bäuerlichen Verhältnissen. Demgegenüber ist heute ihre Bedeutung zurückgetreten. Doch ist das Institut lebenskräftig und ist in der letzten Unglückszeit des deutschen Volkes mit Erfolg bei der Geldentwertung angewendet worden. — Praktisch begegnen die Reallasten:

a) bei den bäuerlichen Altenteilsverträgen zur Sicherung der aus ihnen erwachsenden Ansprüche (z. B. Naturalabgaben an den alten Bauer);

b) bei den Rentengütern (vgl. namentlich das preuß. Ges. v. 27. 7. 1890);

c) bei dem Erbbaurecht wird der Erbbauzins regelmäßig als Reallast auf das Erbbaurecht gelegt (vgl. oben § 45 VI 2);

d) während der Inflationszeit haben Kreditanstalten unter Verwertung der Prinzipien der Hypothekenbanken wertbeständige Schuldverschreibungen unter Deckung wertbeständiger Reallasten ausgegeben (z. B. die Roggenrentenbank in Berlin, Roggenrentenpfandbriefe). Die neueste Gesetzgebung hat solche Kreditanstalten als Hypothekenbanken anerkannt (vgl. Ges. zur Änderung des Hypothekenbankges. v. 14. 7. 1923 und die VO. über die Umwandlung von Kreditanstalten in Hypothekenbanken v. 14. 12. 1923). Zum Verständnis ist zu beachten, daß bis vor kurzem Hypotheken nur auf Reichswährung (Papiermark) lauten konnten.

e) Über die Verquickung der in das öffentliche Recht hineinragenden „Grundschulden" der Rentenbank mit Elementen der Reallast, und über die Industriebelastung siehe unten § 54 III 1 c.

III. Rechtliche Natur.

Die rechtliche Natur der Reallasten war im früheren Recht lebhaft bestritten, der Streit wurde dadurch genährt, daß das römische Recht sie nicht kannte, und man sie daher z. T. in römische Begriffe einzuzwängen suchte und ihren selbständigen dinglichen Charakter leugnete. Heute ist auf Grund des BGB. mit Recht herrschende Lehre, daß sowohl die Reallast im ganzen, als Ursprungslast der einzelnen Leistungen, wie die einzelnen aus ihr hervorquellenden Leistungen dingliche Belastungen des Grundstücks sind, und ihnen daher dingliche Rechte am Grundstück entsprechen. Außerdem kann für die einzelnen Leistungen eine persönliche Verpflichtung in Betracht kommen. Der dingliche Charakter der Reallast und der Reallasten ergibt sich aus § 1105 und § 1107, welcher die Vorschriften über Hypothekenzinsen für anwendbar erklärt. — Allerdings ist die rechtliche Konstruktion im einzelnen streitig. M. E. ist die Lehre richtig, welche, soweit die dingliche Seite in Frage steht, dingliche Schulden (im Sinne eines Leistensollens) mit einer Verhaftung des Grundstücks annimmt (vgl. unten V). Wir rechnen die Reallasten daher zu den dinglichen Haftungsrechten (vgl. oben § 1 I 3aγ). Von den Grundstückspfandrechten, die auch dingliche Haftungsrechte sind, (insbesondere von der Rentenschuld) unterscheidet sich die Reallast dadurch, daß ihr ein festgelegter Kapitalwert nicht begriffswesentlich ist, und sie so wirtschaftlich zu den Gebrauchs- und Nutzungsrechten am Grundstück hinüberführt. Andererseits unterscheidet sie sich von den Dienstbarkeiten dadurch, daß sie auf ein „Tun" abgestellt ist, und dem Berechtigten eine unmittelbare Nutzung fehlt. — Über die einzelnen Unterschiede zwischen Reallast und Rentenschuld siehe noch unten § 57 II.

IV. Begründung.

Die Reallast kann nach BGB. nur durch Einigung und Eintragung (§ 873) begründet werden.

Landesrechtlich ist die Neubegründung vielfach beschränkt, insbesondere sind oft nur unständige Reallasten erlaubt. In Preußen sind auch ständige Geldrenten zugelassen, aber ablöslich (vgl. Preuß. Ges. v. 2. 3. 1850). Besonders zugelassen sind Rentengüter.

Auch nach BGB. kann eine Ablösungssumme vereinbart und eingetragen werden.

V. Inhalt.

Zu unterscheiden ist die Reallast im ganzen und die einzelnen Leistungen.

1. Die **Reallast im ganzen** lastet als Ursprungslast der einzelnen Leistungen auf dem Grundstück und enthält eine untrennbar mit dem Grundeigentum verbundene dingliche Schuld. Für sie ist das Grundstück verhaftet. Diese Haftung zeigt sich insofern als bei der Zwangsversteigerung beim Erlöschen der Reallast durch Zuschlag Ersatz ihres Wertes aus dem Versteigerungserlös verlangt werden kann (§ 92 ZVG.). Es kann aber auch eine unmittelbare Haftung des Grundstücks bei einer fälligen Ablösungssumme in Betracht kommen (Befriedigung gemäß § 1147).

2. Die **einzelnen Leistungen** entspringen der Reallast im ganzen. Es ist aber zu unterscheiden:

a) Stets und grundsätzlich sind sie ein Spiegelbild des Mutterrechts, dem sie entstammen. Daher treffen sie bei ihrer Fälligkeit den Grundeigentümer als solchen als dingliche Schulden (Leistensollen), die mit dem Grundeigentum untrennbar verbunden bleiben. Rückständige Reallasten lassen also den alten Eigentümer los und erfassen den Eigentumsnachfolger. Doch ist die Haftung auf das Grundstück beschränkt, die Haftung ist ebenso wie die Schuld nur eine dingliche: der Reallastberechtigte kann seine Befriedigung aus dem Grundstück wie ein Hypothekengläubiger wegen der Hypothekensinsen suchen (§§ 1107). Dies geschieht durch Zwangsvollstreckung, sei es durch Pfändung mithaftender Fahrnis und Forderungen, sei es durch Zwangsversteigerung oder Zwangsverwaltung (§ 1147).

b) Im Zweifel entsteht aber außerdem bei jeder fälligen Einzelleistung ein rein persönliches Schuldverhältnis zwischen dem Reallastberechtigten und demjenigen, der zur Zeit der Fälligkeit Grundeigentümer ist. Jeder Grundeigentümer ist also im Zweifel für die während der Dauer seines Eigentums fällig werdenden Leistungen „auch" persönlich verpflichtet und verhaftet (§ 1108). Für sie haftet er mit seinem ganzen Vermögen, und auch nachdem er das Grundstückseigentum veräußert hat. — Diese persönliche Verpflichtung und Verhaftung ist aber kein wesentlicher Ausfluß der Reallast; sie kann daher wegbedungen werden, doch bedarf die Abrede, um dinglich zu wirken, der Eintragung im Grundbuch.

Die dingliche und persönliche Schuld treffen zunächst in derselben Person zusammen, es kann aber zur Zweiung kommen. Wird das Grundstück veräußert und sind Rückstände vorhanden, so bleibt der Veräußerer in bezug auf die Rückstände persönlich verpflichtet und verhaftet, während der Erwerber in bezug auf die Rückstände in die dingliche Schuld eintritt und mit dem Grundstück haftet. Es entsteht dann eine eigentümliche Gesamtschuld, welche nach Analogie von § 1143 zu beurteilen ist.

Die rechtliche Konstruktion der Reallasten ist im einzelnen streitig. Viele verwerfen den Begriff der dinglichen Schuld im Sinn eines „Leistensollens" und wollen hier nur eine Schuld im Sinn eines „Bekommensollens" des Gläubigers anerkennen. Viele verwerfen ferner den Begriff einer dinglichen Schuld überhaupt. Sie gehen nur von einem Recht auf Wertentnahme aus. Die Reallast im ganzen ist ihnen lediglich ein Totalrecht, das die Befugnis gibt, dem Grundstück Werte abzugewinnen. Aus ihm entsprängen in bezug auf die einzelnen Leistungen „Verwertungsrechte" gegen den Grundeigentümer als solchen (wie bei den Hypothekenzinsen), und im Zweifel schuldrechtliche Ansprüche gegen den Eigentümer der Fälligkeitszeit; daneben werden auch andere Ansprüche (z. B. auf die Ablösungssumme) anerkannt. — Die Einwendungen gegen den Begriff der dinglichen Schuld sind jedoch m. E. nicht haltbar. Er liegt der Gesetzgebung und der Verkehrsanschauung zugrunde, er muß freilich im Sinn einer besonderen sachenrechtlichen Schuld verstanden und darf nicht einfach den Regeln der obligationrechtlichen Schuld unterstellt werden. Siehe hierüber bei den Grundstückspfandrechten, unten § 54 V.

VI. Übertragung.

Soweit die Reallastberechtigung übertragbar ist, erfolgt die Übertragung der Berechtigung im ganzen und auf eine einzelne noch nicht fällige Leistung durch Einigung und Eintragung (§ 873). Dagegen wird das Recht auf die einzelne fällige Leistung durch einfachen Abtretungsvertrag übertragen (§§ 1107, 1159).

VII. Beendigung.

Die Reallasten erlöschen insbesondere durch rechtsgeschäftliche Aufhebung (§ 875), durch Ausschluß des Personalrechts (§ 1112), durch Zuschlag in der Zwangsversteigerung, Enteignung; vor allem aber durch Ablösung, die für zahlreiche Reallasten durch Landesgesetze seit 1848 durchgeführt worden ist.

VIII. Aufwertung.

Die Reallasten unterliegen der Aufwertung gemäß der dritten Steuernotverordnung vom 14. 2. 1924 § 1 II Ziffer 2 entsprechend wie die Hypotheken (vgl. unten § 54 IV). Vgl. ferner bereits das Ges. über die anderweitige Festsetzung von Geldbezügen aus Altenteilsverträgen vom 18. 8. 1923.

Fünftes Kapitel.

Die Grundstückspfandrechte.

§ 54. Rechtliche und wirtschaftliche Grundlagen. Geldentwertung. Plan der Darstellung.

I. Die gesetzliche Regelung im allgemeinen.

Das BGB. kennt „Hypotheken", „Grundschulden" und „Rentenschulden" (vgl. die Überschrift des achten Abschnitts). Es handelt sich aber dabei um Spielarten eines einheitlichen Begriffs (vgl. §§ 1198, 1203), der als Grundstückspfandrecht zu bezeichnen ist. Das Grundstückspfandrecht läßt sich allgemein so kennzeichnen, daß bei ihm eine kapitalistische Verschuldung und Verhaftung eines Grundstücks vorliegt.

Es empfiehlt sich, zunächst die allgemeinen Prinzipien zu betrachten, welche die gesetzliche Regelung des Grundpfandrechts beherrschen. Dabei ist freilich zu betonen, daß diese Prinzipien bei den drei genannten Arten des Grundstückspfandrechts verschieden stark ausgeprägt sind, und daß sich innerhalb der Hypothek wieder verschiedene Spielarten finden. Hervorzuheben ist ferner, daß die wichtigsten Prinzipien auf deutschen Rechtsgedanken beruhen, die sich nach den gerade auf dem Gebiet des Grundkredits besonders verhängnisvollen Wirkungen der Rezeption des römischen Rechts im modernsten Recht siegreich durchgesetzt haben. Hieran darf der fremdländische Ausdruck „Hypothek" nicht irremachen.

Die rechtliche Natur des „Grundstückspfandrechts" und sein Verhältnis zum Pfandrecht an beweglichen Sachen wird uns später beschäftigen. Wir legen den Begriff der Grundstückspfandrechte an dieser Stelle folgendermaßen fest:

Es sind Belastungen eines Grundstücks in der Weise, daß das Grundstück für eine bestimmte, vom Grundeigentümer geschuldete Geldsumme haftet. Der Gläubiger hat ein Zugriffsrecht auf das Grundstück. Jedes Grundstückspfandrecht ist daher ein dingliches Recht.

1. Publizitätsprinzip und Grundbuchrecht. Alle Grundstückspfandrechte unterstehen dem liegenschaftlichen Publizitätsprinzip, welches in dem Grundbuchsystem seinen Ausdruck gefunden hat (vgl. oben § 1 III 2 und § 11 I). Hierdurch wird die im Interesse des Realkredits so überaus wichtige Klarheit und Übersichtlichkeit erreicht und der Verkehr geschützt. Man kennt infolgedessen im Verkehr die Lasten des Grundstücks, man weiß, an welcher Stelle man als dinglich Berechtigter zum Zuge kommt, man kann sich sogar auf das unrichtige Grundbuch verlassen und man übersieht die Höhe der einzelnen Belastungen. Freilich sind die hierin enthaltenen Prinzipien durch Ausnahmen getrübt, die sich leider in der neusten Zeit durch öffentliche Zwangslasten und die Unsicherheit in der Aufwertungsfrage bedenklich vermehrt haben. Für das Grundpfandrecht gilt insbesondere:

a) Es entsteht grundsätzlich nur durch Bucheintrag (Eintragungsprinzip). Es gibt im Gegensatz zum römischen Recht grundsätzlich keine gesetzlichen oder stillschweigenden Grundpfandrechte. Eine Ausnahme machen die „Grundschulden" der Rentenbank, allein sie haben einen stark öffentlichrrechtlichen Anstrich und sind den Reallasten angenähert (siehe unten III 1 c).

b) Die Eintragung bestimmt den Rang der Grundpfandrechte (grundbuchmäßiges Prioritätsprinzip). Infolgedessen sind gesetzliche Vorrechte (Pfandprivilegien), wie sie das römische Recht zahlreich kannte, grundsätzlich ausgeschlossen. Eine Ausnahme des neuesten Rechts ist die Darlehnshypothek des Reichsnotopfergesetzes, welche allen privatrechtlichen Lasten vorgeht, aber auch sonst Eigentümlichkeiten aufweist (siehe Reichsnotopfergesetz vom 31. 3. 1919 in der Fassung vom 6. 7. 1921 und die Durchführungsverordnung vom 15. 11. 1921 — vgl. bereits oben § 15 I am Ende. Auch die „Grundschulden" der Rentenbank sollen allen anderen Lasten im Rang vorgehen (vgl. oben a und unten III 1 c). Ebenso ist in der dritten Steuernotverordnung vom 14. 2. 1924 § 29 gewissen Grundschulden zur Förderung des Wohnungsbaues ein Vorrang beigelegt.

c) Es gilt das Prinzip des öffentlichen Glaubens des Grundbuchs (vgl. oben § 16 II).

d) Für alle Grundpfandrechte gilt schließlich das Prinzip der Spezialität. Dies besagt ein Doppeltes. Einmal ist hiernach ein Grundpfandrecht nur möglich an einem einzelnen Grundstück (Spezialpfand) oder an mehreren bestimmten Grundstücken (Gesamtgrundpfandrecht § 1132). Dagegen sind die römischen Generalpfandrechte, welche das ganze Vermögen oder eine unbestimmte Vielheit von Grundstücken ergreifen, ausgeschlossen (siehe aber die Reparationshypothek der Reichsbahngesellschaft: Reichsbahnges. vom 30. 8. 1924 § 4 und § 8 der Satzung der Gesellschaft). Das Spezialitätsprinzip besagt aber auch, daß jedes Grundpfandrecht als Belastung mit einer Geldleistung in bestimmter Höhe auftreten muß. Gerade hier ist infolge der Aufwertungsfrage eine verhängnisvolle Rechtsunsicherheit eingetreten.

2. Kapitalistische Prägung. Alle Grundpfandrechte haben eine kapitalistische Prägung in einer doppelten Hinsicht.

a) Einmal handelt es sich stets um eine Kapitalschuld, mit welcher das Grundstück belastet ist (§§ 1113, 1191, 1199). Freilich kann die Kapitalschuld mehr oder minder zurücktreten. Dies ist insbesondere bei den Tilgungs-(Amortisations-)Hypotheken der Fall, bei welchen durch jährliche Abschlagszahlungen (Zinszuschläge) die Kapitalschuld allmählich getilgt wird. Solche Tilgungshypotheken sind bei den Landschaften und Hypothekenbanken üblich, sie werden begünstigt bei den Heimstätten (oben § 44) und den Erbbaurechten (oben § 45). Die Kapitalschuld tritt ferner zurück bei der Rentenschuld (§ 1199), doch ist bei ihr die Eintragung einer Ablösungssumme wesentlich. — Zu beachten ist auch, daß bei manchen besonders gearteten Grundpfandrechten der Gedanke des Rentenkredits neuerdings dadurch zum Vorschein kommt, daß bei ihrer Tilgung durch den Eigentümer kein Eigentümergrundpfand entsteht (vgl. unten § 55 VIII 2). Auch wird eine Abschwächung der Kapitalverschuldung durch Ausschluß oder Beschränkung des Kündigungsrechtes erreicht (vgl. Art. 117 EG. z. GBG.).

Gehört somit die Kapitalschuld zum Begriff des deutschen Grundpfandrechts, so ergibt sich, daß die „öffentliche Last" des Industriebelastungsgesetzes vom 30. 8. 1924 (§ 41), auch abgesehen von ihrem öffentlich-rechtlichen Charakter, kein Grundstückspfandrecht ist, da sie lediglich auf Sicherung der Jahresleistungen an Zinsen und Tilgungsbeträgen in bezug auf die ausgestellten Obligationen abgestellt ist (vgl. hierzu unten III 1 c).

b) Aber auch die Haftung des Grundstücks ist eine rein kapitalistische. Das Grundstück nebst den mitverhafteten Gegenständen (Grundvermögen) erscheint nur als ein in Geld umsetzbares Vermögensstück. Daher kann sich ein Grundpfandgläubiger ausschließlich im Wege gerichtlicher Zwangsvollstreckung aus dem Grundvermögen befriedigen (§ 1147). Hierzu steht ihm in gewissen Grenzen die Mobiliarvollstreckung, vor allem aber die Zwangsvollstreckung in das unbewegliche Vermögen durch Zwangsversteigerung oder Zwangsverwaltung zur Verfügung.

Eine andere Befriedigungsart kann sich der Grundpfandgläubiger nicht ausbedingen, insbesondere ist die Abrede, daß ihm einfach das Eigentum am Grundstück anfallen oder übertragen werden muß (Verfallklausel), nichtig (§ 1149; es liegt hier die Gefahr unzulässiger Bereicherung des Gläubigers vor). — Insoweit die Kündigung der Kapitalschuld beschränkt oder ausgeschlossen ist, ist natürlich auch die selbständige Haftung eingeengt.

3. Verkehrsfähigkeit. Alle Grundpfandrechte sind übertragbar. Die Übertragbarkeit wird gesteigert durch die Ausstellung von Wertpapieren. Die wertpapiermäßig verbrieften Grundpfandrechte erscheinen besonders stark „mobilisiert" (vgl. überhaupt § 1551). — Ausnahme: Die Grundschulden der Rentenbank (siehe unten III 1 c).

4. Verschuldungsfreiheit. Dem Grundeigentümer ist es unbenommen, sein Grundeigentum in beliebiger Weise und Höhe mit Grundpfandrechten zu belasten. Diese Verschuldungsfreiheit wird durch das BGB. sogar noch dadurch geschützt, daß es eine Vereinbarung, durch die sich der Eigentümer dem Gläubiger gegenüber verpflichtet, das Grundstück nicht zu veräußern oder nicht weiter zu belasten, für nichtig erklärt (§ 1136).

Doch kann das Landesrecht die Belastung eines Grundstücks über eine bestimmte Wertgrenze hinaus untersagen („Verschuldungsgrenze" Art. 117 EG. z. BGB.; vgl. oben § 23 II 3 b α), wie dies durch das preußische Gesetz vom 20. 8. 1906 geschehen ist. Auch für Heimstätten kann das Landesrecht eine Verschuldungsgrenze einführen (§ 18 RHStG., oben § 44).

II. Arten der Grundpfandrechte.

1. Die **wichtigste** Einteilung, welche das BGB. zugrunde legt, ist die in **Hypotheken** und **Grundschulden.**

a) Die Hypothek lehnt sich an eine „Forderung" an. Die Forderung ist die „persönliche" Forderung, der ein persönlicher Schuldner gegenübersteht. Die Hypothek soll der Sicherung dieser Forderung dienen (§ 1113). Sie ist „akzessorisch". Beispielsweise wird eine Hypothek für eine Darlehnsforderung oder Kaufpreisforderung bestellt. Die akzessorische Natur bringt es mit sich, daß die „Hypothek" nicht ohne Forderung entstehen und bestehen, auch nicht ohne Forderung übertragen werden kann (siehe aber unten c). — Die „persönliche" Forderung kann gegen den Eigentümer, sie kann aber auch gegen einen Dritten gerichtet sein. Letzterenfalls ist „der Eigentümer nicht der persönliche Schuldner" (vgl. z. B. § 1143).

b) Die Grundschuld lehnt sich an keine persönliche Forderung (§ 1191), sie „setzt keine Forderung voraus" (§ 1192). Sie ist nicht akzessorisch. Beispielsweise kann ein Grundeigentümer sein Grundstück in der Weise belasten, daß er einem anderen eine zu bestellende Grundschuld „verkauft" (er belastet das Grundstück zugunsten des anderen mit einer Grundschuld gegen Entgelt).

Freilich kann auch bei der Grundschuld eine persönliche Forderung vorhanden sein, ja es wird dies die Regel sein (Sicherungsgrundschuld). Aber die persönliche Forderung kommt für das Sachenrecht nicht in Betracht. Sie kommt daher auch im Grundbuch nicht zur Erscheinung, der Gläubiger erwirbt die Grundschuld, auch wenn die Forderung nicht besteht, er behält sie, auch wenn die Forderung untergeht, die Grundschuld kann ohne die Forderung übertragen werden. Das Fehlen der Forderung kann gegebenenfalls nur obligatorische Ansprüche auf Rückabtretung wegen mangelnden Rechtsgrundes (§ 812) erzeugen. — So ist die „Grundschuld" ihrem Wesen nach frei von einem persönlichen „Schuldgrund".

c) Wenn bei einer Hypothek die Forderung nicht vorhanden ist (z. B. nichtig wegen Wuchers ist) oder untergeht (z. B. durch freiwillige Zahlung), so erlischt grundsätzlich nicht die Grundstücksbelastung, vielmehr ist eine Eigentümer-Grundschuld vorhanden (vgl. § 1163 I, hier ist gesagt, daß der Grundstückseigentümer die „Hypothek“ erwirbt, aber er kann sie, da eine Forderung nicht da ist, nur als „Grundschuld“ erwerben. Es gibt auch andere Fälle von Eigentümergrundschulden (siehe unten 5 und § 58).

2. Eine **andere** wichtige Einteilung der Grundpfandrechte sieht darauf, ob für sie ein **Wertpapier** ausgestellt ist (ausgestellt werden kann) oder nicht. Bei Nichtausstellung eines Wertpapiers klebt das Grundpfandrecht völlig am Grundbuch (vgl. oben I 3). Infolgedessen unterscheidet man:

a) Briefgrundpfandrechte,

b) Buchgrundpfandrechte.

Diese Einteilung schiebt sich in die erstgenannte Einteilung (Hypotheken und Grundschulden) ein. Vgl. unten 3 und 4.

3. Bei der **Hypothek** sind **folgende Arten** zu unterscheiden:

a) Die sog. Verkehrshypothek. Bei ihr nimmt die persönliche Forderung zugunsten des Hypothekengläubigers in gewissem Umfang an dem öffentlichen Glauben (und der Vermutung) des Grundbuchs Teil. Bei ihr wird daher der Verkehr in besonders hohem Grade geschützt, und dem verdankt sie ihren Namen in der Literatur. Die Verkehrshypothek ist entweder Briefhypothek oder Buchhypothek. Sie steht im Mittelpunkt des Hypothekenrechts.

b) Die Sicherungshypothek (§ 1184). Bei ihr steht die persönliche Forderung außerhalb des öffentlichen Glaubens (und der Vermutung) des Grundbuch. Daher ist sie nicht so verkehrsfähig. Sie soll mehr in einer Hand bleiben. Infolgedessen ist sie überhaupt nur als Buchhypothek zugelassen.

4. Bei der Grundschuld ist zu unterscheiden:

a) Die **Grundschuld** im engeren Sinn. Sie ist entweder Briefgrundschuld oder Buchgrundschuld.

b) Eine Abart der Grundschuld ist die Rentenschuld (§ 1199). Während bei der Grundschuld die Geldsumme, die zu leisten ist, ausschließlich in einem Kapital ausgedrückt ist, ist die Rentenschuld in erster Linie auf Renten abgestellt, und dahinter steht in zweiter Linie die Kapitalschuld als Ablösungssumme. Die Rentenschuld kann Brief- oder Buchrentenschuld sein.

5. **Eigentümliche** Arten der Grundpfandrechte sind die **Eigentümergrundpfandrechte.** Sie sind entweder Eigentümerhypotheken oder Eigentümergrundschulden oder Eigentümerrentenschulden.

6. Besonderheiten ergeben sich schließlich für **Gesamtgrundpfandrechte** (Gesamthypotheken, Gesamtgrundschulden).

III. Wirtschaftliche Bedeutung.

Die wirtschaftliche Bedeutung der Grundpfandrechte ist eine gewaltige. Hier können nur einige wichtige Bemerkungen darüber gemacht werden.

1. Die **Grundpfandrechte dienen**

a) der Kreditbeschaffung für den Grundeigentümer. Eine bedeutsame Rolle spielen die Restkaufgelderhypotheken, durch welche der Grundstückserwerb auch kapitalschwachen Personen ermöglicht wird. In bezug auf die städtischen Grundstücke kommt weiter die Förderung des Wohnungsbaues in Betracht (Baugelderhypothek). Bei dem landwirtschaftlichen Grundbesitz dienen sie auch der Erweiterung und Verbesserung der Wirtschaft (Meliorationskredit). — Die Bemühungen, auch die Bauhandwerker durch eine gesetzliche hypothekarische Sicherheit zu schützen, sind vorläufig gescheitert (vgl. Ges. über die Sicherung der Bauforderungen vom 1. 6. 1909, das im wesentlichen nicht in Kraft getreten ist).

b) Als Kapitalanlage für den Grundpfandgläubiger. Dieser zweite Zweck ist häufig mit dem ersten verquickt, so daß sich beide Bedürfnisse begegnen.

Als Grundpfandgläubiger erscheinen hierbei die verschiedensten Rechtssubjekte (Einzelpersonen, juristische Personen). Eine besonders wichtige Stellung nehmen gewisse Kreditverbände und Sparverbände ein. In bezug auf die Kreditverbände handelt es sich um die sog. Pfandbriefverbände: Es sind Vereinigungen, welche Grundstücke hypothekarisch beleihen und in Verquickung hiermit die erforderlichen Mittel durch Ausgabe von Schuldverschreibungen auf den Inhaber (Pfandbriefe) aufbringen. Es gibt öffentlich-rechtliche und privatrechtliche Pfandbriefverbände. Zu ersteren gehören die „Landschaften". Sie beleihen die landwirtschaftlichen Grundstücke ihrer Mitglieder hypothekarisch und geben Pfandbriefe auf den Inhaber aus. Für sie gilt Landesrecht (Art. 167 EG. z. BGB.), das reich ausgebildet ist. In neuerer Zeit hat man nach dem Muster der Landschaften auch „Stadtschaften" für die Beförderung des städtischen Realkredits begründet (vgl. preuß. Ges. vom 8. 6. 1918). Unter den privatrechtlichen Pfandriefverbänden spielen die Hauptrolle die Hypothekenbanken, sie betreiben das Pfandbriefgeschäft gewerbsmäßig und beleihen daher die Grundstücke beliebiger Eigentümer. Sie sind reichsrechtlich geregelt durch das Hypothekenbankgesetz vom 13. 6. 1899, abgeändert durch Ges. vom 14. 7. 1923, ergänzt durch das Gesetz über wertbeständige Hypotheken vom 23. 6. 1923 (siehe auch oben § 53 II 2 d). — In bezug auf die Sparverbände ist auf die Sparkassen und Lebensversicherungsgesellschaften hinzuweisen, welche durch die Gesetzgebung genötigt waren, einen Hauptbestandteil ihres Vermögens in Hypotheken anzulegen.

Als sicherste Kapitalanlage galten vor dem Weltkriege die mündelsicheren Hypotheken, d. h. solche, die für die Anlegung von Mündelgeld vorgeschrieben sind (vgl. § 1807 Ziffer 1 BGB.). Wann eine Hypothek mündelsicher ist, richtet sich nach den Landesgesetzen (§ 1806 II BGB.). Die Landesgesetze regeln die materiellen Schätzungsgrundsätze und das Schätzungsverfahren. „Mündelsichere" Anlage ist nicht bloß im Vormundschaftsrecht vorgeschrieben, sondern auch bei anderen Vermögensverwaltungen im BGB., vor allen Dingen aber auch durch anderweitige gesetzliche und statutarische Bestimmungen für Anstalten, Stiftungen, Körperschaften der verschiedensten Art (z. B. für die Versicherungsträger der sozialen Versicherung, Sparkassen, Lebensversicherungsgesellschaften usw.) — Da die Hypotheken auf Reichsmark lauten mußten, so brach mit der Geldentwertung die Sicherheit der mündelsicheren Hypotheken jählings völlig zusammen. Die Gesetzgebung griff hier zunächst für die Zukunft durch die Zulassung „wertbeständiger" Hypotheken (vgl. unten § 55 I 2 b) und später für die bestehenden Papiermarkhypotheken durch eine Aufwertungsgesetzgebung ein (vgl. unten IV).

Lediglich verkehrsüblich wird zwischen „erster" und „zweiter" Hypothek unterschieden. Es handelt sich dabei nicht um die Numerierung im Grundbuch, sondern um einen Ausdruck für den Wert der hypothekarischen Belastungen im Verhältnis zum Grundstückswert. Die „erste" Hypothek umfaßte in der Vorkriegszeit die hypothekarischen Belastungen, welche bis zu 50% oder 60% den Grundstückswert ergriffen. Die „zweite" Hypothek bezog sich auf Hypotheken, die zwischen 50% (60%) und 75% (80%) des Grundstückswertes lagen. Die ersten Hypotheken sind regelmäßig Darlehnshypotheken, die zweiten oft Kaufgeldhypotheken. Die dritten Hypotheken sind die gefährlichen Belastungen. Aber auch die zweiten Hypotheken erschienen in der letzten Zeit vor dem Kriege nicht mehr als gesuchte Kapitalanlage (namentlich infolge der Machtstellung der erststelligen Hypothekare; „Not der zweiten Hypothek").

c) Auch der Staat kann kraft seiner Machtmittel das Institut der Grundpfandrechte verwerten und in Notzeiten sie als gesetzliche Zwangslasten auferlegen. Bei der Gründung der Rentenbank ist in gewisser Hinsicht hiervon Gebrauch gemacht worden. Denn in der VO. über die Errichtung der Rentenbank vom 15. 10. 1923 (nebst DurchfVO. vom 14. 11. 1923 und 17. 12. 1923) wurden zwecks Ausgabe der Rentenbriefe und Rentenbankscheine den land- und forstwirtschaftlichen (sowie den gärtnerischen) Grundstücken einerseits und den Grundstücken der industriellen, gewerblichen und Handelsbetriebe andererseits „Grundschulden“ (in Höhe von $4^0/_0$ des Wehrbeitrages zu $6^0/_0$ Zinsen) auferlegt (§§ 6, 9 der VO.). Inzwischen ist die „Grundschulden-“Belastung der industriellen, gewerblichen und Handelsbetriebe anläßlich der Umgestaltung der deutschen Reichsbank und der Eröffnung der Liquidation der Rentenbank unter Herabsetzung ihres Grundkapitals aufgehoben worden, um diese Betriebe für die industrielle Belastung zugunsten der Reparationen frei zu bekommen; gleichzeitig wurden die „Grundschulden“ der Landwirtschaft auf $5^0/_0$ des Wehrbeitrags erhöht, dagegen ihr Zinssatz von $6^0/_0$ auf $5^0/_0$ ermäßigt (siehe das Ges. über die Liquidierung des Umlaufes von Rentenbankscheinen vom 30. 8. 1924). Diese „Grundschulden“ unterstehen nun aber infolge ihrer öffentlich-rechtlichen Färbung einem Sonderrecht und sind teilweise den Reallasten angenähert. Es sei hier bemerkt, daß sie kraft Gesetzes entstanden sind, der Eintragung nicht bedürfen, aber ihrer fähig sind; sie sollen allen anderen Lasten vorgehen. Sie sind jetzt beiderseits unkündbar, können von der Rentenbank nicht abgetreten werden, sind dagegen der Pfändung unterworfen. Bei einer Zwangsversteigerung bleiben sie bestehen, auch wenn sie in das geringste Gebot nicht aufgenommen worden sind. Für die Zinsen haften Eigentümer und Pächter als Gesamtschuldner (mit interner Ausgleichung von 1 : 3), der Eigentümer aber haftet für die Zinsen seiner Eigentumszeit auch „persönlich“ (vgl. oben bei den Reallasten § 53 V 2 b). Das Schicksal der Grundschulden bei Beendigung der Liquidation ist ungewiß.

Anders geartet ist die „öffentliche Last“, welche der Industrie auferlegt worden ist. Bei ihr ist überhaupt keine Kapitalschuld vorhanden (vgl. oben I 2a); sie dient nur zur Sicherheit der jährlichen Zinsen und Tilgungsbeträge der ausgegebenen Einzelobligationen. Sie ist daher kein Grundpfandrecht, sondern hat den Charakter einer öffentlich-rechtlichen Reallast. Doch gilt ein weitgehendes Sonderrecht. So ist sie kraft Gesetzes entstanden, sie bedarf nicht der Eintragung im Grundbuch, ist aber der Eintragung fähig; sie geht allen anderen Rechten im Range vor (Ausnahme die Schweizer Goldhypotheken, vgl. unten § 55 I 2 b). Sie überdauert die Zwangsversteigerung, es haften für sie auch Pächter und Nießbraucher (mit interner Ausgleichspflicht). Es besteht reine Sachhaftung. Bei einem Rückkauf der ausgestellten Obligationen durch den Unternehmer erlischt die Last, aber auf seinen Antrag kann innerhalb von drei Monaten eine Eigentümergrundschuld für ihn eingetragen werden, welche den Rechten, die nach der Entstehung der Last entstanden sind, vorgeht. — Wie man sieht, handelt es sich um ein höchst eigenartiges Gebilde, welches das Recht der Reallasten mit einigen besonderen grundpfandrechtlichen Normen verquickt. Siehe des näheren das Industriebelastungsges. vom 30. 8. 1924 und die beiden Durchführungsbestimmungen vom 28. 10. 1924 und 5. 12. 1924.

2. Was das **Vorkommen** der einzelnen Arten der Grundpfandrechte im praktischen Leben anlangt, so wird das Erforderliche bei der Schilderung der einzelnen Grundpfandrechte mitgeteilt werden. Hier sei nur bemerkt, daß die **Verkehrshypothek** und die **Eigentümergrundschuld** die beherrschende Rolle im Wirtschaftsleben spielen, wenn auch gleichzeitig betont werden muß, daß gewisse andere Arten in einzelnen Fällen von besonderer Bedeutung sind. Eine Ausnahme macht die Rentenschuld, sie ist ein Grundpfandrecht, das fast nur auf dem Papier steht.

IV. Geldentwertung und Aufwertung.

Als die Geldentwertung einsetzte, haben nur wenige Grundpfandgläubiger ihre Grundpfandrechte gekündigt und ihr Geld wertbeständig angelegt. Dagegen folgte mit zunehmender Geldentwertung eine massenweise Kündigung und Zurückzahlung in Papiermark seitens der Grundeigentümer (1922/23). Hiergegen erhob sich eine Gegenströmung, welche den Grundsatz „Mark gleich Mark“ bekämpfte und eine Aufwertung forderte. Die Rechtsprechung gab dem nur zögernd nach, bis schließlich das Reichsgericht (28. 11. 1923) ein Recht auf Aufwertung, namentlich auf Grund von § 242 BGB. anerkannte und über die Höhe der Aufwertung die Besonderheiten eines jeden einzelnen Falles (!) entscheiden ließ. Endlich raffte sich auch die Gesetzgebung zu einer Maßnahme auf und erließ die dritte Steuernotverordnung vom 14. 2. 1924 (nebst Durchführungsbestimmungen). Diese befaßte sich in verschiedener Hinsicht mit der Aufwertung. Was die uns hier interessierenden Grundpfandrechte anlangt, so wurde für sie als regelmäßiger Aufwertungssatz 15% des Goldmarkbetrages bestimmt. Für den Goldmarkkurs ist der Kurs des nordamerikanischen Dollars am Tage des Erwerbes des Grundpfandrechts maßgebend (bei einem Erwerb vor dem 1. 1. 1918 entscheidet der Nennbetrag). Der Schuldner kann aus ganz besonderen Gründen eine Herabsetzung der Aufwertung verlangen. Der Aufwertungsbetrag hat ohne weiteres den dinglichen Rang des aufgewerteten Rechts (Durchbrechung des Publizitäts- und Spezialitätsprinzips!). Auf Antrag des Gläubigers oder Schuldners ist die Aufwertung im Grundbuch einzutragen (hat der Grundeigentümer eine Herabsetzung aus besonderen Gründen beantragt, so wird auf seinen Antrag ein Widerspruch eingetragen). § 2 der dritten Steuernotverordnung. — Von dieser Aufwertung der dinglichen Schuld zu unterscheiden ist die Aufwertung der persönlichen Forderung bei der Hypothek. Für sie soll zwar auch grundsätzlich das gleiche gelten, wie für die Hypothek, aber es kann „nach allgemeinen Vorschriften" eine höhere oder geringere Aufwertung stattfinden. § 3 der dritten Steuernotverordnung. — Diese völlig unpraktische Verschiedenheit in der Behandlung der dinglichen Schuld und der persönlichen Forderung wurde dann durch § 7 der ersten Durchführungsverordnung vom 1. 5. 1924 insofern eingeschränkt, als eine höhere Aufwertung der persönlichen Forderung als der Hypothek (15%) nur bei bestimmten privilegierten Forderungen zugelassen wurde (Anmeldefrist bis 1. 1. 1925). — In bezug auf die Rückwirkung der Aufwertungsvorschriften ist in § 11 der dritten Steuernotverordnung angeordnet, daß eine Aufwertung nicht mehr in Frage kommt, wenn der Gläubiger, ohne sich seine Rechte vorzubehalten, bei dem Grundpfandrecht Löschung bewilligt oder bei der persönlichen Forderung Zahlung angenommen hat. Den Ländern wurde eine Besteuerung der Geldentwertungsgewinne vorbehalten. Als verschiedentlich die Rechtsgültigkeit der Aufwertungsverordnungen bestritten wurde, wurden sie durch Notverordnung vom 4. 12. 1924 bis zur Regelung im Wege der ordentlichen Gesetzgebung als maßgebend erklärt (Fristverlängerungen bis 31. 3. 1925).

Im Hinblick auf diese in Aussicht stehende Gesetzgebung soll hier in eine nähere Betrachtung der Aufwertungsfrage nicht eingetreten werden, zumal es sich bei ihr keineswegs nur um die Grundpfandrechte handelt. Hoffentlich bringt das neue Gesetz vor allem die lang entbehrte Rechtssicherheit. Dies kann aber nur geschehen, wenn von einer Berücksichtigung des einzelnen Falls abgesehen und eine durchgreifende generelle Regelung getroffen wird. Auch müßte die verschiedene Behandlung von dinglicher Schuld und persönlicher Forderung beseitigt werden.

V. Rechtliche Natur.

Es ist heute völlig überwiegende Ansicht, daß jedes Grundstückspfandrecht ein beschränktes dingliches Recht ist. Es wird deutlich vom BGB. als Belastung der Sache gekennzeichnet. Es ist daher im wesentlichen auch unstreitig, daß es ein Herrschaftsrecht an der Sache selbst ist. Auch über den Inhalt dieses Herrschaftsrechts ist man sich insofern im allgemeinen einig, als man dem Berechtigten ein „Zugriffsrecht" auf den Sachwert, ein „Befriedigungsrecht" aus der Sache, ein „Verwertungsrecht" in bezug auf die Sache zuspricht. Dieses Herrschaftsrecht hat absolute Wirkung, und zwar äußert diese sich auch bereits vor dem Vollzuge des Zugriffs, indem der Pfandgläubiger schon gegen jede, die Sache entwertende Verschlechterung geschützt ist (§ 1134).

Im übrigen sind aber die Ansichten geteilt. Man kann wohl sagen, daß es sich dabei um die Frage handelt, ob den Grundpfandgläubiger noch eine weitere Beziehung mit dem Grundeigentümer notwendig verknüpft.

1. Die Theorie der dinglichen Schuld (O. v. GIERKE). Nach ihr besteht bei jedem Grundpfandrecht eine dingliche Schuld, mit welcher die Haftung des Grundstücks verbunden ist. M. E. ist diese Lehre als diejenige anzuerkennen, welche dem Gesetz und der Verkehrsauffassung entspricht. Die dingliche Schuld erzeugt ein Leistensollen in bezug auf den in Frage stehenden Geldbetrag (Kapital nebst Anhängsel), und zwar typisch „aus dem Grundstück", sie trifft daher den jeweiligen Eigentümer des Grundstücks (vgl. § 1113). Sie ist freiwillig erfüllbar, jedoch erzwingbar nur durch die Verwirklichung der Haftung, die daher eine Verurteilung „zur Zahlung aus dem Grundstück" (nicht auf Zahlung schlechthin) voraussetzt. Für die dingliche „Schuld" gibt es eine „Fälligkeit", eine „Kündigung", eine „Mahnung", einen „Verzug". Allein es handelt sich immer um eine „dingliche" Schuld, so daß eigne Grundsätze für sie gelten, und die Rechtssätze der obligatorischen Schuld nicht ohne weiteres auf sie anwendbar sind. Man kann dies z. B. deutlich beim Verzuge sehen, indem ein Verzug bei der dinglichen Schuld nur Verzugszinsen, aber nicht eine weitergehende Schadensersatzpflicht erzeugt (vgl. § 1146 und § 286).

Die Lehre von der „dinglichen Schuld" entspricht auch verschiedenen neueren Reichsgesetzen, die von „dinglichen Schulden" sprechen (vgl. z. B. Wehrbeitragsgesetz vom 3. 7. 1913), oder die den gegensätzlichen Ausdruck „persönliche Schulden" gebrauchen (vgl. Reichsheimstättenges. § 20, oben § 44 II 2). — Und nach der Verkehrsauffassung und dem praktischen Leben erscheinen alle Grundpfandrechte als „Grundverschuldungen". — Von dieser Theorie aus ergibt sich auch der Gegensatz zwischen Grundpfandrechten und Pfandrechten an beweglichen Sachen, die das BGB. insofern mit Recht durch eine scharfe Linie trennt. Beiden gemeinsam ist, daß sie dingliche Haftungsrechte sind, aber bei dem Pfandrecht an einer beweglichen Sache besteht keine dingliche Schuld; freilich könnte auch bei ihm begrifflich eine solche vorhanden sein, allein sie hat sich hier wegen der steten Notwendigkeit einer persönlichen Schuld nicht durchgesetzt.

2. Theorie des Bekommensollens (z. B. STROHAL, v. SCHWERIN). Manche nehmen an, daß der Haftung des Grundstücks eine Schuld im Sinn eines reinen „Bekommensollens des Gläubigers" zugrunde liege. Allein eine solche „Schuld" ist dem geltenden Recht (der richtigen Ansicht nach auch dem früheren Recht) fremd. Jedes Bekommen-„Sollen" setzt notwendig einen Befehl an einen anderen voraus, der es verwirklichen soll.

3. Theorie der Realobligation (in ihrer modernen Gestalt, z. B. CROME). Manche nehmen an, daß sich mit dem dinglichen Recht des Pfandgläubigers ein Realschuldverhältnis derart verbinde, daß der jeweilige Eigentümer obligatorisch zu der Leistung der Geldsumme aus dem Grundstück verpflichtet sei. Allein diese Lehre übersieht, daß die Schuld des jeweiligen Eigentümers sich keineswegs voll nach den Regeln der Schuldverhältnisse richtet, sondern vermöge ihrer dinglichen Einbettung starke Besonderheiten aufweist. (Vgl. oben 1.) Und so muß denn diese Theorie auch bei manchen Grundpfandrechten (Eigentümerpfandrechten) das Realschuldverhältnis leugnen und gerät dadurch mit sich selbst in Widerspruch.

4. Theorie des reinen Verwertungsrechts (z. B. M. WOLFF, v. TUHR). Sehr verbreitet ist eine Lehre, welche sich damit begnügt, dem Pfandgläubiger lediglich ein Verwertungsrecht zuzusprechen, welches ihm die Macht zu einer Entnahme der ihm gebührenden Geldbeträge durch eigene Handlung gewähre, ohne einen Anspruch gegen den jeweiligen Eigentümer zu erzeugen. Man versteht dabei die Worte des Gesetzes, daß eine bestimmte Summe „aus dem Grundstück zu zahlen ist" (§ 1113) dahin, daß diese Zahlung in den Formen der Zwangsvollstreckung unter Zuhilfenahme der staatlichen Vollstreckungsorgane zu erfolgen habe (§ 1147). Ein dinglich Zahlungspflichtiger fehle sowohl beim Grundpfandrecht wie bei dem Pfandrecht an beweglichen Sachen; beide unterschieden sich nur durch die Form der Verwertung. Zur Rechtfertigung dieser Lehre und zur Bekämpfung der Theorie von der dinglichen Schuld wird insbesondere auf § 1142 verwiesen, welcher deutlich ergebe, daß der Eigentümer des Grundstücks nur zur Leistung berechtigt aber nicht verpflichtet sei; leiste er, so leiste er, um die Grundstücksverwertung des Grundpfandgläubigers abzuwenden. Allein § 1142 erwähnt ein Recht des Grundeigentümers zur Befriedigung, weil der Eigentümer hiermit sein Recht auf Erwerb der Hypothek verwirklicht. Ebensowenig dürfte es angängig sein, die Ausdrücke des BGB., welche deutlich auf einen Anspruch gegen den Eigentümer hinweisen, als nicht technische Redewendungen, als terminologische Erleichterungen, oder als bildliche Bezeichnungen zu erklären. Dies widerspricht der ganzen Ausgestaltung des BGB. und der Tatsache, daß die Verkehrsauffassung eine dingliche Schuld des Grundeigentümers anerkennt. — Gerade an den Folgerungen, die sich aus der Theorie des reinen Verwertungsrechtes ergeben, zeigt sich, daß sie nicht haltbar ist. Nach ihr könnte der Grundeigentümer, wenn er eine zweite Hypothek, für welche er nicht persönlich haftet, in der irrigen Annahme, persönlich verpflichtet zu sein, auszahlt, die Leistung als eine nicht geschuldete Leistung kondizieren, wenn sich später bei der Zwangsversteigerung zeigt, daß jene Hypothek ganz ausgefallen wäre (§§ 812, 814). Eine solche Kondiktion aber würde ihm nicht zustehen, wenn er die Hypothek mit dem Zweck, die Zwangsvollstreckung abzuwenden, ausbezahlt hätte, weil er dann seinen Zweck erreicht habe. — Eine derartige verschiedene Behandlung der Fälle der Auszahlung einer Hypothek durch einen Grundeigentümer widerspricht jedoch durchaus der Verkehrsauffassung. Diese betrachtet den Grundeigentümer als den dinglichen Schuldner; leistet er, so leistet er, was er leisten sollte; eine Berufung darauf, daß er nicht geschuldet, und irrtümlich eine persönliche Haftung angenommen habe, verstößt gegen eine tiefeingewurzelte Verkehrsanschauung, und ihre Zulassung wird dem praktischen Leben nicht gerecht.

VI. Plan der Darstellung.

Unser Plan der Darstellung knüpft an die oben unter II. gegebene Übersicht über die Arten der Grundpfandrechte unter Berücksichtigung ihrer wirtschaftlichen Bedeutung an.

Wir stellen daher in den Mittelpunkt der Betrachtung die Verkehrshypothek (§ 55), und wenden uns dann der Sicherungshypothek zu (§ 56). Wir lassen darauf eine Darstellung der Grundschuld und Rentenschuld folgen (§ 57). Schließlich soll noch auf die beiden eigentümlichen Arten der Grundpfandrechte, die Eigentümerpfandrechte in § 58 und die Gesamtgrundpfandrechte in § 59 eingegangen werden.

§ 55. Die Verkehrshypothek.

(Über ihren Begriff vgl. oben § 54 II 1 und 3a.)

I. Begründung.

Sie setzt voraus ein Grundstück oder ein grundstücksgleiches Recht. Ein Bruchteil eines Grundstücks kommt nur in Betracht, wenn er in dem Anteil eines Miteigentümers besteht (§ 1114; ein Alleineigentümer kann also nicht einen Bruchteil des Grundstücks belasten).

Ferner ist erforderlich:

1. Eine **gültige persönliche Forderung,** zu deren Sicherheit sie dient (§ 1113). Die Forderung muß auf ein Geldkapital gehen. Sie kann unkündbar sein (vgl. aber

Art. 117 II EG. z. BGB.). — Die Forderung kann gegen den Grundeigentümer (den Hypothekenbesteller) gerichtet sein. Möglich ist aber auch, daß die Forderung gegen einen anderen gerichtet ist (der Grundeigentümer E bestellt z. B. eine Hypothek für die Darlehnsschuld seines Schwiegersohns dessen Gläubiger G; siehe ferner § 416 bei Verweigerung der Genehmigung). Das Grundstück haftet dann für eine fremde Schuld. Das BGB. spricht in solchen Fällen davon, daß der „Grundeigentümer nicht der persönliche Schuldner ist".

2. Einigung und Eintragung im Grundbuch (§ 873).

a) Die Einigung muß zwischen dem Grundeigentümer und dem Gläubiger der Forderung abgeschlossen werden. Es gilt § 892.

b) Über die Eintragung bestimmt § 1115. Hiernach müssen eingetragen werden der Gläubiger, der Geldbetrag der Forderung, der Zinssatz bei rechtsgeschäftlichen Zinsen und der Geldbetrag von etwaigen anderen Nebenleistungen (z. B. Vertragsstrafen; diese sind sehr häufig). Im übrigen kann auf die Eintragungsbewilligung Bezug genommen werden; es handelt sich hier insbesondere um Zinstermine, Kündigungsfristen. (Das Grundbuch soll gegen eine Überlastung geschützt werden.) In der Praxis sind sehr eingehende Formulare üblich, welche die Nebenabreden enthalten.

Nach der GBO. § 28 soll der Betrag in Reichswährung angegeben werden. Diese Regelung erwies sich bei der Entwertung der Papiermark als überaus schädlich. Daher erging zur Befriedigung des Bedürfnisses nach Auslandskredit zunächst die VO. vom 13. 2. 1920, welche sog. Valutahypotheken, d. h. auf fremde Währung lautende Hypotheken zuließ; gefordert wurde aber, da sie als besondere Ausnahmen vom deutschen Grundbuchsystem erscheinen, in jedem einzelnen Fall Einwilligung der Landeszentralbehörde (Schwierigkeiten ergaben sich namentlich in der Zwangsversteigerung in bezug auf den Kurs, der zugrunde zu legen ist; das Gesetz enthält hierüber Bestimmungen). Infolge der immer weiter um sich greifenden Entwertung der Papiermark wurden tiefergreifende Änderungen nötig. Das Gesetz über wertbeständige Hypotheken vom 23. 6. 1923 ließ Hypotheken zu, bei denen die Höhe der Geldsummen durch den amtlich festgestellten Preis einer bestimmten Menge von Roggen, Weizen oder Feingold bestimmt wird. In gleicher Weise können von der Reichsregierung auch Kohle, Kali oder andere Waren oder Leistungen zugelassen werden. Hierzu ergingen fünf Durchführungsverordnungen. Zu beachten ist, daß es sich bei den genannten Stoffen immer nur um einen Berechnungsmaßstab handelt, die Zahlung hat in Geld zu erfolgen (auch hier bestehen Schwierigkeiten bei der Zwangsversteigerung, welchen das Gesetz entsprechend wie bei den Valutahypotheken Herr zu werden sucht).

Ob sog. „Goldhypotheken", bei denen die Zahlung in Gold zu erfolgen hat, eintragungsfähig sind, war und ist streitig. Nach der Rechtsprechung des Reichsgerichts ist die „Goldmünzklausel" eintragungsfähig, da dem Erfordernis der Reichswährung und eines bestimmten Geldbetrages gemäß § 245 BGB. genügt sei. Zu beachten ist noch die Bekanntmachung vom 18. September 1914, welche die vor dem 31. Juli 1914 vereinbarten Goldklauseln bis auf weiteres für unverbindlich erklärte. Jedoch nehmen eine Ausnahmestellung die schweizerischen Gläubiger ein, zu deren Gunsten ein Abkommen mit der Schweiz vom 6./10. 12. 1920 (Goldhypothekenabkommen) und später ein Zusatzabkommen vom 25. 3./23. 6. 1923 geschlossen wurde; Deutschland erkannte hier mit rückwirkender Kraft die Goldklausel an, versuchte aber den deutschen Schuldnern Erleichterungen zu verschaffen. Auf die im einzelnen verwickelte Regelung kann hier nicht eingegangen werden. Bemerkt sei, daß schließlich nach vielen Streitigkeiten die Umwandlung der Goldhypotheken in Grundschulden auf Schweizer Franken festgelegt wurde.

3. Übergabe oder Ausschluß des Hypothekenbriefes.

Hiernach ist zu unterscheiden:

a) Briefhypothek. Jede Hypothek ist im Zweifel Briefhypothek (§ 1116 I). Das Grundbuchamt fertigt nach der Eintragung der Hypothek einen Hypothekenbrief aus und gibt ihn dem Grundeigentümer (§ 60 GO.). Dieser händigt ihn dem Hypothekengläubiger aus. Erst mit dieser Übergabe erwirbt der Gläubiger die Hypothek (§ 1117). Die leibliche Übergabe kann ersetzt werden durch die Ersatzmittel der Übergabe, welche wir bei der Eigentumsübertragung an beweglichen Sachen kennen gelernt haben (oben § 28). Es genügt aber auch die Abrede, daß der Gläubiger berechtigt sein soll, sich den Brief vom Grundbuchamt aushändigen zu lassen (§ 1117 II, hierzu §§ 60 II, 29 I GBO.), von der regelmäßig Gebrauch gemacht wird.

Der Hypothekenbrief ist eine öffentliche Urkunde, die vom Grundbuchamt ausgestellt wird. Die GBO. gibt eingehende Vorschriften über ihn (§ 56ff.). Die einzelnen Länder haben Musterformulare für ihn aufgestellt (siehe das preußische Formular im Anhang). Der Hypothekenbrief hat einen Auszug des Grundbuchs zu enthalten und soll auch später mit ihm in Übereinstimmung gehalten werden. Ist eine Schuldurkunde über die persönliche Forderung vorhanden, so soll sie mit dem Brief durch Schnur und Siegel verbunden werden: So kommt die Anlehnung der Hypothek an die Forderung auch sichtbar zur Erscheinung. — Der Hypothekenbrief ist ein Wertpapier, denn er ist grundsätzlich nötig für die Verwertung des in ihm verbrieften Rechts (Übertragung, Geltendmachung). Er kann für kraftlos erklärt werden (§ 1162). — Er ist stets Namenpapier (nie Order- oder Inhaberpapier).

b) Buchhypothek. Bei ihr muß die Erteilung eines Hypothekenbriefes ausgeschlossen werden. Dies bedarf der dinglichen Einigung und Eintragung (§ 1116 II, Formel: „Die Erteilung eines Hypothekenbriefes ist ausgeschlossen"). Der Erwerb der Buchhypothek durch den Gläubiger vollendet sich hier also mit der Eintragung.

Was das Verhältnis von Briefhypothek und Buchhypothek anlangt, so hat die Briefhypothek wegen ihrer größeren Verkehrsfähigkeit die größere Verbreitung erlangt, doch überwiegt in manchen landwirtschaftlichen Kreisen die Buchhypothek.

4. Zum **Verständnis** ist noch **folgendes** zu beachten: Ist die persönliche Forderung ungültig (z. B. wegen Wuchers oder weil auf einem Bordellkauf beruhend), so entsteht eine Eigentümergrundschuld (§ 1163 I 1, vgl. oben § 54 II 1 c). — Wird die Hypothek für eine künftige oder bedingte Forderung bestellt (was zulässig ist, vgl. § 1113 II), so besteht bis zum Eintritt der Bedingung eine Eigentümergrundschuld (§ 1163 I 1). — Bei einer Briefhypothek besteht von der Eintragung bis zur Übergabe des Briefes an den Gläubiger eine Eigentümergrundschuld (§ 1163 II). — Ist die Buchhypothek eine Darlehnshypothek, so besteht nach der Eintragung eine Eigentümergrundschuld, solange die Darlehnsvaluta noch nicht ausbezahlt ist, weil erst hiermit die Darlehnsforderung zustande kommt (der Eigentümer ist aber hier durch den öffentlichen Glauben des Grundbuchs gefährdet, § 1138, und erhält deshalb ein eigenartiges Widerspruchsrecht in § 1139).

II. Die Höhe der Haftung des Grundstücks.

Wofür haftet das Grundstück?

1. Es haftet für die **Forderung,** soweit sie **eingetragen** ist (§ 1115). Über die eingetragenen Beträge **hinaus** haftet das Grundstück aber auch für die gesetzlichen Zinsen (Verzugszinsen) und für die Kosten der Kündigung und Rechtsverfolgung (§ 1118).

2. Möglich ist eine nachträgliche **Änderung** der Forderung. Doch müssen die Gleich- oder Nachberechtigten zustimmen, wenn hierdurch ihr Recht berührt wird (z. B. Erhöhung der Forderung). Eine solche Zustimmung ist aber nicht erforderlich bei einer Änderung der Zahlungszeit und des Zahlungsortes, sowie bei einer Erhöhung des Zinssatzes bis zu 5% (hiermit muß gerechnet werden).

3. Möglich ist eine **Forderungsauswechslung** (§ 1180). Die neue Forderung kann dem alten Hypothekengläubiger zustehen, dann wird lediglich die Forderungsunterlage der Hypothek geändert; die neue Forderung kann aber auch einem anderen Gläubiger zustehen, dann wird der Gläubiger der neuen Forderung Hypothekengläubiger (Anlehnung der Hypothek an die Forderung). Nun verstehen wir die Vorschrift des Gesetzes (§ 1180), daß zur Forderungsauswechslung erforderlich ist: Einigung des Gläubigers der neuen Forderung und des Grundeigentümers, Eintragung im Grundbuch, und die Zustimmung des „bisherigen" Hypothekengläubigers, wenn ihm die neue Forderung nicht zusteht, sowie die Zustimmung der sonstigen an der ausscheidenden Forderung Berechtigten.

III. Gegenstand der Haftung.

Auf welche Gegenstände erstreckt sich die Hypothek? Womit wird bei ihr für die Forderung gehaftet?

Es haften:

1. Das **Grundstück** in seinem gesamten jeweiligen Bestande. Ergriffen werden **alle Bestandteile** des Grundstücks (wesentliche, unwesentliche, körperliche, unkörperliche), also z. B. die Gebäude, die ungetrennten Erzeugnisse, die Realrechte.

2. **Getrennte Bestandteile.** Sie bleiben grundsätzlich unter der Haftung (so z. B. abgezweigte Grundflächen). Besonderheiten gelten aber, wenn die Bestandteile mit der Trennung bewegliche Sachen werden (insbesondere geerntete Früchte). Hier gilt zweierlei:

a) Sie unterliegen nicht der Haftung, wenn sie mit der Trennung in das Eigentum eines anderen als des Grundeigentümers oder des Eigenbesitzers fallen. § 1120 (z. B. in das Eigentum des Nießbrauchers). Für das Fruchtziehungsrecht des Pächters gilt überhaupt etwas Besonderes, es bleibt von der Haftung ganz unberührt (vgl. ZVG. § 21 III; dem Hypothekar haften dafür die Pachtzinsansprüche, siehe unten 4).

b) Aber auch die sonstigen beweglichen Sachen, die früher Bestandteile waren, können nicht ewig der Pfandhaft unterliegen. Es handelt sich bei ihnen um Güter, die bestimmungsgemäß in den Verkehr gelangen. Daher werden sie von der Pfandhaft durch Veräußerung und (oder) Entfernung vom Grundstück frei, insofern nicht eine Beschlagnahme für den Hypothekar sich dazwischen geschoben hat. Die Beschlagnahme kann durch Mobiliarpfändung oder durch Grundstücksbeschlagnahme (im Wege der Zwangsverwaltung, vgl. §§ 148, 21 ZVG.) erfolgen. Die Einzelheiten betreffs der Veräußerung und Entfernung enthält das Gesetz § 1121, § 1122. Es sei hier hervorgehoben, daß die Haftung insbesondere erlischt, wenn vor der Beschlagnahme eine Veräußerung (Eigentumsübertragung) und Entfernung von dem Grundstück stattgefunden hat (§ 1121 I), oder wenn eine dauernde Entfernung vor der Beschlagnahme vorgenommen wurde, falls die Trennung im Rahmen einer ordnungsmäßigen Wirtschaft geschah (z. B. ein Gutsbesitzer bringt die ausgedroschene Ernte bei einem Lagerhalter unter).

3. **Das Grundstückszubehör.** Es haftet, wenn es in das Eigentum des Grundeigentümers gelangt ist (§ 1120.) Es wird aber in ähnlicher Weise wie die getrennten Bestandteile von der Haftung frei durch Veräußerung und Entfernung oder durch Aufhebung des Zubehördienstes vor der Beschlagnahme (§ 1121, § 1122 II). Die Beschlagnahme kann nur durch Grundstücksbeschlagnahme erfolgen (Zwangsversteigerung oder Zwangsverwaltung). Die Mobiliarpfändung ist überhaupt jedem Gläubiger verboten (§ 865 II ZPO.).

4. **Miet- und Pachtzinsforderungen.** Ihre Haftung rechtfertigt sich aus dem Gesichtspunkt der bürgerlichen Früchte, und weil der Mietgebrauch und der Frucht-

bezug des Pächters durch eine Grundstücksbeschlagnahme nicht entzogen wird (vgl. oben 2). — Doch ist auch ihre Haftung eine begrenzte, indem sie nach Ablauf eines Jahres seit der Fälligkeit erlischt, falls nicht vorher eine Beschlagnahme stattgefunden hat (§ 1123 II Satz 1). Aber der Hypothekengläubiger ist gegen Verfügungen über sie (Vorausverfügungen) noch in besonderer Weise geschützt, ein Schutz, der durch das Ges. vom 8. 6. 1915 unter Abänderung des BGB. verstärkt worden ist. Hiernach sind Verfügungen (also z. B. Einziehung, Erlaß, Abtretung) dem Hypothekengläubiger gegenüber nur wirksam für die Zeit vor der Beschlagnahme, für das Kalendervierteljahr der Beschlagnahme; außerdem für das folgende Kalendervierteljahr, falls die Beschlagnahme innerhalb der zweiten Hälfte des letzten Monats eines Kalendervierteljahres erfolgt ist (§ 1124). Für einen Mieter bedeutet dies, daß er mit Sicherheit nur zahlen kann den Mietzins des angebrochenen Quartals und in der zweiten Hälfte des letzten Monats des angebrochenen Quartals den Mietzins für das folgende Quartal. — Die Beschlagnahme der Miet- und Pachtzinsforderungen kann erfolgen durch Grundstücksbeschlagnahme im Wege der Zwangsverwaltung (§ 148, § 21 II ZVG.) oder durch Pfändung der Ansprüche (§ 865 II ZPO.). — Entsprechend werden die Realrechte auf wiederkehrende Leistungen behandelt (§ 1126). — Um sich eine stärkere Position zu schaffen, läßt sich bei Mietshäusern der Hypothekar häufig gleichzeitig den Nießbrauch übertragen (vgl. oben § 50 II, 3).

5. Versicherungsforderungen in bezug auf Gegenstände, welche der Hypothek unterliegen (vgl. §§ 1127ff.). Die Versicherungsforderungen erscheinen hier als Anhängsel und als Surrogate der versicherten Sachen. Bei einer Gebäudeversicherung hat der Hypothekar an ihnen ein Forderungspfandrecht (Näheres in § 1228). Bei anderen Versicherungen muß er die Pfandhaft durch rechtzeitige Beschlagnahme realisieren (§ 1229). — Die Bestimmungen des BGB. werden für die Gebäudefeuerversicherung ergänzt durch das Versicherungsvertragsges. vom 30. 5. 1908 §§ 99ff. Hier wird namentlich eine durch den Grundeigentümer (den Versicherten) verwirkte Versicherungsforderung zugunsten der Hypothekengläubiger aufrechterhalten. — Eine weitere Ergänzung wird in der Praxis dadurch bewerkstelligt, daß der Hypothekengläubiger mit der Versicherungsgesellschaft in direkte Beziehung tritt und sich den sog. Hypothekenversicherungsschein aushändigen läßt. Im übrigen pflegen die Kredit- und Sparanstalten Hingabe und Aufrechterhaltung des hypothekarischen Darlehns von dem Bestande einer Feuerversicherung abhängig zu machen.

6. Ersatzansprüche aus Enteignung. Auf sie wird wegen ihrer Surrogatsnatur die Hypothek kraft Reichsrechtes (Art. 52, 53 EG. z. BGB.) und im Zweifel kraft Landesrechts erstreckt. Gewisse andere Eingriffe sind gleichgestellt. Vgl. auch die VO. vom 11. 4. 1918 (Entschädigungssumme bei Stillegungen und Zusammenlegungen industrieller Betriebe) und allgemein oben § 23 II 3b δ. — Ein allgemeines Surrogationsprinzip ist dagegen für das Grundvermögen nicht anerkannt.

IV. Teilung der Hypothek.

Möglich ist eine Teilung der Hypothek. Sie vollzieht sich durch Teilung der Forderung. Sie bedarf trotz der mit ihr verbundenen Belästigung des Grundeigentümers nicht seiner Zustimmung. Die Teilung erfolgt am häufigsten bei einer teilweisen Übertragung der Hypothek (vgl. unten V) oder bei einer teilweisen Befriedigung (vgl. § 1145), doch kann auch der Hypothekengläubiger die in seiner Hand bleibende Hypothek zerlegen. — Bei einer Briefhypothek können Teilhypothekenkriefe hergestellt werden, auch ohne Zustimmung des Grundeigentümers (siehe § 1152). Die Teilhypotheken haben im Zweifel gleichen Rang, doch ist eine Rangänderung möglich (gemäß § 880, aber die Zustimmung des Grundeigentümers ist nicht erforderlich § 1151).

V. Übertragung der Hypothek.

Die Hypothek ist (rechtsgeschäftlich) übertragbar. Die Übertragung erfolgt durch Übertragung (Abtretung) der persönlichen Forderung. Für sich allein kann die Hypothek nicht übertragen werden, und ebenso ist grundsätzlich eine Übertragung der Forderung nicht möglich ohne Übergang der Hypothek (§ 1153). Dies folgt schon aus dem Begriff der Hypothek, da sie notwendig an eine Forderung angelehnt ist.

1. Der Übertragungsakt. Die Abtretung der Forderung und damit die Übertragung der Hypothek erfolgt durch einen Vertrag, der einer bestimmten Form bedarf. Es ist zu unterscheiden:

a) bei der Buchhypothek ist die Form des Liegenschaftsrechts vorgeschrieben: Erforderlich sind Einigung über den Forderungsübergang und Eintragung im Grundbuch (§ 1154 III);

b) bei der Briefhypothek stehen zwei Wege offen (§ 1154 I und II):

α) entweder Einigung über den Forderungsübergang, Briefübergabe und Eintragung im Grundbuch;

β) oder Einigung über den Forderungsübergang, schriftliche Abtretungserklärung und Übergabe des Hypothekenbriefs. Eine Eintragung im Grundbuch ist in diesem Fall nicht erforderlich. Aber der neue Gläubiger kann öffentliche Beglaubigung der Abtretungserklärung (§ 129) verlangen. Eine solche ist wichtig, weil sie ihm die Stellung eines im Grundbuch Eingetragenen verschafft (vgl. unten 2).

Die Übergabe des Briefes kann in derselben Weise ersetzt werden wie bei dem erstmaligen Erwerb der Hypothek (vgl. oben I 3a).

Eine Ausnahme von der Formvorschrift gilt für Übertragung von Ansprüchen auf rückständige Zinsen. Sie können einfach nach Schuldrecht formlos abgetreten werden, und die Hypothek geht insoweit mit über (hier kann sogar ganz ausnahmsweise der Übergang der Hypothek vertragsmäßig ausgeschlossen werden) § 1159.

2. Schutz des Erwerbers durch den öffentlichen Glauben des Grundbuchs. In weitgehendem Umfang ist der Erwerber einer Hypothek durch den öffentlichen Glauben des Grundbuchs geschützt. Es wird hierbei von den Besonderheiten, die sich bei einem Hypothekenbrief ergeben, vorläufig abgesehen (siehe unten 4).

a) Der Erwerber ist zunächst geschützt durch § 892 BGB. in bezug auf den Bestand der Hypothek (z. B. der Grundeigentümer hat für eine gültige Forderung eine Hypothek im Zustande der Geschäftsunfähigkeit dem G bestellt. Nun erwirbt X die Hypothek von dem eingetragenen G), ferner in bezug auf die Person des übertragenden Hypothekengläubigers (z. B. X. erwirbt von dem fälschlich eingetragenen G, während in Wirklichkeit Y der Hypothekengläubiger ist).

b) Der Erwerber wird ferner geschützt in bezug auf Einreden gegen die Hypothek als solche (aus einem zwischen dem Eigentümer und dem bisherigen Gläubiger bestehenden Rechtsverhältnis), wenn sie aus dem Grundbuch nicht ersichtlich waren. § 1157 erstreckt den öffentlichen Glauben des Grundbuchs auch auf solche Einreden. Beispiel: der Hypothekar G hat dem Eigentümer, der mit dem persönlichen Schuldner nicht identisch ist, die Geltendmachung der Hypothek gestundet oder ihm versprochen, zuerst den persönlichen Schuldner belangen zu wollen. Er tritt nun die Hypothek an den redlichen X ab, diesem können die Einreden von dem Grundeigentümer nicht entgegengesetzt werden.

c) Der Erwerber wird aber auch in Ansehung der Hypothek in bezug auf den Bestand der persönlichen Forderung und in bezug auf Einreden gegen die Forderung geschützt (§ 1138). Ist die Forderung nichtig, so erwirbt der Redliche die eingetragene Hypothek als Grundschuld (nicht eine Hypothek ohne Forderung, denn eine solche kann es begrifflich nicht geben). Ist die Forderung mit Einreden behaftet, so kann der Grundeigentümer sie dem redlichen Hypothekenerwerber, wenn er mit der Hypothekenklage vorgeht, nicht entgegenhalten, wenn sie nicht aus dem Grundbuch ersichtlich waren (z. B. die Forderung ist durch Betrug erlangt gewesen; anders gegenüber dem früheren Hypothekengläubiger, siehe § 1137).

Dieser Schutz des redlichen Hypothekenerwerbers entfällt, insoweit es sich um die Übertragung von rückständigen Zinsen (und Kostenersatz) handelt, gemäß § 1159, und hinsichtlich nicht fälliger Nebenleistungen für das laufende und folgende Kalendervierteljahr nach Maßgabe des § 1158.

3. Schutz des Schuldners bei Unkenntnis der Abtretung?

Nach schuldrechtlichen Grundsätzen wird ein Schuldner in weitgehender Weise im Hinblick auf eine Unkenntnis von der Abtretung geschützt (§§ 406—408). Insbesondere kann er vor Kenntnis der Abtretung mit befreiender Wirkung an den bisherigen Gläubiger zahlen. Das BGB. hat diesen schuldrechtlichen Schutz für den Eigentümer bei der Übertragung der Hypothek ausgeschaltet (§ 1156). Der Grundeigentümer muß also nach dem wahren Hypothekengläubiger forschen. Der Grund für die Ausschaltung dieser Vorschriften liegt im Grundbuchsystem, in welches die persönliche Forderung mit hereingezogen wird. Der Grundeigentümer mag das Grundbuch einsehen, ehe er zahlt (über seine Lage bei einem Hypothekenbrief siehe unten 4). — Eine Ausnahme gilt für die Kündigung (siehe § 1156 Satz 2) und für die oben unter 2 am Ende genannten Nebenansprüche (§§ 1159, 1158).

4. Besonderheiten bei einem Hypothekenbrief.

Die unter 2 und 3 besprochenen Regeln werden modifiziert, wenn ein Hypothekenbrief ausgestellt ist, und zwar ist zweierlei zu beachten:

a) Der Hypothekenbrief zerstört den öffentlichen Glauben des Grundbuchs, d. h. ist im Grundbuch etwas Unrichtiges eingetragen, dessen Unrichtigkeit sich unmittelbar aus dem Hypothekenbrief ergibt, so wird das Vertrauen auf das Grundbuch nicht geschützt (§§ 1140, 1157). Dies hat seinen guten Grund darin, daß der Hypothekenbrief ja stets bei der Übertragung der Briefhypothek eine Rolle spielt (siehe oben 1 b). Beispiel: Es ist auf dem Hypothekenbrief eine Teilzahlung quittiert, über welche das Grundbuch keine Auskunft gibt.

b) Der Besitzer eines Hypothekenbriefes, welcher im Grundbuch nicht eingetragen ist, hat unter bestimmten Voraussetzungen die Stellung eines im Grundbuch eingetragenen Hypothekengläubigers. Dies nämlich dann, wenn er von einem eingetragenen Hypothekengläubiger durch öffentlich beglaubigte Abtretungserklärung den Brief erworben hat oder sein Gläubigerrecht durch eine zusammenhängende Kette von öffentlich beglaubigten Abtretungserklärungen auf einen eingetragenen Hypothekengläubiger zurückführt (§ 1155). Hieraus ergibt sich namentlich zweierlei:

α) von einem solchen Hypothekenbriefinhaber kann man die Hypothek erwerben, auch wenn er in Wahrheit nicht der Gläubiger ist (z. B. die Abtretung an ihn war wegen Geschäftsunfähigkeit seines Vormanns nichtig) — vorausgesetzt, daß man redlich ist (§ 892);

β) an einen solchen Hypothekenbriefinhaber kann der Grundeigentümer, wenn er redlich ist, stets mit befreiender Wirkung zahlen (§ 893).

So wird ein vorsichtiger Grundeigentümer bei einer Briefhypothek nur an den so legitimierten oder an den im Grundbuch eingetragenen Hypothekenbriefbesitzer zahlen (vgl. § 1160).

V. Sonstiger Übergang der Hypothek.

1. Eine **Belastung** der Hypothek (Verpfändung, Bestellung eines Nießbrauchs) ist möglich; sie vollzieht sich nach den Grundsätzen der Übertragung, es wird also die Forderung belastet (§§ 1069 I, 1274 I). Über Pfändung siehe § 830 ZPO. (anderseits § 837 ZPO.).

2. Gesetzlicher Übergang. Er kann sich durch Erbfolge oder sonstige Gesamtnachfolge vollziehen. Es gibt aber viele Fälle gesetzlicher Sondernachfolge. Dies namentlich dann, wenn ein anderer als der Schuldner den Gläubiger befriedigt, z. B. ein Bürge (er erwirbt die Forderung [§ 774] und infolgedessen auch die Hypothek) oder der Grundeigentümer, der nicht persönlicher Schuldner ist (vgl. § 1143), aber auch, wenn der persönliche Schuldner, der nicht Grundeigentümer ist, den Gläubiger befriedigt (vgl. § 1164). — Hier bedarf es weder eines Bucheintrages noch einer Briefübergabe. Aber der Erwerber hat einen Anspruch auf Übergabe des Hypothekenbriefes und der sonstigen Urkunden (§§ 1144, 1150, 1167). Bei einer Briefhypothek hat das öffentlich beglaubigte Anerkenntnis des gesetzlichen Übergangs die gleiche Wirkung wie eine öffentlich beglaubigte Abtretungserklärung (§ 1155).

VI. Geltendmachung der Hypothek.

Bei der Geltendmachung der Hypothek handelt es sich um das dingliche Recht. Sie ist scharf zu scheiden von der Geltendmachung der persönlichen Forderung (über diese unten VII).

Bei der Geltendmachung des dinglichen Rechts kommt dem eingetragenen Hypothekengläubiger eine erweiterte Vermutung für seine Hypothek zugute. Der Bucheintrag erzeugt nämlich auch eine Vermutung für den Bestand der Forderung, §§ 1137, 891. Ist der Hypothekengläubiger nicht eingetragen, so gilt eine entsprechende erweiterte Vermutung bei der Briefhypothek für den Besitzer des Hypothekenbriefes, der die Stellung eines im Grundbuch eingetragenen Hypothekengläubigers kraft § 1155 hat.

1. Das **dingliche Zugriffsrecht** des Hypothekengläubigers tritt mit der Fälligkeit der Hypothekenforderung ein. Hängt die Fälligkeit, was die Regel ist, von einer Kündigung ab, so muß diese, um die Hypothek fällig zu machen, vom Gläubiger an den Grundeigentümer oder vom Grundeigentümer an den Gläubiger erfolgen (§ 1141, wichtig, wenn der Grundeigentümer nicht der persönliche Schuldner ist).

Handelt es sich um eine Briefhypothek, so muß der kündigende Gläubiger den Hypothekenbrief vorlegen, sonst kann der Eigentümer die Kündigung unverzüglich zurückweisen. Ist der Gläubiger nicht im Grundbuch eingetragen, so kann der Eigentümer auch die ihn legitimierenden Urkunden des § 1155 fordern (§ 1160). Gleiches gilt für die Mahnung.

2. Vor der Fälligkeit hat der Hypothekengläubiger ein gewisses Recht im Hinblick auf eine **Gefährdung seiner Sicherheit** infolge Entwertung des Grundvermögens. Wegen drohender Gefährdung seiner Sicherheit durch Einwirkungen auf das Grundvermögen (z. B. durch Abbruch von Häusern, Entfernung von Vieh, Fällen von Bäumen) hat er einen Unterlassungsanspruch gegen den Eigentümer und gegen jeden Dritten (gegen Eigentümer kann er auch gerichtliche Schutzmaßnahmen zur Abwendung verlangen, §§ 1134, 1135). — Wegen einer bereits eingetretenen Gefährdung seiner Sicherheit (die Hypothek erscheint jetzt nicht mehr gedeckt) kann der Gläubiger eine Beseitigungsfrist setzen und nach deren fruchtlosem Ablauf seine sofortige Befriedigung aus dem Grundstück suchen (§§ 1133, 1135).

3. Nach der Fälligkeit hat der Gläubiger das **Befriedigungsrecht im Wege der Zwangsvollstreckung** (§ 1147).

a) Voraussetzung ist daher ein Vollstreckungstitel. Er verschafft ihn sich durch Klage und Urteil. Die Klage ist gegen den Grundstückseigentümer zu richten (vgl. § 1148). Bei einer Briefhypothek kann der Grundeigentümer Vorlegung des Briefes verlangen bei Vermeidung der Abweisung der Klage; ist der Hypothekengläubiger nicht im Grundbuch eingetragen, so kann der Eigentümer auch Vorlegung der legitimierenden Urkunde des § 1155 fordern (§ 1160). — Das

Urteil darf nie auf Zahlung schlechthin lauten, über seine Fassung sind die Ansichten geteilt je nach der Auffassung der rechtlichen Natur des Grundpfandrechts („Zahlung aus dem Grundstück", „Zahlung bei Vermeidung der Zwangsvollstreckung in das Grundstück", „der Kläger darf die Zwangsvollstreckung in das Grundstück betreiben", vgl. oben § 54 V). — Als Vollstreckungstitel ist auch eine gerichtliche oder notarielle Urkunde zulässig, in welcher sich der Grundeigentümer der sofortigen Zwangsvollstreckung unterwirft (es bedarf dann keiner Klage, sondern nur einer vollstreckbaren Ausfertigung der Urkunde, vgl. §§ 794 Ziffer 5, 800, 724 ZPO.).

b) Der Grundeigentümer kann Einwendungen und Einreden geltend machen. Die Einreden können lediglich gegen die Hypothek gerichtet sein, § 1157 (vgl. oben V 2 b) oder aus der persönlichen Forderung herrühren (auch wenn er nicht der persönliche Schuldner ist), außer der Verjährungseinrede § 1137 (vgl. oben V 2c), schließlich hat er eine Einrede, wenn der persönliche Schuldner ein Anfechtungs- oder Aufrechnungsrecht hat (§ 1137). Aber alle diese Einreden versagen gegenüber dem öffentlichen Glauben des Grundbuchs (vgl. oben V 2).

c) Arten der Vollstreckung. Der Gläubiger hat die Wahl zwischen

α) Zwangsvollstreckung in das uubewegliche Vermögen (§ 866 ZPO.). Und zwar Zwangsversteigerung oder (und) Zwangsverwaltung. Das Nähere ist in dem Reichsgesetz über Zwangsversteigerung und Zwangsverwaltung vom 24. 3. 1897 (in der Fassung vom 20. 5. 1898) geregelt. Die Zwangsversteigerung ist ein gerichtliches Verfahren, welches auf den Stammwert des Grundvermögens gerichtet ist, in der Weise, daß es einem Meistbietenden zugeschlagen und der Erlös nach Maßgabe des Ranges unter den Beteiligten verteilt wird. Die Zwangsverwaltung zielt auf die Hebung der Nutzungen durch einen Zwangsverwalter, welche für die Begleichung der Zinsen und des Kapitals der Beteiligten verwendet werden.

β) Zwangsvollstreckung in das bewegliche Vermögen. Sie kann sich vollziehen in die mithaftenden beweglichen Sachen: getrennte Bestandteile und die Miet-, Pachtzins- und Versicherungsansprüche (Ausnahme: das Zubehör § 865 ZPO.).

4. Lösungsrechte.

a) Der Grundeigentümer hat das Recht den Gläubiger zu befriedigen, sobald die Forderung fällig ist. Ist er nicht der persönliche Schuldner, so hat er das Befriedigungsrecht, sobald der persönliche Schuldner zur Leistung berechtigt ist. Die Befriedigung kann durch Erfüllung, Hinterlegung, Aufrechnung erfolgen (§ 1142). — Bei einer Briefhypothek kann der Eigentümer dabei Aushändigung des Hypothekenbriefes verlangen (§ 1144). — Ist der Eigentümer selbst persönlicher Schuldner, so erwirbt er die Hypothek (da die Forderung untergeht) als Eigentümergrundschuld (§ 1163 I Satz 2). (Über die Ausnahmen siehe unten VIII 2.) Ist der Eigentümer nicht der persönliche Schuldner, so erwirbt er die Forderung und die Hypothek (Eigentümerhypothek) §§ 1143, 1153.

b) Ein Lösungsrecht hat ferner jeder Dritte, der Gefahr läuft, durch die Zwangsvollstreckung ein Recht an der Sache oder den Besitz der Sache zu verlieren (jeder gleich oder nachstehende dinglich Berechtigte, ferner Mieter, Pächter). Es entsteht aber erst, wenn der Hypothekengläubiger die Hypothek geltend macht. Der Dritte erwirbt damit die persönliche Forderung und die Hypothek (§§ 1150, 268).

VII. Geltendmachung der persönlichen Forderung.

Sie erfolgt ausschließlich gegen den persönlichen Schuldner. Dies kann der Eigentümer, aber auch ein Dritter sein. Sie ist einfach auf Zahlung der Geldsumme gerichtet. Der Gläubiger kann sich für den Bestand der Forderung nicht auf die Vermutung des Grundbuchs berufen (diese Vermutung gilt in Ansehung der Forderung nur „für die Hypothek" § 1138). Der Gläubiger ist allen Einreden aus dem persönlichen Schuldverhältnis ausgesetzt. Der redliche Erwerber erwirbt nicht die nicht bestehende Forderung und muß alle Einreden aus der Person seines Vormannes gegen sich gelten lassen (siehe dagegen § 1138).

Eine Besonderheit ist, daß bei der Briefhypothek der persönliche Schuldner, wenn er der Grundeigentümer ist, gegenüber der Geltendmachung der persönlichen Forderung die Vorlegung des Hypothekenbriefes (und der nach § 1155 legitimierenden Urkunden) verlangen kann in derselben Weise wie gegenüber der Geltendmachung der Hypothek (§ 1161). Der Eigentümer soll insofern wenigstens bei der persönlichen Forderung nicht schlechter stehen als bei der dinglichen.

Wird die persönliche Forderung getilgt, so wandelt sich die Hypothek regelmäßig in eine Eigentümergrundschuld um (siehe aber unter VIII).

VIII. Untergang der Hypothek.

Ein „Untergang" der Hypothek findet statt, wenn die Hypothek und mit ihr jede Grundstücksbelastung endigt, so daß die etwa vorhandenen Nachmänner aufrücken.

Ein solcher Untergang wird herbeigeführt zunächst nach den allgemeinen Grundsätzen des Sachenrechts, insbesondere erlischt die Hypothek durch Untergang des Grundstücks, durch Buchversitzung (§ 901), durch Enteignung. Nicht erlischt sie durch Vereinigung von Hypothek und Eigentum (§ 889, Ausnahmen: die Hypothek für Zinsrückstände § 1178 I)

Im übrigen ist hervorzuheben:

1. Die Hypothek geht unter

a) durch rechtsgeschäftliche Aufhebung. Hierzu bedarf es aber nicht allein der Aufgabeerklärung des Hypothekars und Löschung (vgl. §§ 875, 876, oben § 14 II), sondern auch der Zustimmungserklärung des Eigentümers (§ 1183). Der Grundeigentümer würde ja sonst ohne seinen Willen um das Eigentümerpfandrecht kommen. — Bei einseitigem Verzicht des Gläubigers auf die Hypothek (der Eigentümer bietet ihm z. B. eine bessere Sicherheit für die Forderung) entsteht dagegen eine Eigentümergrundschuld (vgl. §§ 1168, 1177, 1165). — Die rechtsgeschäftliche Aufhebung der Hypothek läßt grundsätzlich die persönliche Forderung unberührt (Besonderheiten in § 1165).

b) Durch Befriedigung aus dem Grundstück im Wege der Zwangsvollstreckung (§ 1181). Es gehört hierher jede Befriedigung des Gläubigers, welche wir oben unter VI. 3 geschildert haben. In diesem Fall erlischt auch die Forderung.

Eine anderweitige Befriedigung des Gläubigers bewirkt dagegen keine Aufhebung der Belastung (im einzelnen liegen die Fälle verschieden).

c) Durch Zuschlag in der Zwangsversteigerung. Und zwar erlöschen mit ihm alle Hypotheken, die nicht nach den Versteigerungsbedingungen bestehen bleiben (§ 91 ZVG.); sie werden ihrem Range nach aus dem Versteigerungserlös befriedigt, soweit der Erlös nicht ausreicht, fallen sie aus. — Dagegen bleiben die persönlichen Forderungen der ausfallenden Gläubiger bestehen. Hieraus ergeben sich sonderbare Konsequenzen, wenn der erststellige Gläubiger selbst das Grundstück ganz unter seinem Wert unter Ausfall des größten Teils seiner Hypothek erstanden hat (denn hier hat er durch den hohen Grundstückswert und die ihm verbleibende persönliche Forderung einen ungerechtfertigten Gewinn).

2. Dagegen geht die Hypothek nicht unter, wenn die persönliche Forderung erlischt (sog. Selbständigkeit der Hypothek). Es ist dabei gleichgültig, aus welchem Grunde sie erlischt (Erfüllung, Hinterlegung, Aufrechnung, Erlaßvertrag, Vereinigung von Gläubiger und Schuldner). In allen diesen Fällen erwirbt grundsätzlich der Eigentümer die Hypothek als Grundschuld (§ 1163 I Satz 2).

Bemerkenswerte Ausnahmen hiervon sind durch die neueste Gesetzgebung gemacht worden in bezug auf solche Hypotheken, bei denen der Schwerpunkt auf der Tilgung der Kapitalschuld liegt und der Gedanke des Rentenkredits zugrunde liegt. So ist für die Notopferhypothek, die auf einem Tilgungsdarlehn beruht, bestimmt, daß sie mit der Forderung erlischt und § 1163 I Satz 2 BGB. keine Anwendung findet (vgl. § 36, des Gesetzes vom 6. 7. 1921 und oben § 34 I 1 b). Ebenso ist für die unkündbaren Tilgungshypotheken der Heimstätten (oben § 44 II 1 a α) vorgeschrieben, daß mit dem Erlöschen der „persönlichen Schuld" auch die Hypothek erlischt (vgl. RHStG. § 17 II). Es entsteht also bei diesen Hypotheken infolge der jedesmaligen Abtragung keine Eigentümergrundschuld, wie das sonst bei den Tilgungshypotheken der Hypothekenbanken und Landschaften (hier erst Ansammlung der Jahresbeträge) der Fall ist (oben § 54 I 2a). Auch bei der „öffentlichen Last" der Industrie erlischt die Last, soweit die Jahreszahlungen erfolgen (vgl. oben § 54 I 2a). Dies entspricht der Reallast.

Eine Ausnahme von dem Satz, daß die Hypothek beim Erlöschen der Forderung auf den Grundeigentümer übergeht, macht das BGB. für den Fall, daß der rein persönliche Schuldner den Gläubiger befriedigt, wenn er vom Eigentümer Ersatz verlangen kann. Alsdann soll der persönliche Schuldner für seine Ersatzforderung die Hypothek erwerben (§ 1164). Es findet hier also ein gesetzlicher Forderungswechsel bei der Hypothek statt (Hauptfall: der Erwerber eines Grundstücks hat die Schuld, für welche eine Hypothek bestellt ist, unter Anrechnung auf den Kaufpreis übernommen, der Gläubiger genehmigt die Schuldübernahme nicht; der Grundstücksveräußerer bezahlt den Gläubiger). Der Befriedigung steht die Vereinigung von Forderung und Schuld in der Person des persönlichen Schuldners gleich (§ 1164 II). — Eine weitere Ausnahme bei Zinsrückständen (§ 1178).

3. Eine Hypothek kann in eine Grundschuld umgewandelt werden, hierzu bedarf es einer Einigung und Eintragung, die Zustimmung der im Range gleich- oder nachstehenden Berechtigten ist nicht erforderlich (§ 1198).

§ 56. Die Sicherungshypothek.

I. Begriff, Arten, wirtschaftliche Bedeutung.

Die Sicherungshypothek ist eine Hypothek, welche für den Verkehr weniger geeignet ist. Sie ist mehr darauf abgestellt, in einer Hand zu bleiben zur Sicherung einer Forderung. Das Entscheidende ist: die Eintragung im Grundbuch hat für die persönliche Forderung keine Bedeutung. Die Forderung wird nicht in den Bann des Grundbuchs für die Hypothek hereingezogen. Sie ist daher notwendig Buchhypothek, und es gelten die Grundsätze der Buchhypothek mit einigen Abwandlungen. Auch für sie gilt also, daß sie bei Nichtvorhandensein oder Untergang der Forderung in eine Eigentümergrundschuld umgewandelt wird (vgl. oben § 54 II 1c).

1. **Begriff.** Hiernach läßt sich die Sicherungshypothek als eine Hypothek kennzeichnen, bei welcher der Bucheintrag für die Hypothek in Ansehung der Forderung keine Bedeutung hat (§ 1184).

2. **Arten.** Wir sahen bereits, daß es Sicherungshypotheken nur als Buchhypotheken gibt. Es gibt aber besondere Arten der Sicherungshypotheken: Die Hypothek für Inhaber- und Orderpapiere (unten IV) und die Höchstbetragshypothek (unten V). Wir stellen ihnen die „gewöhnliche" Sicherungshypothek gegenüber. — Zwangshypotheken im weiteren Sinn sind solche, die im Wege der Zwangsvollstreckung eingetragen werden.

3. **Wirtschaftliche Bedeutung.** Die Sicherungshypothek tritt an Bedeutung gegenüber der Verkehrshypothek erheblich zurück. Die gewöhnliche Sicherungshypothek findet sich kraft rechtsgeschäftlicher Bestellung namentlich in der Rhein-

pfalz, in Baden und Hessen (begünstigt durch die Ausführungsgesetze zum BGB.); allgemeine Bedeutung hat sie als Zwangshypothek. Die Hypothek für Inhaber- und Orderpapiere spielt bei Anleihen eine wichtige Rolle. Die Höchstbetragshypothek dient Forderungen, deren Höhe unbestimmt ist.

II. Begründung der gewöhnlichen Sicherungshypothek.

1. Rechtsgeschäftliche Begründung.

Nötig ist Einigung und Eintragung mit dem Vermerk, daß es sich um eine „Sicherungshypothek" handelt (§ 1184 II). Der Ausschluß der Erteilung eines Hypothekenbriefes braucht nicht besonders vereinbart oder eingetragen zu werden; er versteht sich von selbst. Einen gesetzlichen Anspruch auf Bestellung einer Sicherungshypothek hat der Bauunternehmer (§ 648 BGB.).

2. Im Wege der **Zwangsvollstreckung.** Die Sachlage ist infolge der Gesetzgebung zur Zeit der Geldentwertung sehr verwickelt. Wir beschränken uns hier auf folgendes (wobei wir gleich die Höchstbetragshypothek mit hereinziehen).

Ein Gläubiger eines Grundeigentümers kann, wenn er seine Forderung ausgeklagt und ein vollstreckbares Urteil erlangt hat, die Eintragung einer Sicherungshypothek für seine Forderung beantragen: Zwangshypothek. Sie entsteht mit der Eintragung (§§ 866ff. ZPO.). Voraussetzung ist, daß es sich um einen Anspruch handelt, der die Wertgrenze in amtsgerichtlichen Vermögensstreitigkeiten übersteigt (§ 866 III ZPO. in der Fassung der VO. zur Beschleunigung des Verfahrens vom 22. 12. 1923).

Besonderheiten gelten für wertbeständige Schuldtitel: Ist die Forderung derart wertbeständig bestimmt, daß für sie eine wertbeständige Hypothek eingetragen werden kann (vgl. oben § 55 I 2b), so wird die Sicherungshypothek als wertbeständige eingetragen und die Wertgrenze des § 866 III ZPO. gilt nicht (also z. B. als Feingoldhypothek). Ist eine Forderung nicht derartig bestimmt, so wird eine Höchstbetragshypothek eingetragen, wobei als Höchstbetrag die Geldsumme in Betracht kommt, die sich auf Grund des wertbeständigen Schuldtitels zur Zeit des Eingehens des Antrages auf Eintragung beim Grundbuchamt ergibt. Siehe die Bekanntmachung zur Entlastung der Gerichte vom 13. 5. 1924 § 14 (§ 1). Die zweite Durchführungsverordnung der VO. zur Beschleunigung des Verfahrens in bürgerlichen Rechtsstreitigkeiten vom 27. 6. 1924 hat dann für gewisse wertbeständige Forderungen auf Goldmark die Eintragung einer Sicherungshypothek als „Feingoldhypothek" (Goldmarkhypothek), und zwar als Höchstbetragshypothek zugelassen (unter Ausschaltung der Wertgrenze des § 866 III ZPO., als Höchstbetrag kommt in Betracht der Feingoldwert zur Zeit des Eintragungsantrags).

Die ZPO. stellt in § 932 einem vollstreckbaren Urteil den Arrestbefehl zur Sicherung eines Anspruches gleich: Arresthypothek. Sie ist immer Höchstbetragshypothek; als Höchstbetrag kommt der Geldbetrag in Betracht, durch dessen Hinterlegung der Arrest beseitigt wird (§ 923 ZPO.).

III. Rechtssätze für die gewöhnliche Sicherungshypothek.

Es gilt das Recht der Buchhypothek. Die Besonderheiten sind nur folgende:

1. Das Hypothekenrecht richtet sich nur nach der Forderung. Der öffentliche Glaube des Grundbuchs ergreift nicht die Forderung (§ 1185); § 1138 ist ausgeschlossen. Wer sich eine Sicherungshypothek übertragen läßt, erwirbt sie daher nur, wenn die Forderung wirklich bestand, und er erwirbt sie nur mit allen der Forderung anhaftenden Einreden.

Beispiel: Es ist für eine wucherische Forderung eine Sicherungshypothek für G eingetragen. Dann entsteht, wie wir wissen, eine Eigentümergrundschuld (§ 1163 I). Überträgt nun G die eingetragene Sicherungshypothek an X, so erwirbt dieser trotz Redlichkeit nicht die angebliche Sicherungshypothek, vielmehr verbleibt sie dem Eigentümer als Eigentümergrundschuld. — Ganz anders wäre zu entscheiden, wenn eine Verkehrshypothek eingetragen worden wäre; hier würde X die Hypothek erwerben mit der fingierten Forderung und, da letztere fingiert ist, als Grundschuld.

Zu betonen ist aber, daß auch für die Sicherungshypothek der öffentliche Glaube des Grundbuchs in bezug auf den Bestand der Hypothek bei Gültigkeit der Forderung (§ 892) und in bezug auf die Einreden gegen die Hypothek als solche (§ 1157) gilt.

Beispiel: Der geisteskranke Eigentümer E bestellt für eine gültige Forderung eine Sicherungshypothek dem G. Darauf überträgt G die Sicherungshypothek an den redlichen X. Hier erwirbt X die Sicherungshypothek.

2. Der Hypothekengläubiger kann sich zum Beweis der Forderung bei der Hypothekenklage nicht auf das Grundbuch berufen. Er muß also die Forderung beweisen (§ 1185): § 1138 (und insoweit § 891) ist ausgeschlossen. Anders bei der Verkehrshypothek (vgl. oben § 55 VI).

IV. Sicherungshypothek für Inhaber- und Orderpapiere.

Sie dient in der Praxis dazu, um Anleihen von industriellen und Kreditinstituten zu befestigen. Diese räumen bei der Ausgabe ihrer Anleihepapiere den Gläubigern der Anleihen Hypotheken an ihrem Grundbesitz zur Sicherheit ein. Für die Anleihescheine kommen Inhaberpapiere und Orderpapiere in Betracht. Da für erstere staatliche Genehmigung vorgeschrieben ist (§ 795 BGB.), so bedient man sich, da der Ausgeber regelmäßig Kaufmann ist, mit Vorliebe der kaufmännischen Verpflichtungsscheine, welche nach § 363 HGB. an Order lauten können und einer staatlichen Genehmigung nicht bedürfen. In den Anleihebedingungen wird das Nähere geregelt. (Sehr selten ist eine Sicherungshypothek für Wechsel.)

Für solche Sicherungshypotheken gelten einige Besonderheiten:

1. Zur **Begründung** der Hypothek ist erforderlich Einigung und Eintragung. Die Hypothek ist stets Sicherungshypothek, auch wenn sie nicht so im Grundbuch bezeichnet ist, § 1187 II (das Nähere über die Eintragung bestimmt § 51 GBO.). — Bei Inhaberschuldverschreibungen bedarf es nicht einmal einer Einigung (!); es genügt die einseitige Erklärung des ausgebenden Grundeigentümers gegenüber dem Grundbuchamt zur Eintragung (§ 1188).

2. Die **Übertragung** der Hypothek richtet sich nicht nach Liegenschaftsrecht, sondern ausschließlich nach Wertpapierrecht. Die Hypothek erscheint als Zubehör des Wertpapiers (§ 1187 Satz 3).

3. Für die jeweiligen Gläubiger kann ein **Vertreter** bestellt werden (§ 1189). Er hat Vertretungsmacht in bezug auf Verfügungen über die Hypothek und die Geltendmachung der Hypothek z. B. für Kündigung, Geldempfang, Entpfändung, Hypothekenklage, Vollstreckungsmaßnahmen usw. Der Umfang wird in den Anleihebedingungen bestimmt. Die Bestellung erfolgt regelmäßig durch den ausgebenden Grundeigentümer, meistens wird eine Bank (Emissionsbank) zum Vertreter erkoren. Die Bestellung bedarf der Eintragung im Grundbuch. Der Vertreter handelt im Namen der Gläubiger, er ist richtiger Vertreter (daher zu Unrecht meistens „Treuhänder" genannt). Die praktische Bedeutung des Instituts liegt auf der Hand, sowohl für den Grundeigentümer, dem nur eine Person an Stelle vieler unbekannter Gläubiger gegenübersteht, als auch für die Hypothekare, denen es häufig an Zeit und Sachkunde fehlt.

Die Rechte der Anleihegläubiger werden ergänzt durch das Gesetz über die gemeinsamen Rechte der Besitzer von Schuldverschreibungen vom 4. 12. 1899 (geändert durch Gesetz vom 14. 5. 1914). Nach diesem Gesetz kann von der „Gläubigerversammlung" ein Vertreter bestellt werden zur Wahrnehmung ihrer Rechte. Ein solcher kann mit dem Vertreter des § 1189 BGB. identisch sein, allein es ist nicht nötig und besser zu vermeiden. Der Vertreter des § 1189 BGB. kann gleichfalls die Gläubigerversammlung berufen, andererseits ist er ihrer Kontrolle insofern unterstellt, als sie ($^1/_5$ der Schuldverschreibungssummen) seine Abberufung bei Gericht beantragen kann (siehe § 16 des Gesetzes vom 4. 12. 1899 in der neuen Fassung).

V. Höchstbetragshypothek.

Sie ist eine Sicherungshypothek, bei welcher nur der Höchstbetrag der Forderung, für welche das Grundstück haften soll, bezeichnet, im übrigen die Feststellung der Forderung vorbehalten wird. § 1190. (Maximal-Höchst-Kautionshypothek).

Sie ist für solche Schuldbeziehungen bestimmt, bei denen mit einem Schwanken der Schuldsumme gerechnet wird. Sie ist daher für dauernde Schuldverhältnisse, bei denen die Forderungen ihrer Entstehung und Höhe nach unbestimmt sind, geeignet. So z. B. im Kontokorrentverkehr (der Bankier läßt sie sich an dem Grundstück des Kunden bestellen) oder in der Geschäftsverbindung zwischen Brauereien und Gastwirten (die Brauerei läßt sie sich für die Kaufpreisforderungen der künftigen Bierlieferungen an dem Grundstück des Gastwirtes bestellen). Sie ist auch ein Mittel, um den Gläubiger in einem gewissen Umfang gegen eine Geldentwertung sicherzustellen. So erklären sich auch Vorschriften der neuesten Gesetzgebung über die Eintragung von Höchsthypotheken in der Zwangsvollstreckung (siehe oben II 2). Arresthypotheken sind stets Höchsthypotheken (oben II 2).

1. Rechtsgeschäftliche Bestellung. Der Höchstbetrag muß im Grundbuch eingetragen werden; sie ist stets ohne weiteres Sicherungshypothek. Zinsen dürfen nicht eingetragen werden, sie sind in den Höchstbetrag einzurechnen (§ 1190 I, II, III). Eine Unterwerfung unter die sofortige Zwangsvollstreckung ist unmöglich (§ 794 Ziffer 5 Z.PO., es fehlt an einem von vornherein festbestimmten Anspruch).

2. Die Rechtslage. Das Grundstück ist mit dem Höchstbetrag der Forderung belastet und verhaftet. Die Höhe der jeweiligen Forderung schwankt. Daher besteht in der Höhe der jeweiligen Forderung eine richtige Hypothek, während das jeweilig freie Stück bis zum Höchstbetrage sich als Eigentümergrundschuld darstellt. Diese Eigentümergrundschuld ist aber durch die Höchstbetragslast dinglich gebunden, so daß der Eigentümer nicht ihre Eintragung im Grundbuch herbeiführen kann. Dies ändert sich erst, wenn durch eine Feststellung der Forderung der ungewisse Zustand beseitigt ist (namentlich durch Einigung der Parteien).

3. Übertragung. Das BGB. ermöglicht in Abweichung von den Grundprinzipien der Verkehrshypothek, daß die Forderung ohne die Hypothek nach schuldrechtlichen Grundsätzen abgetreten wird (§ 1190 IV). Dies hat vor allem für die Abtretung von Einzelansprüchen Bedeutung, welche so aus der Höchstbetragshypothek ausscheiden. Die Höchstbetragshypothek aber steht in diesem Fall dem bisherigen Gläubiger zur Sicherung für seine übrigen bereits bestehenden oder künftig entstehenden Forderungen zu. — Möglich ist aber auch eine Übertragung der Forderung mit der Hypothek nach liegenschaftlichen Grundsätzen. Insbesondere kann der Hypothekengläubiger die Forderung in ihrem Höchstbetrage mitsamt der Hypothek auf einen anderen durch Einigung und Eintragung übertragen (z. B. bei Veräußerung seines Geschäfts).

§ 57. Grundschuld und Rentenschuld.

I. Die Grundschuld.

1. Begriff. Die Grundschuld ist ein Grundpfandrecht, das sich sachenrechtlich an keine persönliche Forderung anlehnt. Sie ist einfach auf Zahlung einer bestimmten Geldsumme aus dem Grundstück gerichtet. Daneben kann sie auch auf Zinsen oder andere Nebenleistungen (z. B. Vertragsstrafen) gehen

(§ 1191). — Es handelt sich bei ihr also um eine abstrakte dingliche Schuld, für welche das Grundstück verhaftet ist. Eine persönliche Forderung wird regelmäßig da sein, spielt aber sachenrechtlich keine Rolle (vgl. über den Begriff bereits oben § 54 II 1 b, über die dingliche Schuld oben § 54 V). — Eine Abart von ihr ist die „Rentenschuld" (siehe unten II).

2. Wirtschaftliche Bedeutung.

Die Ansichten über die Zweckmäßigkeit der Grundschuld waren und sind geteilt, auch bei den Beratungen über das BGB. kam es zu einem lebhaften Meinungsstreit. Ihre Gegner befürchteten vor allem durch sie in Verbindung mit der Eigentümergrundschuld eine „Mobilisierung des Grundeigentums", da bei ihrer Anerkennung der Grundeigentümer die Möglichkeit habe, das Grundeigentum in lauter einzelne selbständige und leicht übertragbare Vermögensrechte aufzulösen. Es wird ferner die „Unnatürlichkeit" der Auseinanderreißung der persönlichen Forderung und des dinglichen Rechts geltend gemacht, weiter auf die Gefahren hingewiesen, die sich aus der Nichtersichtlichkeit des Schuldgrundes ergeben, und das Wertvolle der persönlichen Forderung neben dem dinglichen Recht betont. Ihre Anhänger erblicken ihre Vorzüge gerade in ihrer Selbständigkeit, welche ein einfaches und klares Rechtsverhältnis und dem Gläubiger eine sichere und starke Position schafft.

Man wird in diesem Meinungsstreit dahin zu entscheiden haben, daß die Grundschuld zwar einige Gefahren aufweist, aber in mannigfacher Hinsicht sehr brauchbar und wertvoll ist. Jedenfalls haben sich die Befürchtungen, welche eine Mobilisierung des Grundeigentums prophezeiten, nicht bewahrheitet. Auch ist sie wegen des wichtigen Instituts des Eigentümerpfandrechts gar nicht zu entbehren.

Die Grundschuld ist vor allem in Mecklenburg seit langer Zeit heimisch, dagegen ist sie in Süddeutschland fast gar nicht im Gebrauch. In der neusten deutschen Reichsgesetzgebung ist sie stark in den Vordergrund getreten. So sind bei der Gründung der Rentenbank „Grundschulden" verwendet worden, die freilich mit einem weitgehenden Sonderrecht ausgestattet worden sind (vgl. oben § 54 III 1 c). Man hat die Grundschuld ferner bei der Regelung der Schweizer Goldhypotheken verwertet (vgl. oben § 55 I 2b). Auch in dem Industriebelastungsgesetz ist das Institut als Anreiz für die Ablösung der Jahreslasten aufgenommen worden (vgl. oben § 54 III 1c). Die dritte Steuernotverordnung schließlich ermöglicht eine privilegierte Grundschuld zur Förderung des Wohnungsbaus (vgl. oben § 54 I 1b). — Von den verschiedenen Einzelfällen, in denen die Grundschuld zweckmäßig ist, sei hier nur der Fall hervorgehoben, daß sie den unpraktischen Rangvorbehalt in brauchbarer Weise ersetzen kann (vgl. oben § 15 III).

3. Die gesetzliche Regelung im allgemeinen.

Die Grundschuld unterscheidet sich von der Hypothek nur durch das Fehlen der persönlichen Forderung. Infolgedessen hat das BGB. die Regeln der Hypothek für anwendbar erklärt, insoweit sie nicht eine Forderung voraussetzen (§ 1192). Für die Grundschuldzinsen gelten die Normen der Hypothekenzinsen (§ 1192 II).

Daher kann die Grundschuld z. B. Buch- oder Briefgrundschuld sein. Nicht anwendbar sind dagegen z. B. die Vorschriften über die Bezeichnung der Forderung (§ 1115), über die Einreden aus der Forderung (§§ 1137ff.).

Außerdem aber hat das Gesetz einige besondere Regeln für die Grundschuld aufgestellt.

4. Besonderheiten.

a) Der Grundeigentümer kann durch Erklärung gegenüber dem Grundbuchamt und Eintragung eine Eigentümergrundschuld ins Leben rufen (§ 1196). Es handelt sich um ein einseitiges Rechtsgeschäft (Verfügungsgeschäft), das sich aus einer Willenserklärung und einem obrigkeitlichen Akt zusammensetzt (§ 878 findet Anwendung, vgl. oben § 14 I. II.).

Im übrigen kann eine Hypothek sich in eine Eigentümergrundschuld verwandeln oder bei dem Versuch einer Hypothekenbestellung eine Eigentümergrundschuld entstehen (vgl. auch § 58). Aber auch bei einer für einen Dritten bestellten Grundschuld (Fremdgrundschuld) kann es zu einer Eigentümergrundschuld kommen (z. B. durch freiwillige Bezahlung des Grundschuldkapitals).

Das Genauere über die Eigentümergrundschuld wird in § 58 dargestellt werden.

b) Eine Grundschuld kann auch in der Weise bestellt werden, daß der Grundschuldbrief auf den Inhaber ausgestellt wird (§ 1195). Eine solche Inhabergrundschuld entsteht durch einseitige Erklärung des Grundeigentümers und Eintragung. Der Inhabergrundschuldbrief ist ein sachenrechtliches Wertpapier; es finden aber auf ihn die Vorschriften über dieSchuldverschreibungen auf den Inhaber entsprechende Anwendung (§ 1195). Infolgedessen bedarf es auch zu seiner Ausgabe der staatlichen Genehmigung (§ 795). — Die Inhabergrundschuld ist nicht praktisch; ein Kreditinstitut zieht die Schaffung von Teilschuldverschreibungen mit Sicherungshypotheken vor (oben § 56 IV), um seinen Gläubigern auch die persönliche Haftung mit seinem sonstigen Vermögen zu verschaffen. Die normale rechtsgeschäftliche Bestellung erfolgt natürlich durch Einigung und Eintragung.

c) Für die Fälligkeit und den Zahlungsort gelten subsidiäre gesetzliche Vorschriften (§§ 1193, 1194).

d) Eine Grundschuld kann in eine Hypothek umgewandelt werden (§ 1198).

e) Eine Ausnahme von dem Satze, daß eine etwaige persönliche Forderung sachenrechtlich nicht in Betracht kommt, ist im Reichsheimstättengesetz (§ 17 II) für Tilgungsgrundschulden gemacht; sie sollen beim Erlöschen der persönlichen Forderung gleichfalls erlöschen. An sich besteht die Grundschuld beim Erlöschen der persönlichen Forderung fort (wichtig namentlich, wenn der Grundeigentümer nicht der persönliche Schuldner ist); aber sie ist kondizierbar wegen ungerechtfertigter Bereicherung, so daß ihre Abtretung verlangt werden kann.

II. Die Rentenschuld.

Das BGB. hat die bisher als Grundpfandrecht nicht bekannte Rentenschuld mit Rücksicht auf landwirtschaftliche Kreise eingeführt. Bestimmend waren namentlich die Schriften des preußischen Landwirts RODBERTUS (in den sechziger Jahren des 19. Jahrhunderts), welcher die Rentenverschuldung als die einzig angemessene Belastungsform für den landwirtschaftlichen Besitz erklärt hatte. — Allein die Rentenschuld hat sich nicht eingebürgert, die Grundrenten bei den Rentengütern sind Reallasten (in Bayern hat man das „Ewiggeld", das bisher eine Reallast war, in eine Rentenschuld umgewandelt, Bayr. Übergangsges. vom 9. 6. 1899 Art. 47).

1. Die Rentenschuld ist eine **Abart der Grundschuld**. Sie ist auf Zahlung von Geldrenten aus dem Grundstück gerichtet (§ 1199). Dahinter steht aber als Kapitalschuld die Ablösungssumme, welche ohne Willen des Grundeigentümers nicht fällig wird. — Es gelten für sie die Regeln der Grundschuld.

Dabei werden die Renten entsprechend wie die Hypothekenzinsen und die Ablösungssumme entsprechend wie das Grundschuldkapital behandelt. Doch gelten einige Besonderheiten für die Ablösungsumme, die noch zu erwähnen sind.

2. Die **Ablösungssumme** muß bei der Einigung und Eintragung ausgemacht und eingetragen werden. Das Ablösungsrecht steht nur dem Grundeigentümer zu. Er kann es aber erst nach vorgängiger Kündigung ausüben (Kündigungsfrist im Zweifel sechs Monate), § 1202. Ein Ausschluß des Kündigungsrechts ist unmöglich, eine Beschränkung höchstens auf 30 Jahre (§ 1202 II). — Das Ablösungsrecht kann dem Grundeigentümer nicht eingeräumt werden (§ 1201 II). Er kann die Ablösungssumme nur verlangen, wenn der Grundeigentümer gekündigt hat (§ 1202 III)

oder wenn durch eine Verschlechterung des Grundstücks die Sicherheit der Renten gefährdet und eine Beseitigungsfrist fruchtlos abgelaufen ist.

Mit der Zahlung der Ablösungssumme durch den Grundeigentümer entsteht eine Eigentümerrentenschuld (§ 1200 II). Bei einer Befriedigung des Gläubigers im Wege der Zwangsvollstreckung erlischt dagegen die Rentenschuld (§ 1181).

3. Vergleicht man die Rentenschuld mit der ihr ähnlichen **Reallast,** so ergeben sich vielfache erhebliche Unterschiede. Es sei hervorgehoben, daß nur die Rentenschuld verbrieft werden kann, daß die Rentenschuld nur auf Geld gehen kann, die Reallast auch auf andere Leistungen, daß bei der Rentenschuld stets nur das Grundstück haftet, während bei der Reallast im Zweifel auch eine persönliche Haftung des Grundeigentümers für die wiederkehrenden Leistungen seiner Eigentumszeit besteht (§ 1108), schließlich daß bei der Ablösung der Rentenschuld sie auf den Grundeigentümer übergeht, während die Reallast durch Ablösung erlischt.

§ 58. Die Eigentümergrundpfandrechte.

Die Schaffung des Eigentümergrundpfandrechts beruht auf dem Gedanken, daß es in zahlreichen Fällen wirtschaftlich gerechtfertigt ist, ein Aufrücken der Nachmänner zu verhindern. Es ist ja — um einen Fall herauszugreifen — klar, daß ein Aufrücken einer zweiten, hochverzinslichen Hypothek an die erste Stelle dann ungerechtfertigt ist, wenn der Grundeigentümer die erste, gering verzinsliche Hypothek auszahlt, weil dann dem ursprünglich zweiten Hypothekar nunmehr die sichere erste Stelle, aber trotzdem der alte hohe Zinssatz zugute käme. — Wir haben viele Fälle eines Eigentümergrundpfandrechtes in unserer Darstellung schon kennengelernt. Es handelt sich jetzt noch darum, eine zusammenfassende Übersicht über alle Fälle des Eigentümergrundpfandrechtes zu geben (I) und seine rechtliche Behandlung (II), sowie seine rechtliche Natur zu schildern. Wir begnügen uns dabei mit der Eigentümerhypothek und der Eigentümergrundschuld, lassen dagegen die Eigentümerrentenschuld, da sie ja nur eine Abart der Grundschuld ist, beiseite.

I. Fälle der Eigentümergrundschuld und Eigentümerhypothek.

Zu unterscheiden sind die Fälle des nachträglichen und des ursprünglichen Eigentümergrundpfandrechtes.

1. Das nachträgliche Eigentümergrundpfandrecht ist gegeben, wenn zunächst ein Grundpfandrecht für einen Dritten (Fremden), also eine Fremdhypothek oder Fremdgrundschuld vorhanden war.

a) Eine nachträgliche Eigentümergrundschuld ergibt sich in vielen und wichtigen Fällen:

α) Es war zunächst eine Fremdhypothek vorhanden, sie „verwandelt" sich später in eine Eigentümergrundschuld (vgl. § 1177). Dieses tritt ein:

I. Grundsätzlich bei jedem Erlöschen der persönlichen Forderung (§ 1163 I Satz 2). (Siehe oben § 55 VIII 2 und die daselbst angeführten Ausnahmen.)

II. Bei einem Verzicht des Gläubigers auf die Hypothek (nicht auf die Forderung), § 1168. (Vgl. oben § 55 VIII 1a). Der Verzicht erfordert einseitige Erklärung des Gläubigers, Zustimmung Drittberechtigter und Eintragung im Grundbuch. Siehe ferner § 1169. — Dem Verzicht steht der Fall des § 418 I Satz 2 und 3 gleich. — Ausnahme bei Zinsrückständen (vgl. § 1178 II).

III. Bei einem Ausschluß eines unbekannten Gläubigers im Wege des Aufgebotsverfahrens. Näheres hierüber in §§ 1170, 1171. (Die persönliche Forderung bleibt hier bestehen.)

In allen diesen Fällen tritt, weil dem Eigentümer nicht die Forderung zusteht (sie ist entweder untergegangen oder steht einem anderen zu), kraft Gesetzes eine „Verwandlung" der Fremdhypothek in eine Eigentümergrundschuld ein (§ 1177).

(Manche sprechen hier von einer forderungsentkleideten Hypothek, aber das ist ein Widerspruch in sich selbst.)

β) Es war zunächst eine Fremdgrundschuld vorhanden, sie verwandelt sich später in eine Eigentümergrundschuld.

Dies tritt ein bei einer Ablösung der fälligen Grundschuld durch den Grundeigentümer (§ 1142, beachte aber oben § 57 I 4e), bei einer Vereinigung von Grundschuld und Grundeigentum in einer Person (§ 889 z. B. Erbfolge), bei einem Verzicht (§ 1168) oder Ausschluß des Grundschuldgläubigers (§§ 1170f). Vgl. über die beiden letzten Fälle oben α II und III. — Die Umwandlung folgt aus der entsprechenden Anwendung der Rechtssätze über die Hypothek.

b) Eine nachträgliche Eigentümerhypothek ergibt sich, wenn zunächst eine Fremdhypothek vorhanden war, aber der Grundeigentümer später die Hypothek und die Forderung erwirbt. (Manche sprechen hier von einer „forderungsbekleideten Hypothek", aber eine Hypothek ist immer „forderungsbekleidet"). Dies tritt ein in dem besonderen Fall des § 1143 (siehe oben § 55 VI 4a), sowie wenn sich gemäß § 889 Hypothek und Grundeigentum vereinigt und die persönliche Forderung dabei ausnahmsweise nicht untergeht. (Beispiele: Fingierte Aufrechterhaltung bei der Erbfolge § 1976; oder der Hypothekengläubiger tritt seine Forderung gegen den mit dem Grundeigentümer nicht identischen persönlichen Schuldner an den Grundeigentümer ab.)

2. Das **ursprüngliche Eigentümergrundpfandrecht** ist gegeben, wenn es ohne eine vorher vorhandene Pfandbelastung entsteht. Praktisch kommt hier nur die Eigentümergrundschuld in Betracht. Eine Eigentümergrundschuld tritt so ein

a) bei der einseitigen Bestellung durch den Grundeigentümer, § 1196 (vgl. oben § 57 I 4a);

b) wenn eine Fremdgrundschuld als Briefgrundschuld begründet werden soll, solange der Brief dem Eigentümer noch nicht übergeben worden ist (§§ 1163 II, 1192, siehe oben § 55 I 4);

c) wenn eine Fremdhypothek erstrebt wird, aber:

α) die persönliche Forderung nicht zur Entstehung gelangt ist — § 1163 I Satz 1 (vgl. oben § 55 I 4)

oder β) bei einer Briefhypothek, solange die Briefübergabe noch nicht stattgefunden hat, § 1163 II (vgl. oben § 55 I 4).

Streitig ist, ob ein Eigentümerpfandrecht entsteht, wenn eine Fremdhypothek oder Fremdgrundschuld eingetragen worden ist auf Grund einer ungültigen Einigung. Man wird dies nur für den Fall bejahen dürfen, wenn der Eintragungsantrag eine gültige Willenserklärung enthält (unter freier Verwertung des § 1196. Beispiel: Die Einigung ist nichtig, weil der Gläubiger geschäftsunfähig war; anders wenn der Eigentümer geschäftsunfähig war).

II. Behandlung der Eigentümergrundschuld und Eigentümerhypothek.

1. Der **Grundsatz** lautet: Es gelten für sie die Regeln der Grundschuld. Dies ergibt sich für die nachträgliche Eigentümergrundschuld, die durch Umwandlung einer Fremdhypothek hervorgegangen ist (oben I 1 aα) aus § 1177 I, für die nachträgliche Eigentümergrundschuld die durch Umwandlung einer Fremdgrundschuld entstanden ist (oben I 1 aβ) aus § 1192 und § 1177 I; für die ursprüngliche Eigentümergrundschuld (oben I 2) ergibt es sich einfach aus § 1192. In bezug auf die Eigentümerhypothek (oben I 1 b) aber bestimmt § 1177 II, daß, solange die Vereinigung von Hypothek und Forderung beim Grundeigentümer besteht, die Regeln der Grundschuld gelten.

2. Der Grundeigentümer kann infolgedessen das ihm zustehende Grundpfandrecht nach den Vorschriften der Grundschuld übertragen und belasten. (Man beachte,

daß bei einer Eigentümerhypothek eine Hypothek weitergegeben wird). Er kann es auch gemäß § 875 aufgeben; häufig hat er sich zu einer solchen Aufgabe, durch welche die Nachmänner aufrücken, einem Nachhypothekar gegenüber verpflichtet. Diese obligatorische Verpflichtung kann durch eine Vormerkung gesichert werden, § 1179 (häufig im großstädtischen Baugewerbe vor dem Kriege). Die Eigentümergrundschuld ist ferner pfändbar. Der Eigentümer hat, soweit das Grundbuch unrichtig ist, den Berichtigungsanspruch.

3. Besonderheiten der **Eigentümergrundschuld** gegenüber der Fremdgrundschuld gibt es nur in einer doppelten Hinsicht.

a) Der Eigentümer kann nicht selbst die Zwangsvollstreckung wegen der Eigentümergrundschuld betreiben (§ 1197 I). Denn dies könnte zu Mißbräuchen in bezug auf eine niedrige Erstehung des Grundstücks durch ihn selbst führen. — Aber der Eigentümer wird bei einer von einem anderen betriebenen Zangsvollstreckung seinem Rang entsprechend berücksichtigt.

b) Dem Eigentümer gebühren Zinsen nur für die Dauer der Zwangsverwaltung, § 1197 II (denn vorher bezieht er selbst alle Einkünfte, aus denen wirtschaftlich die Zinsen zu bestreiten sind).

III. Rechtliche Natur.

Die rechtliche Natur des Eigentümerpfandrechts ist streitig. Es ist „der ausgeprägteste Typus der dinglichen Rechte an der eigenen Sache". Manche haben angenommen, daß derartige Rechte einen besonderen Inhalt haben, der in dem Eigentum nicht enthalten sei, allein dies widerspricht der Totalherrschaft des Eigentums und der Erkenntnis, daß auch die beschränkten dinglichen Rechte nur Eigentumssplitter sind (vgl. oben § 23 I 2). Manche nehmen an, daß es sich bei dem Eigentümerpfandrecht um kein begrenztes dingliches Recht, sondern um ein Stück unbelastetes Eigentum (feste Wertstelle) handelt; daß dies nicht richtig sein kann, ergibt schon die einfache Erwägung, daß sich alsdann erst die Abtretung eines Eigentümergrundpfandrechts als „Grundstücksbelastung" darstellen würde. — Am richtigsten wird das Wesen des Eigentümerpfandrechts dadurch gekennzeichnet, daß man es als ein dem Eigentum gegenüber objektiv verselbständigtes, beschränktes dingliches Recht an der Sache bezeichnet, bei welchem das subjektive Rechtsverhältnis ruht. Das Eigentümerpfandrecht ergreift daher genau wie jedes Grundpfandrecht das Grundstück im ganzen, und nicht bloß einen fest bestimmten Wertabschnitt („das System der festen Stellen" ist im BGB. nicht durchgedrungen), es hat auf den ihm durch seinen Rang zukommenden Wertabschnitt nur eine Anweisung für bestimmte Fälle, die insoweit versagt, als ein Nachrücken der Nachmänner Platz greift.

§ 59. Gesamtgrundpfandrechte.

I. Begriff.

Eine Hypothek kann für eine Forderung an mehreren Grundstücken (oder grundstücksgleichen Rechten) derart bestellt sein, daß jedes Grundstück aufs Ganze haften, der Gläubiger aber den Betrag nur einmal erhalten soll. Das BGB. spricht hier von Gesamthypothek (§ 1132). In entsprechender Weise kann auch eine Gesamtgrundschuld oder Gesamtrentenschuld bestellt werden. Wir legen der folgenden Darstellung die Gesamthypothek zugrunde.

II. Wirtschaftliche Bedeutung.

Die Gesamthypothek findet sich häufig, meistens in der Gestalt, daß die mehreren Grundstücke ein und demselben Grundeigentümer gehören. Dies ist naturgemäß da der Fall, wo ein zersplitterter Grundbesitz vorhanden ist (Südwestdeutschland), weil hier der Grundeigner Kredit nur gegen Belastung seiner sämtlichen Grundstücke erhalten wird. In städtischen Verhältnissen kam sie vor dem Kriege namentlich vor, wenn der Eigentümer mehrerer bereits hoch belasteter Häuser weiteren Kredit erhalten wollte. Auch bei Parzellierung von Grundstücken tritt sie ein, da hier die alten Hypotheken an sich als Gesamthypotheken auf den Parzellen weiter lasten, insofern nicht eine angemessene Aufteilung vorgezogen wird. — Daß die Grundstücke verschiedenen Eigentümern gehören, kann sich ergeben, wenn ein Eigentümer ohne Regulierung eins von mehreren mit einer Gsamthypothek belasteten Grundstücken veräußert. — Die Gesamthypothek erscheint vielfach als ein Hindernis der vollen Kreditausnutzung infolge der Doppelbelastung um eines Zweckes willen, auch gibt sie dem Hypothekar eine nicht ungefährliche Machtstellung. — Das BGB. hat sie in einer außerordentlich umständlichen Weise geregelt, namentlich sind die Regeln über die seltene Gesamthypothek, bei welcher die Grundstücke mehreren Eigentümern gehören, reichlich verwickelt. Wir beschränken uns daher auf das Notwendigste.

III. Entstehung.

Nach heutigem Recht kann eine Gesamthypothek entstehen

1. durch rechtsgeschäftliche Bestellung (vgl. hierzu § 49 GBO.);
2. von Rechts wegen, wenn ein mit einer Einzelhypothek belastetes Grundstück geteilt wird.

Dagegen kann eine Gesamthypothek nicht im Wege der Zwangsvollstreckung begründet werden.

IV. Übertragung.

Die Gesamthypothek kann nur einheitlich übertragen werden. Gleiches gilt von der Belastung und Pfändung.

V. Verteilung.

Der Gläubiger kann in beliebiger Weise die Gesamthypothek auf die einzelnen Grundstücke verteilen, so daß nunmehr Einzelhypotheken vorhanden sind. Erforderlich ist hierzu eine einseitige Erklärung des Gläubigers und Eintragung (unter Anwendung von §§ 875, 876), § 1132 II. — Doch gelten Besonderheiten, wenn die Grundstücke mehreren Eigentümern gehören (§ 1172 II). Eine Verteilung wider Willen des Gläubigers ist im Zwangsvollstreckungsverfahren möglich (§ 64 ZVG).

VI. Befriedigung des Gläubigers im Wege der Zwangsvollstreckung.

Der Gläubiger kann seine Befriedigung nach seinem Belieben aus dem einen oder dem anderen Grundstück (oder allen zusammen) suchen. Mit der Befriedigung aus einem Grundstück erlischt die Gesamthypothek an allen Grundstücken (§ 1181 II). Es rücken infolgedessen auch die Nachmänner der Grundstücke, aus denen die Befriedigung nicht stattgefunden hat, auf. Dem Grundeigentümer der mehreren Grundstücke entgehen so alle Eigentümerpfandrechte. Es sind infolgedessen auch Mißstände dadurch möglich, daß der Gesamthypothekar hieraus Kapital schlägt, und sich von Nachmännern eine Abfindung dafür versprechen läßt, daß er ein anderes Grundstück zur Versteigerung bringt. — Das Erlöschen tritt auch ein, wenn die Grundstücke mehreren Eigentümern gehören. Nur soweit der Eigentümer des betroffenen Grundstücks einen Ersatzanspruch gegen den Eigentümer eines mitbelasteten Grundstücks hat, geht die Hypothek an dem Grundstück dieses Eigentümers für seinen Ersatzanspruch auf ihn über (aber an letzter Rangstelle), § 1182. Ein solcher Ersatzanspruch wird sich meist aus dem schuldrechtlichen Verhältnis der mehreren Eigentümer ergeben.

Bei freiwilliger Befriedigung durch den Eigentümer erwirbt dieser die Gesamthypothek als Gesamtgrundschuld. Erfolgt sie durch einen von mehreren Eigentümern, so erwirbt dieser die Hypothek (als Grundschuld) nur an seinem Grundstück, während die Gesamthypothek an den übrigen erlischt (§ 1173 I). Hat er außerdem einen Ersatzanspruch, so geht auch die Hypothek für den Ersatzanspruch an dem Grundstück des Ersatzpflichtigen auf ihn über (§ 1173 II).

Bei Verzicht des Gläubigers auf die ganze Gesamthypothek steht sie dem Eigentümer als Gesamtgrundschuld zu, sind mehrere Eigentümer vorhanden, so steht sie ihnen gemeinschaftlich zu (§ 1175). Ebenso steht sie z. B. mehreren Eigentümern gemeinschaftlich zu, wenn die Forderung nicht zur Entstehung gekommen ist (§ 1172 I).

Sechstes Kapitel.

Das Pfandrecht an beweglichen Sachen und Rechten.

§ 60. Das Pfandrecht an beweglichen Sachen.

I. Begriff und rechtliche Natur.

Das Fahrnispfandrecht ist die Belastung einer beweglichen Sache zur Sicherung einer Forderung in der Weise, daß der Gläubiger aus der Sache Befriedigung suchen kann.

Seiner rechtlichen Natur nach ist es ein dingliches Haftungsrecht. Es dient der Befriedigung des Gläubigers wegen einer persönlichen Forderung. Das Herrschaftsrecht des Gläubigers äußert sich in dem Zugriffsrecht auf den Sachwert (Verwertungsrecht), regelmäßig hat er auch Besitz, möglicherweise auch die Nutzung. Mit dem Herrschaftsrecht ist ebenso wie beim Nießbrauch ein gesetzliches Schuldverhältnis verbunden, hier aber zwischen dem Pfandgläubiger und dem Pfandbesteller (nicht notwendig Pfandeigentümer).

Durch seine dingliche Natur unterscheidet es sich von Zugriffs- und Befriedigungsrechten, die mit gewissen Zurückbehaltungsrechten verbunden sind (vgl. § 1003, hierzu oben § 36 VI 4 und §§ 379ff. HGB.).

Von den Grundstückspfandrechten unterscheidet es sich durch seinen Gegenstand, sowie dadurch, daß bei ihm sich der Gedanke einer dinglichen Schuld des jeweiligen Eigentümers nicht durchgesetzt hat (vgl. oben § 54 V). Ein Pfandrecht an der eigenen Sache hat sich nicht Bahn gebrochen.

II. Arten.

Wir unterscheiden in einer doppelten Hinsicht:

1. Je nachdem ob das Pfandrecht den allgemeinen Normen unterliegt, oder ob besondere Rechtssätze sich für es ausgebildet haben: Hiernach gibt es ein gewöhnliches Pfandrecht an beweglichen Sachen. Von ihm soll in diesem Paragraphen vor allem die Rede sein. Außerdem gibt es ganz besondere Arten, zu denen kraft Reichsrechtes das Schiffspfandrecht gehört. Über letzteres sollen am Schluß des Paragraphen anhangsweise einige Bemerkungen gemacht werden, während die Einzelheiten über es in das Schiffahrtsrecht gehören (siehe unten XI).

2. Je nach der Entstehung des Pfandrechts: Es gibt rechtsgeschäftliche Pfandrechte (Vertragspfandrechte), gesetzliche Pfandrechte und Pfandrechte kraft obrigkeitlicher Akte (Pfändungspfandrecht). Im Mittelpunkt unserer Betrachtung steht das Vertragspfandrecht.

III. Wirtschaftliche Bedeutung.

Es ist überflüssig, auf die erhebliche Bedeutung des Fahrnispfandrechts im einzelnen einzugehen. Sie ist bekannt genug. Das Vertragspfand bildet die Grundlage des Mobiliarkredits, im kaufmännischen Verkehr kommen insbesondere Edelmetalle, Waren und Wertpapiere in Betracht, hier hat sich auch ein besonderes Institut ausgebildet, das Lombardgeschäft. Bekannt ist die Bedeutung der Verpfändung an den Pfandleiher (vgl. unten am Ende dieses Paragraphen). Von den gesetzlichen Pfandrechten haben das Pfandrecht des Vermieters und im kaufmännischen Verkehr die zahlreichen gesetzlichen Pfandrechte des Kommissionärs, der Transportunternehmer, des Lagerhalters ihre weitreichende Wirkung. Das Pfändungspfandrecht ist eine alltägliche Erscheinung. — Die gesetzliche Regelung des BGB. beschränkt sich, wie wir sehen werden, nur auf das Pfandrecht an beweglichen „Sachen" im Sinn des BGB., es kennt nicht ein Pfandrecht an einem Sachinbegriff und einem Sondervermögen, und weist so erhebliche Lücken auf. Dagegen gibt es ein Pfandrecht an Rechten (siehe § 61).

IV. Pfandgegenstand und Pfandforderung.

Die Voraussetzungen jedes Fahrnispfandrechts sind ein geeigneter Gegenstand und eine geeignete Forderung.

1. **Der Pfandgegenstand.** Es kommen in Betracht bewegliche Sachen und Bruchteile von beweglichen Sachen. Das Bruchteilspfandrecht ist z. T. besonders geregelt in § 1258. — Die beweglichen Sachen können vertretbar oder unvertretbar, verbrauchbar oder unverbrauchbar sein. Möglich ist auch ein richtiges Geldpfandrecht (namentlich bei gesetzlichen Pfandrechten, es weist nur die eine Besonderheit auf, daß die Befriedigung hier einfach durch Aneignung erfolgen kann; es ist zu unterscheiden von dem irregulären Pfandrecht, bei welchem der Empfänger Eigentümer wird, so daß ein richtiges Pfandrecht nicht vorliegt; streitig). Vertraglich kann auch an nicht pfändbaren Sachen ein Pfandrecht bestellt werden. — Über die Beweglichkeit entscheiden die allgemeinen Grundsätze. — Das Pfandrecht erstreckt sich auf die ganze Sache mit allen ihren Bestandteilen und auch auf die von ihm getrennten Erzeugnisse (§ 1212). Streitig ist, ob ein Pfandrecht an einem Sachinbegriff (Warenlager) als solchem möglich ist, die herrschende Lehre verneint es, doch gestattet sie eine Verpfändung von Einzelsachen unter einem Sammelnamen, wenn die Voraussetzungen der Verpfändung für jede der Einzelsachen erfüllt ist (z. B. Besitzübertragung). Nicht möglich ist eine einheitliche Verpfändung von Sondervermögen (z. B. eines Handelsgeschäfts).

2. Die **Pfandforderung.** Die Forderung braucht nicht (wie bei der Hypothek) auf einen bestimmten Geldbetrag zu gehen, sie muß aber fähig sein, sich in eine Geldforderung umwandeln zu können (vgl. § 1228 II). — Es können auch bedingte und künftige Forderungen in Betracht kommen, § 1204 II. (Dabei handelt es sich um ein gegenwärtiges Pfandrecht, dem nur das Verwertungsrecht fehlt). — Die Forderung muß gültig sein (ist sie nichtig, so entsteht kein Pfandrecht, anders bei der Hypothek) und gültig bleiben (erlischt die Forderung, so erlischt das Pfandrecht § 1252, anders bei der Hypothek). — Die Forderung muß dem Pfandgläubiger zustehen. Der Schuldner heißt der persönliche Schuldner. Er kann mit dem Eigentümer identisch sein, braucht es aber nicht. So ist insbesondere möglich die Verpfändung der eigenen Sache für fremde Schuld und die Verpfändung einer fremden Sache für eigene Schuld. — Das Pfand haftet für die Forderung in ihrem jeweiligen Bestande (Zinsen, Vertragsstrafen usw.); nur wird, wenn der persönliche Schuldner nicht der Eigentümer ist, durch ein späteres Rechtsgeschäft des Schuldners die Haftung nicht erweitert (§ 1210). — Eine Forderungsauswechslung ist nicht möglich (anders bei der Hypothek, § 1180).

V. Entstehung.

Zu unterscheiden sind:

1. **Die rechtsgeschäftliche Bestellung (Verpfändung).** Sie erfolgt durch dinglichen Vertrag zwischen dem Eigentümer oder Nichteigentümer der Sache einerseits und dem Pfandnehmer andererseits nach dem Vorbild der Übereignung (vgl. daher oben § 28 und § 29).

a) Der Erwerb vom Eigentümer. Erforderlich ist daher eine Übergabe und Einigung (§ 1205 I). Übergabe bedeutet Verschaffung des unmittelbaren Besitzes. An die Ersatzmittel der Übergabe werden z. T. strengere Anforderungen gestellt als bei der Übereignung. Es kommen in Betracht §§ 1205, 1206:

α) der Besitzzuweisungsvertrag des § 854 II;

β) die schlichte Einigung, wenn der Gläubiger bereits im Besitze der Sache ist (Übergabe kurzer Hand);

γ) die Anspruchsabtretung reicht dagegen nur aus, wenn der Eigentümer den mittelbaren Besitz überträgt und dem Besitzmittler die Verpfändung anzeigt (vgl. § 1205 II mit § 931; infolgedessen kann der Bestohlene zwar die Sache übereignen, aber nicht verpfänden). Es handelt sich auch hier um den Herausgabeanspruch, auf welchem der mittelbare Besitz beruht (§ 870). Der Herausgabeanspruch aus § 985 bleibt beim Eigentümer.

δ) Eigenartig ist die Zulassung der Einräumung des Mitbesitzes (§ 1206): Es muß ein einheitlicher Mitbesitz hergestellt werden (siehe oben § 3 IV 2), und zwar entweder so, daß die Sache unter Mitverschluß des Gläubigers und des Eigentümers kommt, oder so, daß die Sache in dem Besitz eines Pfandhalters steht, welcher sie nur an Eigentümer und Gläubiger gemeinschaftlich herausgeben darf. Ersterenfalls wird also ein unmittelbarer, letzterenfalls ein mittelbarer Mitbesitz hergestellt.

ε) Nicht genügt dagegen in voller Abweichung von § 930 die Besitzauftragung (Besitzkonstitut): also die Vereinbarung eines Rechtsverhältnisses, kraft dessen der Pfandgläubiger mittelbarer Besitzer, der Eigentümer aber Besitzmittler für diesen werden soll. Der Gedanke des Gesetzgebers ist der, geheime Pfandrechte abzuschneiden (Publizitätsprinzip).

Beispiel: Ein Kaufmann will auf seine Laden- und Kontoreinrichtung Kredit erhalten; er will aber, da er sie braucht, im Besitz bleiben. Würde nun ein Pfandrecht in der Weise bestellt, daß sich beide über das Pfandrecht einig sind und gleichzeitig verabredet wird, daß der Kaufmann die Gegenstände nur als Mieter für den Darlehnsgeber besitzen solle, so würde ein solches Pfandrecht nicht entstanden sein.

Der Verkehr hat diese Einengung nicht ertragen. Vielmehr hat sich allmählich die sog. Sicherungsübereignung siegreich Bahn gebrochen und ist jetzt nach ständiger Anerkennung durch das Reichsgericht kraft Gewohnheitsrecht als rechtsgültig anzusehen. Sie wird namentlich bei Warenlagern und Hingabe von Rohstoffen auf Kredit verwendet. Bei der Sicherungsübereignung wird dem Gläubiger des Eigentum fiduzarisch übertragen, indem der Schuldner in Zukunft auf Grund eines Besitzmittlerverhältnisses (z. B. Miete) für den Gläubiger besitzt. Dabei werden bestimmte Abreden getroffen, insbesondere die, daß der Gläubiger zur Rückübertragung des Eigentums verpflichtet sein soll, wenn die Schuld getilgt worden ist, daß der Schuldner zu Verfügungen berechtigt sein soll, daß der Gläubiger Kontrollbefugnisse hat, aber selbst zunächst nicht verfügen darf. — Trotz der Anerkennung der Sicherungsübereignung im allgemeinen besteht über ihre rechtliche Natur und ihre Wirkungen im einzelnen sehr viel Streit. M. E. ist davon auszugehen, daß der Gläubiger Alleineigentümer wird und nur obligatorisch gebunden ist, doch ist für gewisse Fälle eine Eigentumsanwartschaft dinglicher Natur für den Schuldner anerkannt (namentlich beim Konkurs des Gläubigers), vgl. oben § 40 unter 5. Die Verfügungen des Gläubigers als Eigentümer sind daher nach allgemeinen Grundsätzen wirksam (beachte aber § 986 II), es ist nicht zutreffend, die Vorschriften über die Pfandverwertung anzuwenden. Andererseits ist der Gläubiger gegen Verfügungen des Schuldners infolge § 932ff. nicht geschützt, auch gelten die Normen über die Verarbeitung (§ 952, wichtig beim Rohstoffkredit). — So ist die Lage bei der Sicherungsübereignung weder für den Schuldner noch für den

Gläubiger eine gesicherte. Vielfach wird de lege ferenda daher die Zulassung einer Mobiliarhypothek als Registerpfandrecht empfohlen (wie sie das geltende Recht beim Schiffspfandrecht kennt, vgl. unten XI). Aber auch bei diesem Vorschlag ist man zu einem allseitig befriedigenden Ergebnis nicht gekommen.

b) Der Erwerb vom Nichteigentümer. Für ihn gelten entsprechend die Grundsätze über den Eigentumserwerb vom Nichtberechtigten, § 1207. (Anwendung der §§ 932, 934, 935.) Vgl. oben § 29. Der hiernach gutgläubige Gläubiger erwirbt also das Pfandrecht auch vom Nichteigentümer. — Weitergehender Schutz in § 366 HGB., verringerter Schutz in § 367 HGB.

Siehe auch die Entstehung des Pfandrechts durch Surrogation gemäß § 1287 (hierzu oben beim Nießbrauch § 50 III 1a am Ende).

2. Kraft Gesetzes entstehen Pfandrechte auf Grund verschiedener Tatbestände (gesetzliche Pfandrechte). Streitig ist, ob bei Gutgläubigkeit ein gesetzliches Pfandrecht auch an Sachen erworben werden kann, die nicht im Eigentum des Schuldners stehen. Dies wird vielfach auf Grund von § 1257 verneint, weil dieser ein „entstandenes" Pfandrecht voraussetze. Der richtigen Ansicht nach ist zu unterscheiden: Für gesetzliche Pfandrechte, die auf Besitzerlangung des Gläubigers beruhen (z. B. § 647 und die gesetzlichen Pfandrechte des HGB.), ist die Frage zu bejahen, da § 1207 infolge der Übergabe hier entsprechend anwendbar ist; für die anderen gesetzlichen Pfandrechte dagegen (z. B. das Pfandrecht des Vermieters, § 559) ist die Frage zu verneinen.

3. Kraft obrigkeitlichen Aktes (Pfändung) entsteht das Pfändungspfandrecht im Wege der Zwangsvollstreckung, §§ 804, 808 ZPO. Es setzt eine gültige Forderung (streitig), einen Vollstreckungstitel und das Eigentum des Schuldners voraus (guter Glaube wird nicht geschützt).

VI. Rechte und Pflichten des Pfandgläubigers im allgemeinen.

Zu unterscheiden ist die Zeit vor oder nach der Pfandreife. Die Pfandreife ist gegeben, sobald die gesicherte Forderung fällig ist (§ 1228 II, eine nicht auf Geld gerichtete Forderung muß auch in eine Geldforderung übergegangen sein; dies ist z. B. der Fall bei einer verschuldeten Unmöglichkeit der Leistung).

1. Die Zeit vor der Pfandreife.

a) Die Rechte des Pfandgläubigers. Er hat das Recht auf Besitz (im einzelnen verschieden), er hat ein Nutzungsrecht, wenn ihm ein Nutzungspfandrecht bestellt ist (§ 1213, im Zweifel bei Alleinbesitz von einer von Natur fruchttragenden Sache; über Verrechnung der Nutzungen siehe § 1214 — im Zweifel Nutzung „auf Totschlag"); er hat Ansprüche auf Ersatz von Verwendungen (§ 1216, mit Wegnahmerecht). Der Pfandgläubiger hat das Recht des Sicherungsverkaufes, wenn der Verderb des Pfandes oder eine wesentliche Verschlechterung zu befürchten ist; der Verkauf hat in öffentlicher Versteigerung zu erfolgen, der Erlös tritt an Stelle des Pfandes (Surrogation), er ist auf Verlangen des Verpfänders zu hinterlegen (§§ 1219—1221).

b) Pflichten des Pfandgläubigers. Es trifft ihn eine Verwahrungspflicht (§ 1215 bei unmittelbarem Besitz), eine Rückgabepflicht bei drohendem Verderb oder drohender wesentlicher Wertminderung (§ 1218), eine Rückgabepflicht nach Erlöschen des Pfandrechts (§ 1223). Er ist wegen schuldhafter Pflichtverletzung dem Verpfänder schadensersatzpflichtig (§ 1226) auch kann der Verpfänder bei erheblicher Verletzung gemäß § 1217 vorgehen. — Den Pflichten des Pfandgläubigers entsprechen kraft des gesetzlichen Schuldverhältnisses auch Pflichten des Verpfänders, er haftet auf Schadensersatz wegen schuldhafter Verletzung seiner Sorgfaltspflicht, er ist zum Ersatz von Verwendungen verpflichtet.

c) Schutz des Pfandgläubigers. Außer den erwähnten Sicherungsmitteln hat der Pfandgläubiger Besitzschutz und die dinglichen Ansprüche entsprechend den Eigentumsansprüchen bei Beeinträchtigung seines Pfandrechts, § 1227 (also bei Besitzentziehung den Herausgabeanspruch, bei sonstiger Beeinträchtigung den negatorischen Anspruch und den Abholungsanspruch.)

2. Die Zeit nach der Pfandreife.

a) Der Pfandgläubiger hat das Befriedigungsrecht. Die Befriedigung erfolgt durch Pfandverkauf (§ 1228 I). Über den Pfandverkauf ist eingehender unter VII zu handeln. Hier ist allgemein nur zu bemerken: Eine vor der Pfandreife getroffene Abrede des Pfandverfalls (lex commissoria) ist nichtig (§ 1229). Hat der Gläubiger noch nicht den Alleinbesitz, so kann er ihn jetzt verlangen (§ 1231). Unter mehreren Pfändern kann er wählen (§ 1230). — Immer aber ist der Pfandgläubiger nur zum Pfandverkauf berechtigt, nicht verpflichtet. Er kann also untätig bleiben oder die persönliche Forderung ausklagen und in das Vermögen des Schuldners vollstrecken (siehe aber § 777 ZPO.: Verweisungsrecht des Schuldners, der Pfandeigentümer ist, in der Zwangsvollstreckungsinstanz). — Der Eigentümer kann an sich „Einreden" dem Befriedigungsrecht entgegensetzen, und zwar Einreden gegen die Forderung (§ 1211) oder aus dem Pfandvertrage; aber diese „Einreden" kann er in dem gewöhnlichen Zugriffsverfahren gar nicht geltend machen, weil dieses keine Klage voraussetzt; er muß daher mit angriffsweisen Feststellungsklagen und einstweiligen Verfügungen Unterlassung der Pfandverwertung verlangen.

b) Das Befriedigungsrecht kann aber durch Ausübung des Ablösungsrechts verlegt werden. Dieses hat der Verpfänder, sowie jeder, der durch die Veräußerung ein Recht an dem Pfande verlieren würde (Eigentümer, ein anderer Pfandgläubiger, ein nachstehender Nießbraucher, siehe aber unten X), §§ 1223 II, 1249. Der Ablösende erwirbt die Forderung kraft Gesetzes und mit ihr das Pfandrecht (§ 1225). Zahlt der Schuldner, so erlöschen Forderung und Pfandrecht.

VII. Der Pfandverkauf.

Der Pfandgläubiger hat für sein Pfandverkaufsrecht drei Möglichkeiten. Er kann wählen den im BGB. gesetzlich geordneten Privatverkauf. Möglich ist ferner der gerichtliche Verkauf nach Vollstreckungsrecht. Schließlich sind in gewissen Grenzen auch abweichende Verkaufsarten zugelassen.

Der gerichtliche Verkauf nach Vollstreckungrecht (§ 1233 II) setzt einen vollstreckbaren Titel für das Verkaufsrecht des Pfandgläubigers voraus. Dieser muß daher gegen den Eigentümer auf Duldung der Zwangsvollstreckung in die Sache wegen der Schuldforderung klagen. Auf Grund des Vollstreckungstitels kann er sich dann nach Maßgabe der Vorschriften der ZPO. über den Verkauf gepfändeter Sachen befriedigen; das Pfändungspfandrecht gibt überhaupt nur diese Form der Befriedigung. Die Pfandverkaufsvorschriften der ZPO. decken sich im allgemeinen mit den Normen des gesetzlich geregelten Privatverkaufs (Ausnahme: der Erwerber hat gemäß § 806 ZPO. keinen Anspruch auf Gewährleistung). Der gerichtliche Verkauf nach Vollstreckungsrecht führt wegen der Notwendigkeit einer Klage langsamer zum Ziel, aber er ist für den Pfandgläubiger vielfach sicherer, weil hier sein Veräußerungsrecht gerichtlich festgestellt wird.

Wir stellen im folgenden nur den gesetzlich geregelten Privatverkauf dar und fügen am Schluß etwas über abweichende Verkaufsarten hinzu.

1. Die Stellung des Pfandgläubigers. Der Pfandgläubiger hat das Recht, die Pfandsache zu verkaufen und zu übereignen. Sowohl bei dem Verkauf (dem obligatorischen Geschäft) wie bei der Veräußerung handelt er in eigenem Namen. Infolgedessen wird der Pfandgläubiger aus dem Verkauf berechtigt und verpflichtet, wie ein Verkäufer (er haftet an sich für Rechtsmängel, doch erlöschen meistens die Rechte Dritter, vgl. unten 3b — er haftet für Sachenmängel, aber nicht bei der regelmäßigen öffentlichen Versteigerung, vgl. § 461). — Die Übereignung vollzieht sich durch Einigung und Übergabe (oder Ersatzmittel der Übergabe), der Pfandgläubiger verfügt dabei über fremdes Eigentum durch Übertragung. — Man beachte, daß durch den Zuschlag in der öffentlichen Versteigerung nur der Verkauf zustande kommt, die Übereignung schließt sich erst daran an.

2. Form- und Sicherungsvorschriften für den Pfandverkauf im allgemeinen. Das Gesetz hat bestimmte Vorschriften für den Pfandverkauf aufgestellt, welche dem Interesse des Pfandeigentümers Rechnung tragen sollen, insbesondere gewisse Formvorschriften, welche einen möglichst hohen Erlös gewährleisten sollen, sowie solche, die den Eigentümer vor Überraschungen sichern sollen. Diese Vorschriften sind nun in ihren Wirkungen von ungleicher Stärke. So entsteht ein überaus buntes Bild, das die Übersicht sehr erschwert. Trotz aller Kunst hat der Gesetzgeber seinen eigentlichen Zweck — wie die praktische Erfahrung zeigt, nur unvollkommen erreicht. Scharf zu unterscheiden sind:

a) Die Vorschriften, welche Voraussetzungen für eine „rechtmäßige" Pfandveräußerung darstellen (Rechtmäßigkeitsvorschriften):

b) die bloßen Ordnungsvorschriften.

3. Die Rechtmäßigkeitsvorschriften.

a) Die Rechtsmäßigkeitsgebote selbst (§ 1243).

α) Die Verkaufsberechtigung muß eingetreten sein: Der Pfandgläubiger muß ein Pfandrecht haben (vom Gesetz nicht unter die eigentlichen Rechtmäßigkeitsvoraussetzungen eingereiht, aber ihnen gleichgestellt, vgl. § 1244), und die Pfandreife muß da sein (§ 1228 II).

β) Der Pfandverkauf muß in öffentlicher Versteigerung erfolgen (§ 1235 I). Über den Begriff siehe § 383 III. Mitbieten kann jeder, auch der Pfandgläubiger, der Pfandeigentümer, der Verpfänder, der Pfandschuldner (§ 1239).

Besonderheiten gelten für Sachen, die einen Börsen- oder Marktpreis haben § 1235 II). Sie können auch durch einen freihändigen Verkauf zum laufenden Preis verkauft werden, aber nur durch eine öffentliche Versteigerungsperson (Handelsmakler usw.) § 1221. — Weitere Besonderheiten gelten bei Gold- und Silbersachen (sie dürfen nicht unter ihrem Gold- oder Silberwert zugeschlagen bzw. freihändig verkauft werden). § 1240.

Ort und Zeit der Versteigerung sind öffentlich bekanntzumachen (§ 1237 Satz 1).

Vgl. ferner § 1230 Satz 2.

b) Wirkungen der Erfüllung. Sind die Rechtsmäßigkeitsgebote erfüllt, so erlangt der Erwerber durch die Übereignung das Eigentum an der Pfandsache, das bisherige Eigentum erlischt (§ 1242 I). Außerdem aber erlöschen die Rechte Dritter an der Sache, zunächst das Pfandrecht des veräußernden Pfandgläubigers, ferner aber alle anderen Pfandrechte, auch wenn sie dem Erwerber bekannt waren, § 1242 II Satz 1 (sie setzen sich an dem Erlöse fort, vgl. unten 5b). Ein Nießbrauch an der Sache erlischt ebenfalls ohne weiteres (und setzt sich am Erlöse fort), wenn er nicht allen anderen Pfandrechten vorgeht, §1242 II Satz 2 (in letzterem Fall erlischt er nur bei gutem Glauben des Erwerbers gemäß § 936); der Nießbrauch soll nicht besser stehen als irgendein ihm vorgehendes Pfandrecht.

c) Wirkungen der Nichterfüllung. Sind Rechtsmäßigkeitsgebote nicht erfüllt, so sind heilbare und unheilbare zu unterscheiden (§ 1244).

Unheilbar ist es, wenn der Pfandverkauf nicht in öffentlicher Versteigerung erfolgt, oder wenn Sachen mit Markt- und Börsenpreis nicht wenigstens freihändig zum laufenden Preis durch eine öffentliche Versteigerungsperson verkauft sind. Unheilbar ist es auch, wenn Gold- und Silberwaren freihändig unter dem Metallwert verkauft werden.

Alle übrigen Voraussetzungen sind heilbar.

Ist eine heilbare Rechtsmäßigkeitsvoraussetzung verletzt, so treten die Wirkungen einer rechtmäßigen Pfandveräußerung ein, wenn der Erwerber in gutem

Gauben (in bezug auf die Rechtmäßigkeitsvoraussetzungen) ist. (Auch an abhanden gekommenen Sachen wird er Eigentümer.)

Ist eine unheilbare Voraussetzung verletzt, so ist die Veräußerung unwirksam, der Erwerber ist nicht Eigentümer geworden, die Rechte Dritter bleiben an der Sache bestehen.

4. Ordnungsvorschriften.

a) Die Ordnungsvorschriften selbst. Es sind zwei Gruppen zu unterscheiden.

α) Der Pfandgläubiger soll dem Eigentümer zugehen lassen eine *Androhung*, § 1234, eine *Benachrichtigung von Ort und Zeit der Versteigerung*, § 1237 Satz 2, und eine *Benachrichtigung von dem vollzogenen Verkauf*, § 1241. — Zwischen Androhung und Verkauf soll eine Wartefrist von einem Monat liegen, § 1234.

β) Das Pfand darf *nur* unter *zwei Kaufbedingungen* verkauft werden, einmal unter der Abmachung *sofortiger Barzahlung* und sodann unter der Bestimmung, daß der Käufer seine Rechte verliert, wenn er den Kaufpreis nicht sofort zahlt (kassatorische Klausel), § 1238.

b) Verletzung der Ordnungsvorschriften. Die Veräußerung ist trotzdem „rechtmäßig" und wirksam. Es ist aber zu unterscheiden:

α) Sind die unter a) α angegebenen Vorschriften schuldhafterweise verletzt, so ist der Pfandgläubiger dem Eigentümer schadensersatzpflichtig (§ 1243 II). Doch gilt zu seinen Gunsten, falls er gutgläubig ist, der Verpfänder als Eigentümer (§ 1248).

Sind die unter a) β angegebenen Vorschriften über die beiden Kaufbedingungen verletzt, so ist nach § 1238 II „der Kaufpreis als von dem Pfandgläubiger empfangen anzusehen". Dies bedeutet bei Heranziehung des § 1247 (siehe über ihn unten 5), daß die Pfandschuld dem Kaufpreis entsprechend als berichtigt gilt und bei höherem Kaufpreis der Pfandeigentümer einen Anspruch gegen den Pfandgläubiger auf Ersatz der Differenz hat (wobei sich etwa vorhandene dingliche Rechte Dritter auf diesen Ersatzanspruch erstrecken). — Der Anspruch des Pfandgläubigers gegen den Ersteher bleibt unberührt.

5. **Zahlung des Kaufpreises.** Die Zahlung des Kaufpreises tilgt zunächst die Verpflichtung des Erstehers aus dem Kaufvertrage. Sie wirkt aber auch ein auf das Verhältnis zwischen Pfandgläubiger und Eigentümer und hat Bedeutung für das Verhältnis zu anderen an der Sache Berechtigten.

a) Pfandgläubiger und Eigentümer.

α) „Soweit der Erlös aus dem Pfande dem Pfandgläubiger gebührt, gilt die Pfandforderung als von dem Eigentümer berichtigt" (§ 1247 Satz 1). — Nun gebührt der Erlös dem Pfandgläubiger, wenn die Veräußerung rechtmäßig war und seine Pfandforderung nicht übersteigt. Hier *erlischt also die Pfandforderung*, wenn der Eigentümer der persönliche Schuldner war (sonst § 268 III), der Erlös wird Eigentum des Pfandgläubigers.

β) Soweit das nicht der Fall ist *„tritt der Erlös an die Stelle des Pfandes"* (§ 1247 Satz 2).

War die Veräußerung nicht rechtmäßig, aber wirksam (vgl. oben, 2c), so fällt der Erlös in das Alleineigentum des Pfandeigentümers, der ihn vom Pfandgläubiger herausverlangen kann.

War die Veräußerung rechtmäßig, gebührt aber dem Pfandgläubiger nur ein Teil des Erlöses, so tritt der Überschuß an die Stelle des Pfandes. Es entsteht daher an dem gesamten ungesonderten Geld Miteigentum des Pfandgläubigers und des früheren Pfandeigentümers, und zwar nach Bruchteilen entsprechend dem Verhältnis der Pfandschuld und dem Überschuß. Die Pfandforderung gilt als berichtigt, der frühere Pfandeigner kann den Überschuß heraus verlangen.

War dagegen die Veräußerung unwirksam, so gilt nicht § 1247. Vielmehr ist hier der Pfandeigentümer Eigentümer der Sache geblieben und kann sie herausverlangen.

b) Drittberechtigte.

Die Rechte Dritter an der Pfandsache, welche durch die rechtmäßige Pfandveräußerung erlöschen (oben 2b), setzen sich an dem Erlöse fort: der Erlös tritt an Stelle des Pfandes (§ 1247). Sie drängen aber den veräußernden Pfandgläubiger insoweit zurück, als sie ihm im Range vorgehen, weil diesem insoweit der Erlös nicht gebührt (z. B. Pfandverkauf durch einen nachstehenden Pfandgläubiger, weil ein vorgehender Pfandgläubiger die Pfandveräußerung nicht betreibt § 1232 — hierzu unten unter X; der vorgehende Pfandgläubiger hat am Erlös den ersten Rang, erst dann kommt das Recht des nachstehenden Pfandgläubigers).

6. Abweichende Verkaufsarten. Das Gesetz läßt Verkaufsarten zu, die von dem gesetzlich geordneten Privatverkauf und dem gerichtlichen Verkauf nach Vollstreckungsrecht abweichen.

a) Möglich sind Abweichungen kraft Vereinbarung zwischen Eigentümer und Pfandgläubiger. Sie können die gesetzlichen Regeln verschärfen (z. B. nur den Verkauf gemäß § 1233 II zulassen) oder ermäßigen (z. B. die Wartefrist verkürzen), § 1245. Ermäßigende Vereinbarungen finden sich namentlich bei Wertpapierpfändern im Verkehr zwischen Bank und Kunden. Doch können gewisse Rechtsmäßigkeitsgebote vor dem Eintritt der Verkaufsberechtigung nicht wegbedungen werden (§ 1245 II), auch ist die Zustimmung eines Dritten, dessen Recht durch die Veräußerung erlischt (z. B. eines zweiten Pfandgläubigers) erforderlich (§ 1245 I Satz 2 u. 3).

b) Durch gerichtliche Entscheidung kann auf Verlangen eines jeden Beteiligten eine abweichende Art des Pfandverkaufs bestimmt werden, wenn sie nach billigem Ermessen den Interessen der Beteiligten entspricht und sie sich selbst nicht einigen (§ 1246). Es handelt sich um einen Akt der freiwilligen Gerichtsbarkeit. Beteiligte sind der Eigentümer, der Pfandgläubiger und jeder Dritte, dessen Recht durch die Pfandveräußerung erlischt. Beispiel: Jemand bietet freihändig einen außerordentlich hohen Liebhaberpreis.

VIII. Übergang des Pfandrechts.

1. Übertragung im engeren Sinn. Das Pfandrecht kann als streng angelehntes Recht nur mit der Forderung auf einen anderen übertragen werden. Aber es geht mit der Übertragung der Forderung auf den neuen Gläubiger über, sofern der Übergang des Pfandrechts nicht ausgeschlossen wird. Ist letzteres der Fall, so muß das Pfandrecht erlöschen, es kann nicht als Eigenbelastung der Sache fortbestehen, wie wir dies bei der Hypothek kennengelernt haben (§ 1250).

Die Übertragung der Forderung richtet sich ausschließlich nach Forderungsrecht (Abtretung). Das Pfandrecht geht somit über, ohne daß es einer Zustimmung des Eigentümers oder einer Übergabe der Pfandsache bedürfte.

Der Erwerber erwirbt das Pfandrecht lediglich so, wie es beim bisherigen Gläubiger bestand. Ein Schutz des guten Glaubens findet nicht statt. — Wohl aber kann der Erwerber den Besitz des Pfandes verlangen, wie er dem bisherigen Gläubiger zustand (§ 1251 I). Mit der Erlangung des Besitzes tritt der Erwerber auch in die Pflichten gegenüber dem Verpfänder ein; aber der bisherige Gläubiger bleibt als selbstschuldnerischer Bürge für schuldhafte Pflichtverletzungen des Erwerbers verhaftet (§ 1251 II, die Hingabe als Pfand erscheint eben doch als eine Vertrauenssache).

2. Belastung. Das Pfandrecht kann entsprechend den Grundsätzen der Übertragung belastet werden durch Belastung der Forderung (z. B. durch Verpfändung, § 1274).

3. Pfändung. Auch die Pfändung der Forderung erstreckt sich ohne weiteres auf das Pfandrecht. Auch hier treffen den Pfändungspfandgläubiger die Pflichten des bisherigen Gläubigers mit der Erlangung des Besitzes, und der bisherige Gläubiger haftet daneben für dessen Pflichtverletzungen (vgl. aber § 838 ZPO.).

4. Übergang kraft Gesetzes. Auch der gesetzliche Übergang der Pfandforderung zieht den Übergang des Pfandrechts von selbst nach sich (z. B. ein Bürge befriedigt den Gläubiger, es geht dann gemäß § 774 die Forderung gegen den Schuldner auf ihn über, und hiermit gemäß § 1250 ein für die Forderung bestelltes Pfandrecht). Es gelten auch hier die Regeln der Übertragung, nur findet eine Haftung des bisherigen Gläubigers für den neuen Gläubiger aus leicht erklärlichen Gründen nicht statt (§ 1251 II Satz 3).

IX. Beendigung des Pfandrechts.

Das Vertragspfandrecht erlischt aus verschiedenen Gründen. Ist das Pfandrecht erloschen, so kann der Verpfänder die Rückgabe der Sache fordern (soweit sie noch nicht erfolgt ist), § 1223 I. Die Beendigungsgründe sind:

1. Erlöschen der Forderung, für die es besteht (§ 1252). Dies gilt für alle Erlöschungsgründe (Erfüllung, Hinterlegung, Vereinigung von Gläubiger und Schuldner usw.). Es gibt kein Eigentümerpfandrecht.

2. Für sich, ohne die Forderung, erlischt das Pfandrecht durch Untergang der Sache; durch Eintritt einer auflösenden Bedingung; durch lastenfreien Erwerb der Sache (z. B. § 936 oder § 1242 II); durch rechtsgeschäftliche Aufhebung, zu welcher die einseitige Erklärung des Pfandgläubigers gegenüber dem Verpfänder oder Eigentümer genügt (§ 1255; bei Belastung des Pfandrechts bedarf es auch der Zustimmung des Drittberechtigten); durch Vereinigung des Pfandrechts und des Eigentums in einer Person, doch gilt das Pfandrecht nicht als erloschen, insofern der Eigentümer ein rechtliches Interesse an dem Fortbestand hat (§ 1256; die Ausnahme kann nur bei einer Verpfändung für fremde Schuld in Betracht kommen, da sonst auch eine Vereinigung von Gläubiger und Schuldner eintritt, bei welcher das Pfandrecht unbedingt erlischt, vgl. oben 1). Ferner:

3. durch **Rückgabe** des Pfandes seitens des Pfandgläubigers an den Verpfänder oder Eigentümer (§ 1253). — „Rückgabe" ist jede freiwillige Rückübertragung des Besitzes ohne Zurückbehaltung von einem Besitz, welcher zur Begründung eines Pfandrechts ausreicht (z. B. bei unmittelbarem Alleinbesitz des Pfandgläubigers durch Einräumung des Alleinbesitzes mittels Übergabe, bei mittelbarem Alleinbesitz durch Einräumung des mittelbaren Alleinbesitzes mittels Abtretung des Herausgabeanspruchs). Befindet sich der Verpfänder oder Eigentümer in Besitz, so wird die Rückgabe vermutet (§ 1253 II). Ein gesetzlicher Anspruch auf Rückgabe besteht, wenn dem Pfandrecht oder der Forderung (vgl. § 1211) eine dauernde Einrede entgegensteht (z. B. Betrugseinrede), § 1254.

Für gesetzliche Pfandrechte gelten in bezug auf die Beendigung manche Besonderheiten, z. B. erlöschen die gesetzlichen Pfandrechte des Handelsrechts auch bei unfreiwilligem Besitzverlust.

X. Der Rang.

Nicht selten ist der Fall, daß ein Pfandrecht mit anderen Belastungen an der Sache zusammentrifft, insbesondere daß mehrere Pfandrechte an der Sache bestehen. Mehrere Vertragspfandrechte können dadurch leicht entstehen, daß die Einräumung mittelbaren Besitzes genügt (Beispiel: der Kunde einer Bank verpfändet ihr die bei ihr hinterlegten Wertpapiere, bestellt aber dann einem Dritten ein weiteres Pfandrecht durch Abtretung des Herausgabeanspruchs und Anzeige, § 1205 II), und daß nicht jeder Besitzverlust für das Erlöschen des Pfandrechts ausreicht (Beispiel: der Verpfänder nimmt dem Pfandgläubiger das Pfand fort und bestellt einem Dritten ein weiteres Pfandrecht). Sehr häufig sind mehrere gesetzliche Pfandrechte des Handelsrechts, ebenso begegnen mehrere Pfändungspfandrechte (vgl. §§ 827, 828 ZPO.). Auch gesetzliche und vertragliche Pfandrechte usw. können zusammenstoßen. — Sehr selten ist dagegen ein Zusammentreffen von Nießbrauch und Pfandrecht. (Beispiel: der Mann vermacht der Frau den Nießbrauch an seinem Vermögen, in dem Vermögen befindet sich eine Sache, an welcher ein Pfandrecht besteht.)

Die wichtigsten Regeln für ein solches Zusammentreffen sind folgende:

1. Der **Rang** der Pfandrechte und sonstigen Belastungen richtet sich nach der **Zeit der Entstehung.** Es gilt also der **Vorzug des Alters** (prior tempore, potior jure). Bei den Vertragspfandrechten entscheidet daher die Zeit der **Bestellung,** dies gilt auch, wenn die Forderungen bedingt oder betagt sind (§ 1209).

Eine Ausnahme gilt gemäß § 1208 BGB., nach welchem ein an der Sache bestehendes älteres dingliches Recht zugunsten eines jüngeren Pfandgläubigers hinter sein Pfandrecht im Range zurücktritt, wenn der Pfandgläubiger beim Erwerbe des Pfandrechts gutgläubig war. (Ausnahmen bei einer abhandengekommenen Sache und bei einem Pfandrechtserwerb durch Abtretung des mittelbaren Besitzes in bezug auf ein älteres dingliches Recht des Besitzmittlers.)

Besonderheiten gelten ferner für gesetzliche Pfandrechte, namentlich gibt § 443 HGB. eine eigene Rangordnung.

2. Trotz der Rangordnung hat **jeder** Pfandgläubiger das **Recht des Pfandverkaufs.** Allein ein vorhergehender Pfandgläubiger hat seinem Rang entsprechend gewisse Rechte. Er braucht einem nachstehenden Pfandgläubiger das Pfand nicht zum Zweck des Pfandverkaufs herauszugeben. Ist er selbst nicht im Besitze des Pfandes, so kann er, wenn er den Pfandverkauf betreiben will, die Herausgabe des Pfandes von dem nachstehenden Pfandgläubiger verlangen. Will oder kann er den Verkauf nicht betreiben (z. B. seine Forderung ist nicht fällig), so kann er allerdings dem Pfandverkauf des nachstehenden Pfandgläubigers nicht widersprechen (§ 1232).

3. Die Pfandgläubiger, welche den Pfandverkauf nicht betreiben, sind dadurch geschützt, daß ihre Rechte sich dem Range nach an dem **Erlös** fortsetzen; ebenso steht es mit einem Nießbrauch, falls er durch die Pfandveräußerung erlischt. Vgl. hierzu oben VII 5 b.

Über das Ablösungsrecht dinglich Berechtigter siehe oben VI 2 b.

XI. Anhang: Das Schiffspfandrecht.

Im Anschluß an das ältere deutsche Recht, welches Schiffe als „schwimmende Gebäude" einer Verpfändung nach Liegenschaftsrecht (der „jüngeren Satzung") unterwarf, kennt das BGB. ein besonderes Schiffspfandrecht ohne Pfandbesitz, welches z. T. nach dem Vorbilde der (Sicherungs-)Hypothek, z. T. nach den Normen des Fahrnispfandrechts geregelt ist (§§ 1259—1272). Es ist ein Vertragspfandrecht.

1. Gegenstand des Schiffspfandrechts kann nur ein im **Schiffsregister eingetragenes** Schiff sein (außerdem auch eine Schiffspart, d. h. der Anteil eines Mitreeders bei der Reederei, vgl. § 474ff. HGB.). In das Schiffsregister werden eingetragen (auf Antrag) deutsche Seekauffahrteischiffe nach Maßgabe des Flaggengesetzes vom 22. Juni 1899 und größere Binnenschiffe nach Maßgabe des Binnenschiffahrtsgesetzes vom 15. Juni 1895 (neue Fassung vom 20. 5. 1898). Solche, im Schiffsregister eingetragenen Schiffe können nur durch Begründung des im BGB. geregelten Schiffspfandrechts verpfändet werden. Andererseits unterliegen alle nicht eingetragenen Schiffe lediglich dem gewöhnlichen Fahrnispfandrecht. Zu beachten ist schließlich noch, daß das Schiffsregister privatrechtlich nur in Ansehung der Pfandrechte bedeutungsvoll ist, daß dagegen die Veräußerung der eingetragenen Schiffe als solche sich nach Fahrnisrecht vollzieht.

2. Rechtssätze des Fahrnisrechts. Das Schiffspfandrecht ist seinem Wesen nach ein Fahrnispfandrecht, daher gelten auch grundsätzlich die Normen desselben, insoweit sie nicht einen Pfandbesitz voraussetzen (§ 1266). Insbesondere ist ihm ein Eigentümerpfandrecht grundsätzlich fremd: Mit dem Erlöschen der Forderung erlischt das Schiffspfandrecht. Ferner erfolgt die Übertragung durch einfache Abtretung ohne Buchung; auch für die Beendigung gilt im wesentlichen Fahrnisrecht.

3. Rechtssätze nach liegenschaftsrechtlichem Vorbild.

a) Die Bestellung erfolgt durch Einigung und Eintragung im Schiffsregister (§ 1260). Vorausgesetzt ist eine Geldforderung von bestimmtem Betrage. Nach dem Reichsgesetz über die Angelegenheiten der freiwilligen Gerichtsbarkeit vom 20. 5. 1898, § 106 mußte die Eintragung in Reichswährung erfolgen. Um den Auslandskredit infolge der Geldentwertung zu ermöglichen, wurden die Gesetze vom 26. 1. und 29. 3. 1923 erlassen, welche mit Einwilligung der obersten Landesbehörde die Eintragung von Schiffspfandrechten in ausländischer Währung gestatteten (Valutaschiffspfandrechte; vgl. die Valutahypotheken oben § 55 I. 2). In bezug auf Zinsen und Kosten gelten die Grundsätze des Hypothekenrechts (§ 1264). Zulässig ist die Bestimmung eines Höchstbetrages (§ 1271), möglich sind auch Schiffspfandrechte für Forderungen aus Order- und Inhaberpapieren (§ 1270).

b) Der Rang der Schiffspfandrechte richtet sich nach der Eintragung im Schiffsregister, es gibt Rangänderung, Rangvorbehalt (§ 1261).

c) Gegenstand der Haftung. Das Schiffspfandrecht erstreckt sich wie die Hypothek auf das Zubehör (nicht dagegen auf Mietzins- und Versicherungsforderungen) § 1265.

d) Die Befriedigung kann ebenso wie bei der Hypothek nur im Wege der Zwangsvollstreckung erfolgen (also Vollstreckungstitel nötig), § 1268. Die Zwangsvollstreckung erfolgt nach dem Vorbild der Zwangsvollstreckung in das unbewegliche Vermögen (vgl. §§ 864—865, 870 II ZPO. und §§ 162—171 ZVG.), es gibt aber nur eine Zwangsversteigerung und keine Zwangsverwaltung.

e) Die Beendigung richtet sich an sich nach Fahrnisrecht (vgl. oben 2). Allein der Verpfänder kann Löschung verlangen und daher vom Pfandgläubiger die hierzu nötigen Urkunden (§ 1267). — Es gibt auch nach dem Vorbild der Hypothek einen Ausschluß eines unbekannten Gläubigers im Wege des Aufgebotsverfahrens, doch erlischt hier mit dem Ausschlußurteil das Pfandrecht (§ 1269).

f) Schutz des Registereintrags. Dem Registereintrag kommt nur in beschränktem Umfang öffentlicher Glaube zu: Einmal wird ein bestehendes eingetragenes Schiffspfandrecht sowohl seinem Bestande wie seinem Range nach bei einer Veräußerung oder weiteren Belastung des Schiffes unbedingt geschützt (selbst einem gutgläubigen Erwerber gegenüber, § 1262 I). Ist ferner ein bestehendes Pfandrecht zu Unrecht gelöscht, so wird ein Glutgläubiger beim rechtsgeschäftlichen Erwerb des Eigentums oder eines nachstehenden Pfandrechts geschützt, d. h. das gelöschte Pfandrecht geht unter oder tritt in seinen Rang zurück (§ 1262 II). Infolgedessen ist auch, wenn das Schiffsregister in Ansehung des Pfandrechts unrichtig ist, ein Berichtigungsanspruch gegeben und bei einer unrichtigen Löschung die Eintragung eines Widerspruches zulässig (§ 1263).

Dagegen wird ein Pfandrecht vom eingetragenen Nichteigentümer nie erworben, ebensowenig übrigens vom nicht eingetragenen Nichteigentümer (auch die Besitzerlangung gemäß § 1207 kann der richtigen Ansicht nach hieran nichts ändern). Und ferner erwirbt auch ein Gutgläubiger kein Pfandrecht, wenn er ein eingetragenes, aber in Wirklichkeit nicht bestehendes Pfandrecht sich übertragen läßt.

Außer dem vertraglichen Schiffspfandrecht des BGB. gibt es gesetzliche Pfandrechte der Schiffsgläubiger, welche außer dem Schiffe auch die Fracht ergreifen (vgl. §§ 755ff. HGB. und §§ 103ff. Binnenschiffahrtsgesetz).

Besonderheiten weist auch das Pfandrecht der gewerbsmäßigen Pfandleiher auf, das landesrechtlicher Regelung überlassen worden ist (vgl. Art. 93 EG. z. BGB.; preuß. Ges. vom 17. 3. 1881 mit späteren Ergänzungen). Erwähnt sei, daß für die Entstehung des Pfandrechts auch eine Eintragung in ein Pfandbuch des Pfandleihers nötig ist, daß ein Pfandschein dem Verpfänder ausgehändigt werden soll (er ist Legitimationspapier im Sinn des § 808 BGB.), daß für den Pfandverkauf die Androhung des § 1234 fortfällt, daß den öffentlichen Pfandleihanstalten ein Lösungsanspruch bei verpfändeten abhandengekommenen Sachen gegeben werden kann (also Herausgabe nur bei Bezahlung des für das Pfand gegebenen Darlehns, vgl. Bayrisches AG. zum BGB. Art. 91).

§ 61. Das Pfandrecht an Rechten.

I. Allgemeines.

Ebenso wie ein Nießbrauch an einem Recht möglich ist (oben § 50 V), ist auch ein Pfandrecht an einem Recht anerkannt (§ 1273 I). — Auch hier entsteht ein „Recht an einem Recht", und es wiederholt sich der Streit um die rechtliche Konstruktion. Nach unserer Ansicht ist ein dingliches Recht vorhanden, welches eine Teilherrschaft an dem Recht selbst gewährt, wobei dieses als ein unkörperlicher Gegenstand vorgestellt wird. Während aber beim Nießbrauch die Teilherrschaft auf die Nutzung abgestellt ist, handelt es sich hier um eine Verhaftung des Rechts für eine Forderung mit der Rechtsmacht aus dem Vermögenswert des Rechtes Befriedigung zu suchen. Auch hier aber ist die Wirkung der Teilherrschaft je nach der Art und dem Inhalt des Rechts von verschiedener Tragweite. Immer zeigt sich die dingliche Natur des Rechtspfandrechts (die vielfach sehr zu Unrecht bestritten wird) in seiner Wirkung gegenüber jedem Erwerber des verpfändeten Rechts und im Konkurs des Rechtsinhabers.

Im Gegensatz zum Nießbrauch an einem Recht ist die praktische Bedeutung eines Pfandrechts an einem Recht eine große. Rechtspfandrechte spielen namentlich im Lombardverkehr (Verpfändung von Wertpapieren gegen ein Darlehen im kaufmännischen Verkehr) eine bedeutende Rolle, aber auch sonst begegnen sie, z. B. die Verpfändung eines Sparkassenbuchs oder einer Hypothek oder eines Patentrechts. Auch die Pfändung von Rechten ist eine häufige Erscheinung.

Die Regeln, welche das BGB. für Rechtspfandrechte aufstellt, entsprechen teilweise den Vorschriften, welche für den Nießbrauch an Rechten gegeben sind, aber der grundlegende Unterschied, daß beim Nießbrauch nur die Nutzungen in Betracht kommen, während das Pfandrecht auf die Substanz gerichtet ist, führt doch zu wichtigen Abweichungen. Wir wenden uns zunächst den allgemeinen Regeln für Rechtspfandrechte zu. Über die besonderen Vorschriften für Pfandrechte an Forderungen und Wertpapieren wird unter II und III gehandelt werden.

1. Gegenstand des rechtsgeschäftlichen Pfandrechts (des **Vertragspfandrechts**) kann **jedes übertragbare,** aber **nur** ein **übertragbares** Recht sein, § 1274 II (daher z. B. nicht die Mitgliedschaft in einem Verein, § 38, vgl. § 1069 II). Dagegen gelten für das Pfändungspfandrecht z. T. Besonderheiten, indem manche übertragbaren Rechte nicht pfändbar sind (z. B. der Pflichtteilsanspruch § 2317 BGB., § 852 ZPO. und Urheberrechte), andererseits manche nicht übertragbaren (also nicht verpfändbaren) Rechte der Pfändung unterworfen sind (z. B. der Anteil am Gesellschaftsvermögen im ganzen, § 719 BGB., § 859 ZPO.). — Es ist ferner zu beachten, daß Rechte, die den Grundstücken gleichgestellt sind (grundstücksgleiche Rechte) nur dem Grundstückspfandrecht unterliegen.

2. Rechtssätze im allgemeinen. Es sollen die Regeln des **Fahrnispfandrechts** entsprechend gelten, insoweit nicht besondere Bestimmungen getroffen sind (§ 1273 II, vgl. § 1068 II). Die wichtigsten Besonderheiten sind im folgenden noch zu betrachten.

3. Begründung.

a) Die rechtsgeschäftliche Bestellung (Verpfändung) erfolgt nach den Vorschriften, welche für die Übertragung des Rechts gelten (§ 1274 I, vgl. § 1069 I). So erfolgt die Verpfändung von Urheberrechten durch formlosen Vertrag, die Verpfändung einer Buchhypothek durch Einigung und Eintragung, die Verpfändung eines Geschäftsanteils einer G. m. b. H. durch gerichtlichen oder notariellen Vertrag. Doch wird entsprechend der Sachverpfändung für manche Fälle eine besondere Publizität eingeführt. So kann bei Rechten, zu deren Übertragung die Übergabe einer Sache erforderlich ist, die für die Verpfändung erforderliche Übergabe nur durch die Ersatzmittel der Übergabe, welche für eine Sachverpfändung ausreichen, ersetzt werden (§ 1274 I Satz 2). Beispiel: Zur Verpfändung einer Briefhypothek reicht z. B. aus Einigung, schriftliche Erklärung der Verpfändung und Übergabe des Briefes oder an Stelle der Übergabe des Briefes Übergabe kurzer Hand, aber nicht Besitzauftragung (constitutum possessorium), vgl. dazu oben § 60 V. und für Wertpapiere unten III. Über die Besonderheiten von gewöhnlichen Forderungen unter II. — Ein selbständiger Schutz des gutgläubigen Erwerbes findet beim Rechtspfandrecht nicht statt (§ 1208 ist durch § 1273 II Satz 2 ausgeschlossen; doch bewendet es bei dem guten Glauben des Grundbuchs und den Besonderheiten bei Order- und Inhaberpapieren).

b) Durch Pfändung entsteht das Pfändungspfandrecht an einem Recht auf Grund eines gerichtlichen Pfändungsbeschlusses und einem bei den einzelnen Rechten verschiedenen Publizitätsakt (bei gewöhnlichen Forderungen durch Zustellung an den Drittschuldner, d. h. den Schuldner der gepfändeten Forderung, vgl. § 829 ZPO.).

c) Selten sind gesetzliche Pfandrechte an Rechten (siehe § 233 BGB. und das Pfandrecht der Schiffsgläubiger an der Fracht oben § 60 XI am Ende).

4. Wirkungen. Besonderheiten sind:

a) Die Nutzungen gebühren dem Pfandgläubiger nur bei besonderer Vereinbarung. Eine Vermutung für ein Nutzungspfandrecht besteht nicht, auch nicht bei einem fruchttragenden Recht (§ 1273 II Satz 2 schließt § 1213 II aus); also „gebühren" dem Pfandgläubiger nicht die Zinsen einer Forderung (siehe aber unten II).

b) Ist ein Anspruch auf eine Leistung verpfändet, so hat der Pfandgläubiger dem Verpflichteten gegenüber die Stellung eines Zessionars (§ 1275).

c) Befriedigung kann nach der gesetzlichen Regel der Pfandgläubiger (abweichend vom Sachpfandrecht) nur nach den Vorschriften der Zwangsvollstreckung suchen (§ 1277). Bei einem Vertragspfand bedarf es daher erst eines vollstreckbaren Titels (Klage gegen den Rechtsinhaber auf Gestattung der Befriedigung aus dem Recht nebst Urteil). Die Art des Vollstreckungsverfahrens richtet sich nach der Art des Rechts nach Maßgabe der ZPO. — Doch ist eine abweichende Vereinbarung in gewissen Grenzen zulässig (vgl. § 1277 Satz 2). — Besonderheiten bei dem Pfandrecht an Forderungen und Wertpapieren.

5. Beendigung. Auch hier gelten die Regeln des Fahrnispfandrechts (also z. B. Erlöschen durch Untergang der gesicherten Forderung). Eine wichtige Besonderheit ist die, daß das belastete Recht rechtsgeschäftlich nur mit Zustimmung des Pfandgläubigers aufgehoben werden kann, § 1276 I (vgl. § 1071).

II. Pfandrecht an Forderungen.

Besonderheiten gelten für das Forderungspfandrecht, dem das Pfandrecht an den rein dinglichen Gläubigerrechten aus Grundschuld und Rentenschuld gleichgestellt ist, §§ 1279ff., 1291 (vgl. § 1080).

Man muß sich bei ihm zunächst die Terminologie des BGB. klarmachen. Das Gesetz versteht unter „Gläubiger" den Gläubiger der verpfändeten Forderung, unter „Schuldner" den Schulder der verpfändeten Forderung, während es den Gläubiger der gesicherten Forderung als „Pfandgläubiger" bezeichnet. (Meistens ist der „Gläubiger" identisch mit dem Verpfänder und mit dem Schuldner der gesicherten Forderung. Die ZPO. hat für das Pfändungspfandrecht einen abweichenden Sprachgebrauch, da sie naturgemäß den Gläubiger, der sich das Pfändungspfandrecht verschaffen will, noch nicht als Pfandgläubiger bezeichnen kann. Der Schuldner des BGB. heißt hier „Drittschuldner".)

1. Für die **Bestellung** ist bei Forderungen, zu deren Übertragung der bloße Abtretungsvertrag genügt (gewöhnliche Forderungen), eine Publizitätsform vorgeschrieben, nämlich außer dem Verpfändungsvertrag die **Anzeige** des „Gläubigers" an den „Schuldner" (§ 1280).

2. Gegenstand der Haftung. Die Pfandhaftung erstreckt sich auf die Zinsen der Forderung (vertragliche und gesetzliche), § 1289. Der Pfandgläubiger hat also nicht das Recht auf den Zinsgenuß (oben I 4 a), aber er kann auf die Zinsen als Haftungsobjekte greifen. Dabei wird jedoch die Zinsforderung in ähnlicher Weise von der Haftung frei, wie die Miet- und Pachtzinsforderungen bei Grundstückspfandrechten (§ 1289 Satz 2, vgl. oben § 55 III. 4).

3. Besonderheiten sind vorgeschrieben für die **Geltendmachung der verpfändeten Forderung,** insbesondere das **Befriedigungsrecht** des Pfandgläubigers. Zu unterscheiden ist die Zeit vor und nach der Pfandreife (über den Begriff der Pfandreife siehe oben § 60 VI).

a) Die Zeit vor der Pfandreife. Der Pfandgläubiger hat hier in bezug auf die Geltendmachung der Forderung noch kein selbstherrliches Recht, sondern nur eine durch Mitrechte des Gläubigers stark gebundene Rechtsmacht. Beide erscheinen in bezug auf die verpfändete Forderung nur als gesamtberechtigt. Infolgedessen kann der Schuldner nur an beide gemeinschaftlich leisten, jeder von ihnen kann nur Leistung an beide oder Hinterlegung für beide fordern (§ 1281, vgl. für den Nießbrauch § 1077). Auch kann der Schuldner nur beiden zusammen kündigen, während die Kündigung an den Schuldner grundsätzlich noch vom Gläubiger allein vorgenommen werden kann, § 1283 (Ausnahme beim Nutzungspfandrecht). — Es sind aber in jeder Hinsicht abweichende Vereinbarungen zwischen Pfandgläubiger und Gläubiger zulässig (§ 1284).

Mit der Leistung erwirbt der Gläubiger den geleisteten Gegenstand, der Pfandgläubiger das Pfandrecht an ihm (§ 1287, Surrogation).

Pfandgläubiger und Gläubiger sind im Verhältnis zueinander verpflichtet, zu einer ordnungsmäßigen Einziehung und Kündigung mitzuwirken (§§ 1285, 1286). Handelt es sich um eine Geldleistung, so sind beide verpflichtet, dazu mitzuwirken, daß der Betrag mündelsicher verzinslich angelegt und an der so begründeten Forderung dem Pfandgläubiger ein Pfandrecht neu bestellt wird, § 1288 I (vgl. beim Nießbrauch § 1078).

b) Die Zeit nach der Pfandreife. Der Pfandgläubiger erlangt nunmehr ein selbstherrliches Recht in bezug auf die Geltendmachung der Forderung. Das Gesetz gibt ihm ein einseitiges Einziehungsrecht in bezug auf die fällige Forderung. Infolgedessen kann der Schuldner nunmehr nur an ihn leisten (§ 1282). Handelt es sich um eine Geldforderung, so steht dem Pfandgläubiger das Einziehungsrecht nur insoweit zu, als sie zu seiner Befriedigung erforderlich ist; er kann aber insoweit auch Abtretung an Zahlungsstatt verlangen (§ 1282 I Satz 2 und 3). — Was die Kündigung anlangt, so ist nunmehr auch der Pfandgläubiger zu einer Kündigungserklärung und Kündigungsempfangnahme legitimiert (§ 1283 III). — Dagegen ist der Pfandgläubiger zu anderen Verfügungen über die Forderung auch jetzt nicht befugt (§ 1282 II, z. B. nicht zur Abtretung; wohl aber zu solchen Verfügungen, die den gleichen Effekt auf die gesicherte Forderung hervorrufen wie die Einziehung z. B. zu einer Aufrechnung). Unberührt bleibt aber sein Recht, sich auf Grund eines vollstreckbaren Titels im Wege der Zwangsvollstreckung gemäß § 1277 zu befriedigen (§ 1282 II). — Auch hier sind abweichende Vereinbarungen zulässig, § 1284 (z. B. kann dem Pfandgläubiger eine Verkaufsberechtigung eingeräumt werden).

Mit der Leistung bei der Einziehung tritt auch hier Surrogation ein, der Gläubiger erwirbt den geleisteten Gegenstand, der Pfandgläubiger das Pfandrecht an ihm (§ 1287). Der Pfandgläubiger kann sich nunmehr durch Pfandverkauf befriedigen. — Handelt es sich um eine Geldleistung, so gilt die Forderung des Pfandgläubigers, soweit ihm der eingezogene Betrag zu seiner Befriedigung gebührt, als vom Gläubiger berichtigt, d. h. der Pfandgläubiger wird Eigentümer; insoweit ihm der Betrag nicht gebührt, tritt Surrogation ein, § 1288 II (vgl. § 1247 und oben § 60 VII. 5a).

Der Pfandgläubiger ist dem Gläubiger gegenüber zur ordnungsmäßigen Einziehung und Benachrichtigung verpflichtet (§ 1285 II).

Bei mehreren Pfandrechten hat nur der vorgehende Pfandgläubiger das Einziehungsrecht (§ 1290).

Von der Verpfändung von Forderungen zu unterscheiden ist die Sicherungsabtretung von Forderungen, bei ihr gelten die Regeln der Abtretung, so daß es einer Anzeige an den Schuldner nicht bedarf. Die Sicherungsabtretung findet sich namentlich in der Weise, daß Kaufleute bestimmte „Buchforderungen", d. h. Forderungen, die in ihren Handelsbüchern eingetragen sind, an einen Geldgeber zur Sicherung fiduziarisch abtreten: „Diskontierung von Buchforderungen". Diese Sicherungsabtretung entspricht juristisch der Sicherungsübereignung (vgl. oben § 60 V. 1).

III. Pfandrecht an Wertpapieren.

Für das Pfandrecht an Wertpapieren hat das BGB. nur einige wenige Sonderregeln aufgestellt, § 1292ff. (entsprechend wie beim Nießbrauch, oben § 50 V 3). Wir müssen uns mit einem kurzen Hinweis auf sie begnügen. Eine Ergänzung ist nur im Rahmen einer Darstellung des gesamten Rechtes der Wertpapiere möglich. Das BGB. enthält einen allgemeinen Rechtssatz für alle Wertpapiere in § 1296, nach welchem sich das Pfandrecht am Wertpapier auf seine Nebenpapiere (Zins-, Renten-, Gewinnanteilscheine) nur erstreckt, wenn sie dem Pfandgläubiger gehörig übergeben und nicht zurückgegeben sind; der Verpfänder aber kann Herausgabe der übergebenen Nebenpapiere verlangen, soweit sie vor Eintritt der Pfandreife fällig werden. Im übrigen ist zu unterscheiden:

1. Rektapapiere.

a) Die Verpfändung richtet sich nach den Regeln der Übertragung des verbrieften Rechtes, so daß mindestens dingliche Einigung über das Pfandrecht und Übergabe des Papiers erforderlich ist (bei Verbriefung gewöhnlicher Forderungen ist eine Anzeige an den Schuldner der richtigen Ansicht nach nicht nötig, weil § 1280 nicht zutrifft).

b) Die Befriedigung richtet sich gleichfalls nach den Regeln des Rechtspfandrechts (§ 1282).

2. Orderpapiere.

a) Zur Verpfändung ist erforderlich Einigung über die Entstehung des Pfandrechts und Übergabe des indossierten Papiers (§ 1292).

b) Die Befriedigung erfolgt im allgemeinen nach den Regeln des Rechtspfandrechts (§ 1282). Es gelten aber zwei Besonderheiten: Einmal hat bei einem Forderungspapier der Pfandgläubiger schon vor Eintritt der Pfandreife das alleinige Einziehungs- und Kündigungsrecht, und der Schuldner kann nur ihm leisten (§ 1294). (Dies erklärt sich aus der Legitimationswirkung des Indossaments.) Sodann hat bei einem Papier mit Markt- oder Börsenpreis der Pfandgläubiger nach Eintritt der Pfandreife auch ein Befriedigungsrecht durch freihändigen Verkauf gemäß § 1295.

3. Inhaberpapiere. Es gelten die Grundsätze des Fahrnispfandrechts (§ 1293). Daher

a) ist zur Verpfändung erforderlich Einigung und Übergabe,

b) und es erfolgt die Befriedigung durch Pfandverkauf gemäß § 1233 I oder II (oben § 60 VII). Nur gilt bei Forderungspapieren, daß der Pfandgläubiger auch das alleinige Einziehungsrecht hat, und zwar in derselben Gestalt wie bei Orderpapieren (also auch schon vor der Pfandreife) § 1294 (oben unter 2b).

Über die Pfändung von Wertpapieren, die durch gerichtliche Besitznahme erfolgt, vgl. ZPO. §§ 808 II, 831 (§§ 821ff.).

Anhang

Muster für ein preußisches Grundbuchblatt (Anlage A) und für einen preußischen Hypothekenbrief (Anlage B)

(Auszug aus der Allg. Verfügung des Justizministers von 1899 ff., siehe oben § 11, II, 1)

Anlage A

Amtsgericht Lobau

Grundbuch von Buchhain, Kreis Seefeld

Band I, Bl. Nr. 12

I. Verzeichnis

Lfd. Nr. der Grundstücke	Bisherige lfd. Nr. der Grundstücke	Gemarkung	Flurbuch: Kartenblatt (Flur) Nr.	Flurbuch: Parzelle Nr.	Grundsteuermutterrolle Art.	Gebäudesteuerrolle Nr.	Wirtschaftsart und Lage	Größe ha	Größe a	Größe qm	Grundsteuerreinertrag Tlr.	Grundsteuerreinertrag 1/100	Gebäudesteuernutzungswert ℳ
1.	2.	3.	4.		5.	6.	7.	8.			9.		1 .
1*).	—	Buchhain	—	—	3	27	Bauerhof Nr. 8	41	67	09	373	29	136
2.	—	Buchhain	2	110	—	—	Garten im Dorfe	—	34	86	7	68	—
3.	1 mit 2	Buchhain	—	—	3	27	Bauerhof Nr. 8	42	01	95	380	97	136
4.	—	Buchhain	5	90	24	—	Acker im Mittelfelde	2	18	90	19	83	—
5.	—	Brühl	3	20	15	—	Holzung in den Fichten	1	31	66	10	31	—
6.	Rest von 4	Buchhain	5	419/90	24	—	Acker im Mittelfelde	—	60	75	6	30	—
7.	—	Buchhain	5	17	—	—	Acker im Mittelfelde	—	73	40	7	60	—
8.	6, 7	Buchhain	5	419/90 17	24	—	Acker im Mittelfelde	1	34	15	13	90	—

*) Die punktierten Linien bedeuten rote Striche = Löschungen.

der Grundstücke.

Bestand und Zuschreibungen		Abschreibungen	
Zur lfd. Nr. der Grundstücke		Zur lfd. Nr. der Grundstücke	
11.	12.	13.	14.
1.	Bei Anlegung des Grundbuchs eingetragen am 3. August 1901. Fischer Neumann	4.	Von Nr. 4 die Parzelle $\frac{420}{90}$ übertragen nach Bd. II Blatt Nr. 50 am 18. Oktober 1908. Rest; laufende Nr. 6. Fischer Neumann
1, 2, 3.	Nr. 2 nach Abschreibung von Band I Blatt Nr. 20 der Nr. 1 als Bestandteil zugeschrieben und Nr. 1 mit Nr. 2 unter Nr. 3 neu eingetragen am 24. August 1904. Fischer Neumann		
4.	Von Band I Blatt Nr. 17 hierher übertragen am 4. August 1903. Fischer Neumann		
5.	Von Band IV Blatt Nr. 29 des Grundbuchs von Brühl hierher übertragen am 12. Juni 1908. Fischer Neumann	5.	Übertragen nach Bd. III Blatt Nr. 117 des Grundbuchs von Brühl am 3. Mai 1910. Fischer Neumann
6, 7, 8.	Nr. 7 von Band II Blatt Nr. 32 hierher übertragen und infolge Vereinigung mit Nr. 6 unter 8 als ein Grundstück eingetragen am 3. Mai 1910. Fischer Neumann		

II. Verzeichnis der mit dem Eigentume verbundenen Rechte.

Lfd. Nr. der Eintragung	Lfd. Nr. des beteiligten Grundstücks	Bezeichnung des Rechtes	Veränderungen	Löschungen
1.	2.	3.	4.	5.
1.	2.	Die auf dem Grundstücke Buchhain Kartenblatt 10 Parzelle 5 (Band I Blatt Nr. 15) in Abteilung II Nr. 3 eingetragene jährliche Rente von 200 Mark hier vermerkt am 10. September 1901. Fischer Neumann		Nr. 2 gelöscht am 15. Oktober 1904. Fischer Neumann
2.	2.	Das auf dem Grundstücke Buchhain Kartenblatt 2 Parzelle 114 (Band I Blatt Nr. 37) in Abteilung II Nr. 1 eingetragene Wegerecht bei der Zuschreibung von Nr. 2 hier vermerkt am 24. Febr. 1903. Fischer Neumann		

Erste Abteilung.

Eigentümer	Lfd. Nr. der Grundstücke	Grund des Erwerbes. Verzicht	Erwerbspreis. Wert. Feuerversicherungssumme
1.	2.	3.	4.
Landwirt Friedrich Gerber in Buchhain.	1.	Bei der Anlegung des Grundbuchs auf Grund des Kaufvertrags vom 20. Sept. 1895 eingetragen am 3. Aug. 1901. Fischer Neumann	Zu Nr. 1: 51500 M. Kaufpreis v. 20. September 1895 eingetragen am 3. August 1901. Fischer Neumann
	2.	Aufgelassen und Band I Blatt Nr. 20 eingetragen am 30. Januar 1902, hierher übertragen am 24. Februar 1903. Fischer Neumann	
Bauer Heinrich Schmidt in Buchhain.	3.	Aufgelassen und eingetragen am 5. April 1904. Fischer Neumann	Zu Nr. 3: Wohnhaus und Wirtschafts-Gebäude am 30. April 1904 versichert mit 8400 M. Eingetragen am 5. Mai 1904. Fischer Neumann
	4.	Aufgelassen und eingetragen am 4. August 1904. Fischer Neumann	
Die Ehefrau des Heinr. Schmidt, Sophie, gebor. Busse, als Miteigentümerin kraft ehelicher Gütergemeinschaft.	3, 4.	Auf Grund des Zeugnisses des Königlichen Amtsgerichts zu Lobau vom 7. November eingetragen am 23. November 1907. Fischer Neumann	
	5.	Die Ehefrau Schmidt auf Grund des Erbscheins vom 5. Febr. 1908, der Ehemann kraft ehel. Gütergemeinschaft eingetragen am 12. Juni 1908. Fischer Neumann	
	7.	Aufgelassen am 2. und eingetragen am 3. Mai 1910. Fischer Neumann	

Zweite

Lfd. Nr. der Eintragung	Lfd. Nr. der belast. Grundstücke	Lasten und Beschränkungen	Zur lfd. Nr. der Eintragung
1.	2.	3.	4.
1.	1.	Ein Altenteil für Anton Siegert in Buchhain nach Maßgabe des Kaufvertrags vom 20. Sept. 1895 bei der Anlegung des Grundbuchs eingetragen am 3. August 1901. Fischer Neumann	2.
2.	3.	Ein lebenslängliches Wohnungsrecht für den Landwirt Friedrich Gerber in Buchhain nach Maßgabe der Bewilligung vom 30. März 1904. Der Höchstbetrag des Ersatzes für den Fall des Erlöschens durch den Zuschlag ist auf eintausend Mark festgesetzt. Zur Löschung des Rechtes soll der Nachweis des Todes des Berechtigten genügen. Vorbehalten ist der Vorrang für eine später einzutragende Hypothek von dreitausend Mark nebst fünf vom Hundert Zinsen. Eingetragen am 5. April 1904. Fischer Neumann	5.
3.	4.	Ein Vorkaufsrecht für den Gastwirt Wilhelm Schröder in Seefeld unter Bezugnahme auf die Bewilligung vom 3. März 1906 eingetragen am 4. April 1906. Fischer Neumann	
4.	5.	Widerspruch gegen die Eintragung des Eigentums des Bauers Heinrich Schmidt und seiner Ehefrau zugunsten des Kaufmanns Felix Busse in Grünbusch auf Grund der einstweiligen Verfügung des Kgl. Landgerichts zu N. vom 25. September eingetragen am 3. Oktober 1908. Fischer Neumann	
5.	8.	Ein Erbbaurecht nach Maßgabe der Bewilligung vom 15. August 1910 für den Gastwirt Wilhelm Schröder in Seefeld eingetragen am 17. August 1910. Fischer Neumann	

Abteilung.

Veränderungen		Löschungen	
Eintragung	Löschung	Zur lfd. Nr. der Eintragung	
5.	6.	7.	8.
Der vorbehaltene Vorrang vor diesem Rechte ist der in Abteil. III Nr. 4 eingetragenen Hypothek eingeräumt. Eingetragen am 16. Oktober 1905. Fischer Neumann		1.	Gelöscht am 5. April 1904. Fischer Neumann
Für das Erbbaurecht ist das Blatt Nr. 86 in Band III dieses Grundbuchs angelegt. Eingetragen am 5. Februar 1912. Fischer Neumann		3.	Gelöscht am 5. Juli 1909. Fischer Neumann
		4.	Gelöscht am 17. August 1910. Fischer Neumann

Dritte

Lfd. Nr. der Eintragung	Lfd. Nr. der belast. Grundst.	Betrag ℳ	₰	Hypotheken, Grundschulden, Rentenschulden		Zur lfd. Nr. d. Eintrag.	Betrag ℳ	₰
1.	2.	3.		4.		5.	6.	
1.	1.	9000 —4000 5000 —2000 3000	— — — — —	Neuntausend Mark Darlehen mit fünf v. Hundert jährl. seit 1. April 1896 verzinsl. u. sechs Monate nach Kündigung rückzahlbar für den Schankwirt Wilh. Peters in Schwarzbach bei der Anlegung des Grundbuchs eingetragen am 3. Aug. 1901. Fischer Neumann		2.	2800	—
2.	3.	3300 — 500 2800	— — —	Sicherungshypothek für eine am 1. April 1904 zahlbare Kaufgeldforderung von dreitausenddreihundert Mark für den Maschinenfabrikanten Karl Franck in Lobau eingetragen am 12. Juni 1903. Fischer Neumann		1.	5000	—
3.	3. 4.	500		Vormerkung zur Sicherung des Anspruchs auf Einräumung einer Hypothek im Betrage v. fünfhundert Mark f. d. Kaufmann Karl Müller in Seefeld unt. Bezugnhme auf d. einstweilige Verfügung des Kgl. Landgerichts zu N. vom 1., eingetr. a. 3. Febr. 1905. Fischer Neumann	Umgeschrieb. i. e. Hypothek für e. Kaufgeldforderung v. fünfhund. Mk. nebst vier vom Hundert jährl. Zins. seit d. 1. Mai 1905 für d. Kaufm. Karl Müller in Seefeld unter Bezugn. a. d. rechtskräft. Urteil d. Kgl. Landger. zu N. vom 6. Juni 1905 eingetr. a. 12. Juni 1905 Fischer Neumann	1. 2.	5000 2800	— —
4.*)	3.	3000	—	Dreitausend Mark Darlehn, mit fünf v. Hundert jährl. seit dem 1. Okt. 1905 verzinsl., für d. Landwirtschaftl. Kreditbank, Akt.-Ges., in Hannover. Die Eigentümer haben sich d. sofortigen Zwangsvollstreckung in d. Weise unterworfen, daß sie gegen den jeweil. Eigentümer zulässig sein soll. Unter Bezugnahme auf die Bewilligung vom 24. Sept. 1905 eingetrag. mit d. Vorrange vor d. in Abt. II Nr. 2 eingetrag. Wohnungsrecht a. 16. Okt. 1905. Fischer Neumann		1. 2. 4.	5000 2800 3000	— — —

*) Unmittelbare Fortsetzung auf der folgenden Seite.

Abteilung.

Veränderungen		Löschungen			
Eintragung	Löschung	Zur lfd. Nr. der Eintragung	Betrag ℳ	₰	
7.	8.	9.	10.		11.
Der Restbetrag von zweitausendachthundert Mark umgewandelt in eine gewöhnliche Hypothek für ein mit fünf vom Hundert jährlich seit dem 1. April 1904 verzinsliches Darlehen für den Fabrikbesitzer Karl Franck in Lobau, eingetragen am 4. April 1904. Fischer Neumann		2.	500	—	Fünfhundert Mark gelöscht am 4. April 1904. Fischer Neumann
		1.	4000	—	Viertausend Mark Resthypothek des Wilhelm Peters, gelöscht am 6. Januar 1905. Fischer Neumann
Fünftausend Mark mit dem Vorrange vor dem Reste nebst den Zinsen seit dem 1. Oktober 1904 abgetreten an den Schmied Heinrich Stark in Hannover. Eingetragen am 24. Oktober 1904. Fischer Neumann		3.	500	—	Gelöscht am 16. Oktober 1905. Fischer Neumann
Umgeschrieben für die Landwirtschaftliche Kreditbank, Aktiengesellsch., in Hannover mit der Maßgabe, daß an die Stelle der bisherigen Forderungen eine mit fünf vom Hundert jährlich seit dem 1. Oktober 1905 verzinsliche Darlehnsforderung gesetzt ist. Die Eigentümer haben sich der sofortigen Zwangsvollstreckung in der Weise unterworfen, daß sie gegen den jeweiligen Eigentümer zulässig sein soll. Unter Bezugnahme auf die Bewilligung vom 24. September eingetragen am 16. Oktober 1905. Fischer Neumann		1.	2000	—	Zweitausend Mark gelöscht am 10. Dezember 1907. Fischer Neumann
		6.	1000	—	Gelöscht am 4. April 1921. Fischer Neumann
		7.	2500	—	Zweitausendfünfhundert Mark Ablösungssumme u. einhundertzehn Mark jährl. Rentenschuld gelöscht am 16. Oktober 1906. Fischer Neumann
Über diese Hypotheken ist der Gläubigerin ein gemeinschaftlicher Brief erteilt. Eingetragen am 20. Oktober 1905. Fischer Neumann					

Dritte

Lfd. Nr. der Eintragung	Lfd. Nr. der belast. Grundst.	Betrag ℳ	₰	Hypotheken, Grundschulden Rentenschulden	Zur lfd. Nr. d. Eintrag.	Betrag ℳ	₰
1.	2.	3.		4.	5.	6.	
5.	3.	500	—	Sicherungshypothek zum Höchstbetrage von fünfhundert Mark für den Zimmermeister Hermann Zander in Seefeld eingetragen am 4. März 1908. Fischer Neumann	6.	1000	—
6.	3.	1000	—	Eintausend Mark Grundschuld mit sechs vom Hundert jährlich seit dem 1. April 1908 verzinslich und drei Monate nach Kündigung zahlbar für den Rentier Friedrich Klein in Hannover. Die Erteilung eines Briefes ist ausgeschlossen. Eingetragen am 7. April 1908. Fischer Neumann	5.	500	—
7.	3.	6000 — 2500 3500	— — —	Zweihundertfünfundachtzig Mark vom 1. April 1912 an jährlich am 1. April zahlbare Rentenschuld, ablösbar mit sechstausend Mark, für die Kirchengemeinde in Hochdorf mit dem Vorrange vor den unter Nr. 5 eingetragenen fünfhundert Mark eingetragen am 4. April 1912. Fischer Neumann	5.	500	—

Abteilung (Fortestzung).

Veränderungen		Löschungen			
Eintragung	Löschung	Zur lfd. Nr. der Eintragung	Betrag ℳ	₰	
7.	8.	9.	10.		11.
Mit den Zinsen seit 1. Oktober 1909 abgetreten an den Bankier Karl Scholz in Hannover und umgewandelt in eine Hypothek für eine vom 1. Oktober 1909 an jährlich mit sechs vom Hundert verzinsliche, sechs Monate nach Kündigung rückzahlbare Darlehnsforderung. Die Ausschließung der Erteilung eines Briefes ist aufgehoben. Das Grundstück Buchhain Kartenblatt 2 Parzelle 25 (Band III Blatt Nr. 22) haftet mit. Eingetragen am 3. Oktober 1909. Fischer Neumann					
Diese Hypothek ist infolge Verzichts des Gläubigers vom 7. Januar 1910 als Grundschuld für den Bauer Heinrich Schmidt in Buchhain und seine Ehefrau Sophie, geborene Busse, umgeschrieben am 7. Januar 1910. Fischer Neumann					
Vor dieser Grundschuld ist der unter Nr. 7 eingetragenen Rentenschuld der Vorrang eingeräumt. Eingetragen am 4. April 1912. Fischer Neumann					

Anlage B.

(Adler.)

Preußischer Hypothekenbrief

über

Noch gültig auf 4000 M. Lobau, den 24. Oktober 1904 (Unterschriften.)

die in dem Grundbuche von Buchhain (Kreis Seefeld) Band I Blatt Nr. 12 Abteilung III Nr. 1 eingetragenen 9000 Mark.

Inhalt der Eintragung:

Nr. 1: 9000 (neuntausend) Mark Darlehen, mit fünf vom Hundert jährlich seit dem 1. April 1896 verzinslich und sechs Monate nach Kündigung rückzahlbar, für den Schankwirt Wilhelm Peters in Schwarzbach eingetragen am 3. August 1901.

Belastetes Grundstück:

Der im Bestandsverzeichnis unter Nr. 1 verzeichnete, in der Gemarkung Buchhain belegene Bauerhof Nr. 8 von 41 ha 67 a 09 qm mit 373,29 Tlr. Grundsteuerreinertrag und 136 Mark Gebäudesteuernutzungswert; Grundsteuermutterrolle Art. 3, Gebäudesteuerrolle Nr. 27. Kaufpreis im Jahre 1895: 51500 Mark.

Eigentümer:

Landwirt Friedrich Gerber in Buchhain.

Vorgehende oder gleichgehende Eintragungen:

Abteilung II: Nr. 1 ein Altenteil mit gleichem Range;
Abteilung III: keine.

Lobau, den 6. August 1901.

Amtsgericht.

(Siegel.) (Unterschriften.)*)

Dem jeweiligen Eigentümer des im Bestandsverzeichnis unter Nr. 1 bezeichneten Grundstücks steht die auf dem Grundstücke Buchhain Kartenblatt 10 Parzelle 5 (Band I Blatt Nr. 15) in Abteilung II Nr. 3 eingetragene jährliche Rente von 200 Mark zu. Diese Rente ist auf dem Blatte des erstgenannten Grundstücks am 10. September 1901 vermerkt worden.

Dem im Bestandsverzeichnis unter Nr. 1 verzeichneten belasteten Grundstück ist am 24. Februar 1903 der ebenda unter Nr. 2 verzeichnete, im Dorfe Buchhain belegene Garten Kartenblatt 2 Parzelle 110 von 34 a 86 qm mit 7,68 Tlr. Grundsteuerreinertrag als Bestandteil zugeschrieben und vermerkt worden, daß dem jeweiligen Eigentümer des Gartens das auf dem Grundstücke Buchhain Kartenblatt 2 Parzelle 114 (Band I Blatt 37) in Abteilung II Nr. 1 eingetragene Wegerecht zusteht. Infolge der Zuschreibung ist das belastete Grundstück unter Nr. 3 des Bestandsverzeichnisses, wie folgt, neu eingetragen worden:

> Der in der Gemarkung Buchhain belegene Bauerhof Nr. 8 von 42 ha 01 a 95 qm mit 380,97 Tlr. Grundsteuerreinertrag und 136 Mark Gebäudesteuernutzungswert; Grundsteuermutterrolle Art. 3, Gebäudesteuerrolle Nr. 27.

Lobau, den 3. März 1904.

Amtsgericht.

(Siegel.) (Unterschriften.)

Von den vorstehenden 9000 Mark sind 5000 (fünftausend) Mark mit dem Vorrange vor dem Reste nebst den Zinsen seit dem 1. Oktober 1904 abgetreten an den Schmied Heinrich Stark in Hannover. Die Abtretung ist im Grundbuch eingetragen. Für den abgetretenen Betrag ist ein Teilhypothekenbrief hergestellt worden.

Lobau, den 24. Oktober 1904.

Amtsgericht.

(Siegel.) (Unterschriften.)

---

*) Eine über die Forderung ausgestellte Urkunde ist mit dem Briefe durch Schnur und Siegel zu verbinden. Erstreckt sich der Inhalt der Urkunde auch auf andere Angelegenheiten, so genügt ein öffentlich beglaubigter Auszug.

Sachregister.

Abhandlungen aus der Berliner Juristischen Fakultät.

I. **Das materielle Ausgleichsrecht des Versailler Friedensvertrages** unter besonderer Berücksichtigung der Rechtsbeziehungen zu Frankreich und England. Von Dr. **Hans Dölle,** Professor an der Universität Bonn a. Rh. (170 S.) 1925. 9.60 Goldmark

II. **Der Prozeß als Rechtslage.** Eine Kritik des prozessualen Denkens. Von Dr. **James Goldschmidt,** ord. Professor der Rechte an der Universität Berlin. (613 S.) 1925. 48 Goldmark

---

Rechtskraft und Rechtsgeltung. Eine rechtsdogmatische Untersuchung.

Von Dr. jur. **Gerhart Husserl,** Gerichtsassessor, Privatdozent an der Universität Bonn. Erster Band: **Genesis und Grenzen der Rechtsgeltung.** (212 S.) 1925. 12 Goldmark

---

Untersuchungen zum Problem des fehlerhaften Staatsakts.

Beitrag zur Methode einer teleologischen Rechtsauslegung. Von Dr. **Ernst von Hippel,** Privatdozent an der Universität Heidelberg. (155 S.) 1924. 7.50 Goldmark

---

Sammlung von Rechtsfällen zum Gebrauch bei Übungen.

Bisher erschienen:

Rechtsfälle aus dem Steuerrecht. Von Dr. **Albert Hensel,** a. o. ö. Professor an der Universität Bonn. (81 S.) 1924. 2.40 Goldmark

Rechtsfälle aus dem Strafrecht. Mit einer kurzen Anleitung zur Bearbeitung von Strafrechtsfällen. Von Dr. **James Goldschmidt,** ord. Professor an der Universität Berlin. (77 S.) 1925. 2.40 Goldmark

---

Rechtsfälle aus dem Arbeitsrecht zum Gebrauch bei Übungen zusammengestellt von Dr. Walter Kaskel, Professor an der Universität Berlin. (56 S.) 1922.

1 Goldmark

Arbeitsrecht. Von Dr. **Walter Kaskel,** Professor an der Universität Berlin. (372 S.) 1925. 15 Goldmark

(Band 31a der „Enzyklopädie der Rechts- und Staatswissenschaft".)

Koalitionen und Koalitionskampfmittel. Arbeitsrechtliche Seminarvorträge. Herausgegeben von Dr. **Walter Kaskel,** Professor an der Universität Berlin. (246 S.) 1925. 12 Goldmark

---

Die Schlichtungsverordnung vom 30. Oktober 1923 nebst den Ausführungsverordnungen vom 10. und 29. Dezember 1923 und einer Übersicht über die Schlichter- und Schlichtungsausschußbezirke erläutert von Dr. **Georg Flatow,** Ministerialrat im Preußischen Ministerium für Handel und Gewerbe und **Richard Joachim,** Regierungsrat im Reichsarbeitsministerium. (189 S.) 1924. 3.90 Goldmark

---

Einführung in die Rechtswissenschaft. Eine juristische Enzyklopädie und Methodologie mit Einschluß der Grundzüge des bürgerlichen Rechts. Von Prof. Dr. jur. **B. Erwin Grueber,** München. Sechste, neubearbeitete Auflage. (234 S.) 1922. 2 Goldmark

---

Das neue deutsche Wirtschaftsrecht. Eine systematische Übersicht über die Entwicklung des Privatrechts und der benachbarten Rechtsgebiete seit Ausbruch des Weltkrieges. Von Dr. **Arthur Nußbaum,** Professor an der Universität Berlin. Zweite, völlig umgearbeitete Auflage. (139 S.) 1922. 3 Goldmark

---

Beiträge zur Kenntnis des Rechtslebens. Herausgegeben von Dr. **Arthur Nußbaum.**

Heft 1: **Tatsachen und Begriffe im Deutschen Kommissionsrecht.** Von Dr. **Arthur Nußbaum,** Privatdozent an der Universität Berlin. (118 S.) 1917. 4.80 Goldmark

Heft 2: **Das Nießbrauchsrecht des BGB. unter den Gesichtspunkten der Rechtstatsachenforschung.** Zugleich ein Beitrag zur Kritik des BGB. Von Dr. **Arthur Nußbaum,** Privatdozent an der Universität Berlin. (122 S.) 1919. 4.80 Goldmark

Heft 3: **Die Anweisung in Gesetz und Verkehr.** Von Dr. **Günther Loewenfeld.** (50 S.) 1922. 2 Goldmark

---

Der internationale Rechtsschutz der Patente, Muster, Warenzeichen und des Wettbewerbes. Mit Erläuterungen von Dr. **Albert Marck,** Patentanwalt in Berlin. (135 S.) 1924. 4.80 Goldmark; gebunden 5.70 Goldmark

Verlag von Julius Springer in Berlin W 9

Auslandsrecht

Blätter für Industrie und Handel

Organ des Instituts für ausländisches Recht beim Reichsverband der Deutschen Industrie

Herausgeber

Dr. Joseph Partsch †, Dr. Heinrich Titze, Dr. Martin Wolff

Professoren der Rechte an der Universität Berlin

Erscheint monatlich in einzeln berechneten Heften

Die Zeitschrift wird alle wichtigen ausländischen Rechtsquellen regelmäßig im Wortlaut bringen. Daran werden sich selbständige wissenschaftliche Untersuchungen über auslandsrechtliche Fragen schließen, die für Industrie und Handel von Bedeutung sind. Besondere Aufmerksamkeit wird hierbei dem Recht des Versailler Friedensvertrages, der seiner Ausführung dienenden Quellen und Urkunden zugewandt. Durch die Nutzbarmachung des Auslandsrechts für die Erkenntnis und Fortbildung deutschen Rechts dient die Zeitschrift gleichzeitig der Rechtsvergleichung.

GPSR Compliance

The European Union's (EU) General Product Safety Regulation (GPSR) is a set of rules that requires consumer products to be safe and our obligations to ensure this.

If you have any concerns about our products, you can contact us on ProductSafety@springernature.com

In case Publisher is established outside the EU, the EU authorized representative is:

Springer Nature Customer Service Center GmbH
Europaplatz 3
69115 Heidelberg, Germany

Batch number: 10845480

Printed by Printforce, the Netherlands